庫NF
9〉

それをお金で買いますか

市場主義の限界

マイケル・サンデル

鬼澤　忍訳

早川書房

7460

WHAT MONEY CAN'T BUY
The Moral Limits of Markets
by
Michael J. Sandel

Translated by
Shinobu Onizawa
Published 2023 in Japan by
HAYAKAWA PUBLISHING, INC.
This book is published in Japan by
arrangement with
ICM PARTNERS
acting in association with
CURTIS BROWN GROUP LIMITED
through THE ENGLISH AGENCY (JAPAN) LTD.

キクへ、愛を込めて。

目次

第2章 インセンティブ 67

第3章 いかにして市場は道徳を締め出すか　137

それをお金で買いますか

市場主義の限界

序章　市場と道徳

世の中にはお金で買えないものがある。だが、最近ではあまり多くはない。いまや、ほとんどあらゆるものが売りに出されているのだ。いくつか例を挙げてみよう。

・刑務所の独房の格上げ：一晩八二ドル。
カリフォルニア州サンタアナをはじめとする一部の州では、非暴力犯が特別料金を払うと、払わない囚人とは別の、清潔で静かな独房に入ることができる。(1)

・一人で車に乗っていても相乗り車線を利用できる権利：ラッシュアワーのあいだ八ドル。
ミネアポリスをはじめとする都市では、交通渋滞を緩和するため、一人乗りのドライ

バーでもお金を払えば相乗り車線を利用できることになっている。料金は道路の混み具合によって異なる。(2)

・インドの代理母による妊娠代行サービス：六二五〇ドル。

代理母を探している欧米諸国のカップルは、その仕事をインドに外部委託《アウトソーシング》することが増えている。(3)インドではそうした業務は合法であり、料金はアメリカの相場の三分の一にも満たない。

・アメリカ合衆国へ移住する権利：五〇万ドル。

五〇万ドルを投資し、失業率の高い地域に少なくとも一〇の就職口を生み出した外国人は、永住許可証《グリーンカード》をもらう資格がある。(4)

・絶滅の危機に瀕したクロサイを撃つ権利：一五万ドル。

南アフリカでは、一定数のサイを殺す権利をハンターに販売することが、牧場主に認められるようになっている。絶滅危惧種であるサイを育てて守るインセンティブを牧場主に与えるためだ。(5)

・主治医の携帯電話の番号：年一五〇〇ドルから。

一五〇〇ドルから二万五〇〇〇ドルの年会費を払うのをいとわない患者に対し、携帯電話の番号を教えて当日予約をとれるようにする「コンシェルジュ」ドクターが増えている。(6)

・一トンの二酸化炭素を大気中に排出する権利：一三ユーロ（約一八ドル）。

欧州連合（EU）は二酸化炭素排出市場を運営している。企業はその市場を通じて大気汚染の権利を売買できる。(7)

・子供を名門大学へ入学させる：？

価格は明示されていないものの、いくつかの一流大学の当局者が『ウォールストリート・ジャーナル』紙に語ったところによると、きわめて優秀とまでは言えない生徒でも、親が金持ちで相当な寄付をしてくれそうなら入学を許可する場合があるという。(8)

誰もがこうしたものを買えるわけではない。だが、こんにちでは、お金を稼ぐ新たな手段がたくさんある。余分な現金を手にする必要があるなら、こんな奇抜な方法をとることも可能だ。

・額《ひたい》(あるいは体のどこかほかの部分)のスペースを広告用に貸し出す：七七七ドル。
ニュージーランド航空は三〇人の人を雇うと、頭髪を剃《そ》らせ、消せる入れ墨でこんなキャッチフレーズを入れさせた。「変化が必要？　それならニュージーランドへ行こう」(9)

・製薬会社の安全性臨床試験で人間モルモットになる：七五〇〇ドル。
薬効のテスト法の侵襲性とそれに伴う苦痛に応じて、報酬には多寡がある。(10)

・民間軍事会社の一員としてソマリアやアフガニスタンで戦う：一月二五〇ドルから一日一〇〇〇ドルまで。
能力、経験、国籍に応じて、報酬には多寡がある。(11)

・議会の公聴会に出席したいロビイストの席をとるため、連邦議会議事堂《キャピトルヒル》の行列に徹夜で並ぶ：一時間一五～二〇ドル。
ロビイストは行列代行会社に料金を払い、代行会社はホームレスの人などを雇って行列に並ばせる。(12)

・**あなたがダラスの成績不振校の二年生なら、本を一冊読むといい：二ドル。**
ダラスの成績不振校は、読書を奨励するため、子供たちが本を一冊読むたびにお金を払っている。[13]

・**あなたが肥満体だとすれば、四カ月で一四ポンド（約六・三キログラム）痩《や》せるといい：三七八ドル。**
企業や医療保険業者は、減量をはじめとする健康的な行ないに報奨金を出している。[14]

・**病人や高齢者の生命保険を買って、彼らが生きているあいだは年間保険料を払い、死んだときに死亡給付金を受け取る：ことによると数百万ドル（保険内容による）。**
赤の他人の命を対象としたこうした形の賭博は、三〇〇億ドル産業になっている。赤の他人の死が早ければ早いほど、投資家の儲けは多くなる。[15]

われわれは、ほぼあらゆるものが売買される時代に生きている。過去三〇年にわたり、市場――および市場価値――が、かつてないほど生活を支配するようになってきた。われわれは慎重に選択してこうした状況に至ったわけではない。あたかも、ばったりと出くわしてしまったようなものなのだ。

冷戦が終わると、市場と市場的思考は比類なき威光を放つようになった。それも無理はない。物の生産と分配を調整するほかのいかなるメカニズムも、富と繁栄を築くことにかけては、市場ほどの成功を収めたことがなかったからだ。ところが、世界中でますます多くの国々が、経済運営において市場メカニズムを信奉していたにもかかわらず、別の問題が起こりつつあった。社会生活において市場価値の演じる役割はどんどん大きくなろうとしていた。経済学は王土になりつつあった。こんにち、売買の論理はもはや物的財貨だけに当てはまるものではなく、生活全体を支配するようになっている。そろそろ、こんな生き方がしたいのかどうかを問うべき時がきているのだ。

市場勝利主義の時代

二〇〇八年の金融危機に至るまでの数年間は、市場信仰と規制緩和が社会を陶然とさせた時期――すなわち、市場勝利主義の時代だった。この時代が始まったのは、一九八〇年代初頭、ロナルド・レーガンとマーガレット・サッチャーがみずからの信念を公《おおやけ》にしたときのことだ。政府ではなく市場こそが、繁栄と自由の鍵を握っているのだ、と。ビル・クリントンとトニー・ブレアによる市場に好意的なリベラリズムに支えられ、この時代は一九九〇年代までつづいた。クリントンとブレアは、市場は公共善を実現する何よりの手段だという信念をやわらげつつも、確固たるものとした。

こんにち、その信念は疑われている。市場勝利主義の時代は終わったのだ。二〇〇八年の金融危機は、リスクを効率的に配分する市場の能力に疑問を投げかけただけではない。市場は道徳から遊離してしまったため、どうにかして両者をふたたび結びつける必要があるという意識を広めもしたのである。だが、それが何を意味し、それにどう取りかかるべきかは、はっきりしない。

市場勝利主義の核心にある道徳的欠陥は強欲さであり、それが無責任なリスク・テイキングを招いたという人もいる。この見方によれば、解決策は次のようになる。強欲さを抑え込み、銀行家やウォール街の経営者によりいっそうの誠実さと責任感を求め、同じような危機の再発を防ぐために良識的な規制を定めるのだ。

これは、ひいき目にみても一面的な診断にすぎない。金融危機の際に強欲さが一定の役割を果たしたことは確かであるものの、問題はもっと大きい。この三〇年のあいだに起こった決定的な変化は、強欲の高まりではなかった。そうではなく、市場と市場価値が、それらがなじまない生活領域へと拡大したことだったのだ。

こうした状況に対処するには、強欲さをののしるだけではすまない。この社会において市場が演じる役割を考え直す必要がある。市場をあるべき場所にとどめておくことの意味について、公に議論する必要がある。この議論のために、市場の道徳的限界を考え抜く必要がある。お金で買うべきではないものが存在するかどうかを問う必要がある。

昔から非市場的な規範が律してきた人生の側面に、市場や市場志向の考え方が入り込んできたことは、われわれの時代における最も重大な展開の一つである。

たとえば、営利を目的とする学校、病院、刑務所の急増について考えてみよう。民間軍事会社への戦争のアウトソーシングについてはどうだろう(イラクやアフガニスタンでは、米国の軍隊よりも民間企業のほうが多い[16])。

民間の警備会社が公的な警察に取って代わっていることについて考えてみよう——とくにアメリカとイギリスでは、民間の警備員の数は警察官の二倍を超えている[17]。

あるいは、製薬会社が富裕な国々の消費者に対し、これでもかとばかりに処方薬を売り込んでいることについて考えてみよう(アメリカで夜のニュースのテレビCMを見たことのある人が、こう思い込んだとしても無理はないかもしれない。世界最大の健康危機は、マラリアでも、河川盲目症でも、睡眠病でもなく、勃起不全《ED》の大流行であると)。

さらに、以下のような問題についても考えてみよう。公立学校への商業広告の広がり、公園や公共の場の「命名権」の販売、生殖補助のための「デザイナー」卵子や精子の市場取引、発展途上国の代理母への妊娠の外注、企業や国家による環境汚染権の売買、買収の容認と紙一重の選挙資金集めの仕組み。

健康、教育、公安、国家の安全保障、刑事司法、環境保護、保養、生殖、その他の社会的善の分配にこうして市場を利用することは、三〇年前にはほとんど前例がなかった。こんにちでは、その大半が当然のことと考えられている。

すべてが売り物

すべてが売り物となる社会に向かっていることを心配するのはなぜだろうか。

理由は二つある。一つは不平等にかかわるもの、もう一つは腐敗にかかわるものだ。まずは不平等について考えてみよう。すべてが売り物となる社会では、貧しい人たちのほうが生きていくのが大変だ。お金で買えるものが増えれば増えるほど、裕福であること（あるいは裕福でないこと）が重要になる。

裕福であることのメリットが、ヨットやスポーツカーを買ったり、優雅な休暇を過ごせたりといったことだけなら、収入や富の不平等が現在ほど問題となることはないだろう。だが、ますます多くのもの——政治的影響力、すぐれた医療、犯罪多発地域ではなく安全な地域に住む機会、問題だらけの学校ではなく一流校への入学など——がお金で買えるようになるにつれ、収入や富の分配の問題はいやがうえにも大きくなる。価値あるものがすべて売買の対象になるとすれば、お金を持っていることが世界におけるあらゆる違いを生みだすことになるのだ。

この数十年間が貧困家庭や中流家庭にとってとりわけ厳しい時代だった理由が、これでわかる。貧富の差が拡大しただけではない。あらゆるものが商品となってしまったせいで、お金の重要性が増し、不平等の刺すような痛みがいっそうひどくなったのである。

すべてを売り物にするのがためらわれる第二の理由は、もう少し説明が難しい。不平等や公平性の問題ではなく、市場には腐敗を招く傾向があるということなのだ。生きていくうえで大切なものに値段をつけると、それが腐敗してしまうおそれがある。市場はものを分配するだけではなく、取引されるものに対する特定の態度を表現し、それを促進するのだ。子供が本を読むたびにお金を払えば、子供はもっと本を読むかもしれない。だがこれでは、読書は心からの満足を味わわせてくれるものではなく、面倒な仕事だと思えと教えていることになる。新入生となる権利を最高入札者に売れば、収益は増えるかもしれないが、大学の威厳と入学の名誉は損なわれる。自国の戦争に外国人の傭兵を雇えば、同胞の命は失わずにすむが、市民であることの意味が貶《おとし》められる。

経済学者はよく、市場は自力では動けないし、取引の対象に影響を与えることもないと決めつける。だが、それは間違いだ。市場はその足跡を残す。ときとして、大切にすべき非市場的価値が、市場価値に締め出されてしまうこともあるのだ。

もちろん、大切にすべき価値とは何か、なぜ大切なのかという点について、人々の意見は分かれる。したがって、お金で買うことが許されるものと許されないものを決めるには、社会・市民生活のさまざまな領域を律すべき価値は何かを決めなければならない。この問題をいかに考え抜くかが、本書のテーマである。

ここで、私が提示したいと思っている答えを前もって述べておこう。あるものを売買してもかまわないと判断するとき、われわれはそれを商品として、利益を得る道具、使うための道具として扱うのが妥当だと、少なくとも心のなかでは判断している。しかし、このやり方であらゆるものの価値が適切に測れるわけではない。[18] 最もわかりやすい例が人間だ。奴隷制がおぞましいのは、人間を商品扱いし、競《せ》りの対象とするからだ。こうした扱いによって、人間の価値を適切に評価することはできない。人間は尊厳と尊敬に値する人格として評価すべきであり、利益を得るための道具、利用する対象とみなしてはならないのだ。

それ以外の大切なものや慣行についても、同じようなことが言える。われわれは、子供を市場で売買することを認めてはならない。買い手が子供を虐待しないとしても、子供を売買する市場は、子供の価値を測る誤った方法を表現し、促進することだろう。子供は消費財としてではなく、愛し、世話するに値する存在とみなされるのが当然なのだ。あるいは、市民であることの権利と義務について考えてみよう。陪審員としての務めを果たすために召喚された場合、誰かを身代わりに雇うことはできない。また、投票権を買いたいと熱望する人がいたとしても、市民がそれを売ることは許されない。なぜだろうか。われわれは、市民の義務を私有財産とみなすべきではなく、公的な責任と考えるべきだと信じているからだ。市民の義務を他人に委託するのは、その品位を落とすことであり、その価値を誤った方法で評価することとなのである。

これらの例から、より一般的な論点が明らかになる。生きていくうえで大切なもののなかには、商品になると腐敗したり堕落したりするものがあるということだ。したがって、市場がふさわしい場所はどこで、一定の距離を保つべき場所はどこかを決めるには、問題となる善――健康、教育、家庭生活、自然、芸術、市民の義務など――の価値をどう測るべきかを決めなければならない。これらは道徳的・政治的な問題であり、単なる経済問題ではない。問題を解決するには、それらの善の道徳的な意味と、その価値を測るのにふさわしい方法を、問題ごとに議論する必要がある。

これは、われわれが市場勝利主義の時代に尽くしてこなかった議論である。その結果、そうとは気づかないうちに、またそうすると決めてもいないのに、われわれは市場経済を持つ状態から、市場社会である状態へ陥ってしまった。

その違いはこうだ。市場経済とは、生産活動を統制するための道具――重要で有効な道具――である。一方、市場社会とは、人間の営みのあらゆる側面に市場価値が浸透している生活様式である。それは、市場をひな形にして社会関係がつくり直される場なのだ。

現代の政治に欠けている重大な議論は、市場の役割と範囲にかかわるものだ。われわれが望んでいるのは市場経済だろうか、それとも市場社会だろうか。公共生活や人間関係において市場が果たすべき役割は何だろうか。売買されるべきものと、非市場的価値によって律せられるべきものを区別するには、どうすればいいだろうか。お金の力がおよぶべきでない場所はどこだろうか。

本書が取り組もうとするのはこうした問題である。それは、善き社会や善き生をめぐって対立するさまざまな考え方にかかわっているため、決定的な解答を約束することはできない。だが、少なくともこうした問題に関する公の議論を促し、それを考え抜くための哲学的な枠組みを提供できればと願っている。

市場の役割を考え直す

市場の道徳性をめぐる大問題に取り組まなくてはいけないことには賛同しても、その課題に見合う力量がわれわれの公的言説にあるかどうか、読者は疑問に思うかもしれない。心配するのも当然だ。市場の役割と範囲を考え直そうとするなら、まず、二つのやっかいな障害を認めることから始めなくてはいけない。

一つは、過去八〇年で最悪の市場の失敗のあとでさえ衰えを見せない市場的思考の力と威光だ。もう一つは、われわれの公的言説に見られる敵意と空虚さだ。この二つの状況はまったく無関係というわけではない。

最初の障害については理解に苦しむ。二〇〇八年の金融危機は当初、市場を無批判に信奉してきたことに対する道徳的な審判だと、広くみなされていた。さまざまな政治的立場にある人々が、三〇年にわたってそうしていたからだ。かつて権勢を誇ったウォール街の金融機関が崩壊寸前に陥り、納税者負担による大規模な救済措置が必要になったことで、市場の見直しが促されるのは間違いないと思われた。連邦準備制度理事会（FRB）議長として、いわば市場勝利主義信仰の教祖の座にあったアラン・グリーンスパンでさえ、「ショックで信じられないような状態」だと認めた。自由市場の自動修正力を信じていたのは誤りだったと思い知らされたのだ。[19] 市場志向を誇らかに掲げるイギリスの週刊紙『エコノミスト』の表紙には、なかば溶けて液体と化しつつある経済学の教科書が描かれ、「経済学のどこが間違っていたのか？」という見出しがつけられた。[20]

市場勝利主義の時代は悲惨な結末を迎えた。いまこそ、市場信仰について道徳的に評価すべき時であり、頭を冷やして考え直す好期のはずだった。だが、そうはならなかった。

金融市場の目を覆うばかりの失敗にもかかわらず、一般に市場への信頼はほとんど損なわれなかった。実のところ、金融危機で信用を落としたのは銀行よりも政府だった。二〇一一年の調査によれば、アメリカが直面する経済問題の責任が連邦政府にあると考える国民のほうが、ウォール街の金融機関にあると考える国民よりも多く、その人数には二対一

以上の開きがあった。(21)

金融危機のせいでアメリカと世界経済の大半が大恐慌以来最悪の不況に陥り、何百万もの人々が職を失ったままだ。にもかかわらず、市場について根本から考え直す動きは起こらなかった。それどころか、アメリカで最も目立った政治的帰結は、ティーパーティー運動の盛り上がりだった。この運動に見られる政府への反感と自由市場への心酔には、ロナルド・レーガンも脱帽だろう。二〇一一年秋には、ウォール街占拠運動をきっかけに、全米の都市と世界各地に抗議の声が広がった。抗議運動の標的は、大手銀行と、企業の支配力と、拡大する一方の経済格差だった。イデオロギーの方向性は違うものの、ティーパーティー運動とウォール街占拠運動の活動家たちはいずれも、金融機関の救済措置に対する怒りの声を民衆に代わって発したのだ。(22)

そうした抗議の声とは裏腹に、われわれの政治生活において、市場の役割と範囲をめぐる真剣な議論はなされないままだ。民主党と共和党は相《あい》も変わらず、税金、支出、財政赤字について論争をつづけているが、いまや党派色が増すばかりで、啓発や説得の能力はないに等しい。公益のための仕事も、最重要課題への取り組みもできない政治システムに国民が不満を募《つの》らせるにつれて、政治への幻滅は深まっている。

公的言説のこうした危うい状態が、市場の道徳的限界の議論を妨げる二つめの障害だ。いまや政治論争の大半が、ケーブルテレビの番組での怒鳴り合い、ラジオのトーク番組でのライバル党のこき下ろし、議場でのつまらないイデオロギー的対立から成ると言っていい。こうした現状では、出産、子供、教育、健康、環境、市民性といった善の価値を測る正しい方法は何かという意見の分かれる道徳的問題について、筋の通った公の討論ができるとは想像しにくい。だが、私は、そうした討論は可能であり、われわれの公共生活を活気づけてくれるはずだと考えている。

われわれの政治が敵意に満ちているのは、道徳的信条が過剰なせいだという人もいる。つまり、あまりに多くの人々が、あまりに深く、あまりに強くみずからの信条を信じ、それをほかのみんなに押しつけたがっているというのだ。そうした見方は、現在の苦境を誤って解釈するものだと私は思う。われわれの政治で問題なのは、議論が多すぎることではなく、少なすぎることだ。政治が過熱しているのは、中身がほとんどなく、道徳的・精神的内容を欠いているからだ。政治は、人々が関心を寄せる大きな問題にきちんと取り組んでいない。

現代政治における道徳の空白には多くの原因がある。その一つが、善き生という概念を公的言説から追い出そうとする試みだ。われわれは党派的な争いを避けたいがために、市民が公の場に出るときには道徳的・精神的信条を棚上げすべきだと主張しがちだ。だが、よかれと思ってそうしたにもかかわらず、善き生をめぐる議論を政治に取り入れようとしない姿勢が、市場勝利主義と、市場の論理の温存につながったのである。

市場の論理もまた、独特のやり方で公共生活から道徳的議論を排除する。市場の魅力の一つは、市場が満たす嗜好について判断を下さないことだ。ある善の評価の方法がほかの方法よりも高級かどうか、あるいは価値があるかどうかを問わないのだ。誰かがセックスや腎臓を金で買いたいと思い、同意する成人が売りたいと思えば、経済学者が問うことはただ一つ、「いくらで？」だ。市場は駄目を出さない。市場は立派な嗜好と低俗な嗜好を区別しない。取引をする両者は、交換するものにどれくらいの価値を置くかをみずから決めるのだ。

価値判断を避けるこうした姿勢は、市場の論理の中心にあって、その魅力の大半を説明する。しかし、市場を信奉してきたことと、道徳的・精神的議論に関与したがらない姿勢のために、われわれが支払った代償は大きかった。公的言説から道徳的・市民的エネルギーが失われ、こんにち多くの社会を苦しめているテクノクラート的で管理主義的な政治がはびこる羽目になったのだ。

市場の道徳的限界をめぐる議論を通じて、市場が公共善に役立つ場合とそぐわない場合を、社会として決めることができるだろう。善き生をめぐって対立するさまざまな考え方を公共の場に招き入れることによって、政治も活気づくはずだ。そうした議論が別の方向に進むことなど、あるだろうか？　ある善の売買が、それを腐敗させたり堕落させたりすると認める人は、そうした善の価値を測るには、ほかの方法とくらべてより適切な方法があると信じているはずだ。ある活動——親の務めや市民の義務など——の腐敗について語るとき、親や市民としての一定のあり方が、ほかのあり方よりもよいと考えているのでなければ、語られた言葉は意味をなさない。

いまだに見られる数少ない市場への制約の陰では、その種の道徳的判断が働いている。親が子供を売ったり、市民が票を売ったりするのを、われわれは許さない。その理由の一つは、率直に言って中立的ではない。そうしたものを売るのは、その価値の測り方を誤り、悪しき風潮をはびこらせることであると、われわれは信じているのである。

市場の道徳的限界について考え抜くには、こうした問題を避けて通るわけにはいかない。われわれが大切にする社会的善の価値を測る方法について、一緒になって公に考えることが必要になる。道徳的な活力の増した公的言説が、仮にその真価を発揮したとしても、賛否の分かれる問題すべてを合意に導いてくれると期待するのは馬鹿げている。だが、より健全な公共の生活の創出にはつながるだろう。そして、何もかもが売り物にされる社会に生きることで、われわれがどんな代償を支払わされているかに気づかせてくれるだろう。

市場の道徳性について考えるときにまず頭に浮かぶのは、ウォール街の銀行とその向こう見ずな悪行、ヘッジファンドや救済措置や規制改革といったことだ。だが、われわれがこんにち直面する道徳的・政治的難題は、もっと幅広く身近なものだ——すなわち、社会的慣行、人間関係、日常生活における市場の役割と範囲を考え直すことなのである。

第1章
行列に割り込む

行列に並んで待つのが好きな人はいない。ときとして、お金を払えば行列に割り込める場合がある。昔から知られているように、高級レストランで支配人にチップをはずめば、忙しい晩に待ち時間を短縮できる。こうしたチップは賄賂のようなものであり、人目につかないよう処理される。「主人にこっそり五〇ドルをお渡しいただけば、すぐに席にご案内します」などと、窓に掲示が出ているわけではないのだ。

ところが近年では、行列に割り込む権利はおおっぴらに販売されており、ありふれた慣行となっている。

ファストトラック

空港の手荷物検査所にできる長い行列は、空の旅を苦痛にさせる。だが、誰もが長蛇の列に並ぶ必要があるわけではない。ファーストクラスかビジネスクラスのチケットを購入した人たちは、優先レーンを利用して、検査待ちの列の先頭に並ぶことができるのだ。ブリティッシュ・エアウェイズが「ファストトラック」(1)と称するこのサービスを使えば、金払いのいい乗客は出入国審査の際にも行列に割り込める。

だが、ほとんどの人はファーストクラスに乗るほど懐《ふところ》に余裕がない。そこで、航空会社はエコノミークラスの乗客に、都合に応じて割り込み特権を購入できる機会を提供しはじめている。ユナイテッド航空は三九ドルの追加料金で、デンヴァー発ボストン行きの便の優先搭乗に加え、手荷物検査所の行列に割り込める権利を販売している。イギリスでは、ロンドンのルートン空港がさらに手頃なファストトラック・オプションを用意している。検査待ちの行列に並びたくない場合、三ポンド（約五ドル）を払えば先頭に出してもらえるのだ。(2)

空港の手荷物検査所のファストトラックは、売りに出されるべきものではないと批判する人もいる。彼らによれば、手荷物検査がかかわる問題は国防であり、座席の足もとの広々した空間や早乗り特典といった快適さではない。テロリストを飛行機から締め出すための負担は、すべての乗客が平等に分かち合うべきだ。これに対して航空会社は、すべての人が同じレベルの検査を受けており、値段によって変わるのは待ち時間だけだと答える。

全員が同じボディースキャンを受けるかぎり、手荷物検査の行列での待ち時間短縮は、自由に売ってもかまわない利便性にあたるというのだ。(3)

遊園地でも行列に割り込む権利が売られはじめている。昔から、遊園地を訪れる人たちは、一番人気の乗り物やアトラクションの行列に何時間も並ぶことがある。いまでは、ハリウッドのユニバーサルスタジオをはじめとするテーマパークが、待たずにすむ手段を提供している。通常料金の約二倍を払えば、行列の先頭へ出られる優待パスを売ってくれるのだ。絶叫マシンの〈リベンジ・オブ・ザ・マミー〉に早く乗れるからといって、空港の手荷物検査を特別早く受けられることとくらべれば、道徳的な重圧は感じられないかもしれない。それでも、こうしたやり方は市民の健全な習慣を蝕《むしば》むとして嘆く人もいる。ある解説者はこう書いている。「テーマパークの行列が巨大な平等化装置だった時代は終わってしまった。かつては、休暇を楽しむすべての家族が民主的な方法で順番を待ったものだ」(4)

面白いことに、遊園地は販売する特権を目立たないようにすることが多い。一般客の気分を害さないように、得意客を裏口や離れた門から案内する遊園地もあれば、VIPが行列に割り込みやすいようエスコートをつける遊園地もある。こうした配慮の必要性から次のことがわかる。お金を払っての割り込みは——たとえ遊園地であっても——順番を待つのが公正な行ないだという拭いがたい感情に逆らっているのだ。だが、ユニバーサルスタジオのオンライン・チケット売り場ではそうした遠慮は見られない。一四九ドルもする「行列の先頭に出られるパス」が、これ以上ないほど堂々と売られているのだ。「**すべての乗り物、ショー、アトラクションで、先頭へ割り込もう！**」(5)

遊園地での行列への割り込みにはうんざりという向きは、代わりに昔ながらの観光名所、たとえばエンパイア・ステート・ビルを選ぶかもしれない。二二ドル（子供は一六ドル）を払えば、エレベーターに乗って八六階の展望台にのぼり、ニューヨークシティーのすばらしい眺めを楽しめる。残念ながら、この観光名所には年に数百万人もの人が訪れるため、エレベーターの待ち時間は数時間におよぶことがある。そこで、エンパイア・ステート・ビルでは独自にファストトラックが用意されている。一人四五ドルの〈エクスプレスパス〉を買えば、手荷物検査でもエレベーターでも、行列に割り込ませてもらえるのだ。ビルのてっぺんに早く運んでもらうのに四人家族で一八〇ドルというのは、法外な値段のように思える。だが、ウェブ上のチケット売り場で指摘されているように、エクスプレスパスは「行列に並ばずに絶景の展望台に直行することによって、ニューヨークで――またエンパイア・ステート・ビルで――過ごす時間を最大限活用するまたとない機会」を提供してくれるのだ。(6)

レクサスレーン

　ファストトラックというトレンドは全米各地の高速道路にも見られる。通勤者はお金を払えば、数珠《じゅず》つなぎの車列から抜け出して流れの速い高速車線に入れるケースが増えているのだ。こうした制度は、一九八〇年代に相乗り車線の登場とともに始まった。多くの州が、交通渋滞と大気汚染の緩和を期待して、進んで相乗りをする通勤者向けに高速車線を設定した。一人乗りのドライバーが相乗り車線を走っていて捕まると、重い罰金を科された。なかには、助手席にビニール人形を置いてハイウェイパトロールの眼を欺《あざむ》こうとする者もいた。『ラリーのミッドライフ★クライシス』というコメディー番組のある回で、主人公のラリー・デイヴィッドは、相乗り車線の利用権を買うための巧妙な方法を思いつく。ロサンジェルス・ドジャースの試合を見にいく途中で高速道路の渋滞にぶつかったら、売春婦を雇うのだ――セックスするためではなく、球場まで車に乗せていくために。果たせるかな、相乗り車線をすいすい走れるおかげで、彼はピッチャーが初球を投じるまでに球場に到着するのである。(7)

　こんにち、多くの通勤者が誰も雇わなくとも同じことをできる。ラッシュアワー時にせいぜい一〇ドルの料金を払えば、相乗り車線の利用権を買えるのだ。サンディエゴ、ミネアポリス、ヒューストン、デンヴァー、マイアミ、シアトル、サンフランシスコといった都市で、いまや通勤を高速化する権利が売られている。料金は交通量に応じて変化するのが普通で、混雑すればするほど高くなる（ほとんどの場所で、二人以上が乗った車は依然として相乗り車線を無料で利用できる）。ロサンジェルス東部のリヴァーサイドフリーウェイでは、ラッシュアワー時、無料路線の車が時速一五〜二〇マイルでのろのろ進むのに対し、料金を払った顧客は高速路線を時速六〇〜六五マイルでびゅんびゅん飛ばしている。[8]

行列に割り込む権利を売るという考え方に異議を唱える人もいる。ファストトラックのような手法が蔓延すれば、裕福であることの利点が増し、貧しい人が行列の後方に追いやられてしまうというのだ。有料の高速路線に反対する人々はそれを「レクサスレーン」と名付け、資力の乏しい通勤者に不公正だと主張する。一方、こうした意見に納得しない人もいる。より早いサービスにより多くの料金を求めることの何が悪いのか、と。フェデラルエクスプレスは翌日配達に割増料金を要求する。地域のクリーニング店で当日仕上げを頼めば別料金がかかる。それでも、フェデックスやクリーニング店が、ほかの人より先に荷物を運んだりシャツを洗濯したりすることを不公正だという人はいない。

経済学者にとって、財やサービスを手に入れるために長い行列をつくるのは無駄にして非効率であり、価格システムが需要と供給を調整しそこなった証拠である。空港、遊園地、高速道路で、お金を払ってより早いサービスを受けられるようにすれば、人々は自分の時間に値をつけられるので、経済効率が向上するのだ。

行列に並ぶ商売

お金を払って行列の先頭に並ぶことが認められていなくても、場合によっては、誰かを雇って自分の代わりに並ばせることができる。ニューヨークシティーのパブリックシアターは毎夏、セントラルパークで無料のシェイクスピア劇を上演している。夜の公演のチケットは午後一時から入手可能となるため、その数時間前から行列ができる。二〇一〇年に『ヴェニスの商人』でアル・パチーノがシャイロック役で主演した際は、チケットへの需要がとりわけ大きかった。

多くのニューヨーカーはぜひともその芝居を見たかったが、行列に並ぶ時間がなかった。『ニューヨーク・デイリー・ニューズ』紙が報じたように、こうした状況はある零細産業を生んだ。便利さのためにお金を払う気のある人を対象に、行列に並んでチケットを取ってあげようと申し出る人々が現れたのだ。こうした〈並び屋〉は、クレイグリストをはじめとする情報サイトに自分たちのサービスの広告を出した。行列に並んで辛抱強く待つ代金として、彼らは忙しい顧客に対し、無料の演劇のチケット一枚につき一二五ドルもの大金を要求した[9]。

劇場側はお金を取る〈並び屋〉に商売をさせまいとして、こう主張した。「そうした行為は、セントラルパークで上演されるシェイクスピア劇の趣旨にふさわしくありません」。

パブリックシアターは公的支援を受ける非営利法人であり、その使命はあらゆる階層の幅広い観客にとって大劇場を身近なものとすることだ。当時ニューヨーク州司法長官だったアンドリュー・クオモは、クレイグリストに圧力をかけ、行列に並んでチケットを取るサービスの広告をやめさせようとした。「無料配布を目的とするチケットを販売すれば、納税者に支えられたこの団体が提供する便益をニューヨーカーから奪うことになる」[10]

行列に並んで待つ人がお金を稼げる場所は、セントラルパークだけではない。ワシントンDCでは、行列に並ぶ商売が政府と切り離せないものになりつつある。議会の委員会が立法案に関する公聴会を開く際、一部の席は報道陣に割り当てられ、別の席は先着順で一般市民に開放される。公聴会の席を取るための行列は、法律のテーマと部屋の広さに応じて、ときには雨の中、あるいは冬の寒さの中で、一日以上前からできることもある。企業のロビイストは、こうした公聴会にぜひとも出席したいと思っている。休憩時間に議員とおしゃべりし、自分たちの産業に影響のある法律に目を光らせておくためだ。だが、席を取るために何時間も並びたくはない。そこで、こんな手段に出る。専門の行列代行会社に数千ドルを払い、自分の代わりに行列に並ぶ人を手配してもらうのだ。

行列代行会社が雨風に耐えて行列に並ぶよう勧誘するのは、年金生活者、文書配達人、そしてますます増えているのがホームレスの人たちだ。〈並び屋〉は議員会館のホールの外で待ち、行列が進むと中へ入り、公聴会室の外に並ぶ。公聴会が始まる少し前に裕福な

ロビイストが到着し、みすぼらしい身なりの代役と場所を代わり、公聴会室の席を要求する。(11)

行列代行会社は、行列に並ぶサービスの代価として、一時間につき三六～六〇ドルをロビイストに請求する。だとすると、公聴会の席を取るには一〇〇〇ドル以上かかることになる。〈並び屋〉本人が受け取る金額は、一時間に一〇～二〇ドルだ。『ワシントンポスト』紙は社説でこうした行為を批判し、議会の「品位を傷つけ」、「一般市民を侮辱する」ものだと述べた。クレア・マカスキル上院議員（民主党、ミズーリ州選出）はこれを禁止しようとしたものの、失敗に終わった。「特別利益団体が、コンサートやフットボールのチケットと同じように公聴会の席を買えるのかと思うと、我慢がなりません」と彼女は語っている。(12)

この手の商売は最近、議会から最高裁判所へと広がっている。最高裁が重大な憲法訴訟で口頭弁論を開く際、その場に立ち会うのは容易ではない。だが、お金を払う気があれば〈並び屋〉を雇い、わが国の最上級審で最前列の席を取れるのだ。(13)

LineStanding.comという会社はみずからを「議会の行列に並ぶ企業」と称している。マカスキル上院議員がそうした行為を禁じる法律を提案した際、同社オーナーのマーク・グロスはその正当性を主張した。彼は行列に並ぶことを、ヘンリー・フォードの組立ライン上の分業になぞらえた。「組立ライン上の労働者はそれぞれ特定の仕事に責任を負っています」。ロビイストが公聴会に出席して「すべての証言を分析する」のが得意であるように、行列に並ぶ人々は、そう、待つのが得意なのだ。「分業のおかげでアメリカはきわめて仕事をしやすい場所となります。行列に並ぶのはおかしな行為のように思えるかもしれません。しかし、それは結局のところ、自由市場経済における真っ当な仕事なのです」とグロスは主張した。(14)

プロの〈並び屋〉であるオリヴァー・ゴメスも同じ意見だ。ゴメスがこの仕事に誘われたのは、ホームレス施設で暮らしていたときのことだった。気候変動に関する公聴会でロビイストの代わりに行列に並んでいた際に、ＣＮＮのインタビューを受け、ゴメスはこう語っている。「議会のホールに座っていると、少しばかりいい気分になったよ。身の引き締まる思いだったし、こんなふうに感じたんだ。わかるかい、もしかしたら俺はこの場の一員で、どんなにわずかであろうと何かに貢献できるのかもしれないってね」(15)

だが、ゴメスにとっての好機は、一部の環境保護主義者にとって失望を意味した。ある環境保護団体が気候変動の公聴会に姿を現したときには、もう部屋に入れなかったのだ。ロビイストの代役が、公聴会室の利用可能な席をすべて押さえていたのである。(16) もちろん、こんな主張もあるかもしれない。環境保護主義者が公聴会への出席を本当に大切だと思っていたなら、彼らも徹夜で並べばよかったのだと。あるいは、自分たちの代役としてホームレスの人たちを雇えばよかったのだと。

医者の予約の転売

お金のために行列に並ぶという行為は、アメリカだけの現象ではない。最近、中国を訪れた際に知ったのだが、北京の一流病院では行列に並ぶ商売が日常的なものとなっている。ここ二〇年の市場改革の結果、公立の病院や診療所の予算はカットされた。とくに農村部ではひどかった。そのため地方の患者はいまや、首都の大きな公立病院まではるばる旅をし、登録ホールに長い行列をつくっている。彼らは医者に診てもらう予約券を手に入れるため、徹夜で、ときには数日にわたって行列に並ぶ(17)。

予約券はとても安く、たったの一四元（約二ドル）だ。ところが、手に入れるのは容易でない。どうしても予約を取りたい患者の中には、何昼夜にもわたってキャンプ生活を送る代わりに、ダフ屋から予約券を買う人もいる。ダフ屋の仕事は需要と供給の大きなギャップを埋めることだ。彼らは人を雇って行列に並ばせ予約券を手に入れると、数百ドルで転売する。これは、普通の農民が数カ月働いても稼げない金額だ。腕のいい医者の予約券はとくに価値があり、ダフ屋はまるでワールドシリーズのボックス席券のようにそれを売り歩く。『ロサンジェルスタイムズ』紙によると、北京のある病院の登録ホールの外では、予約券がこんなふうに転売されているという。「タン先生、タン先生、タン先生の予約券をほしい人は? リューマチ学と免疫学の専門家だよ[18]」
医者に診てもらうための予約券の転売には、いやな感じがつきまとう。一つの理由は、治療を提供する人ではなく、好ましからぬ中間商人が得をするところにある。タン先生がこんな疑問を抱いたとしても不思議はない。リューマチ治療の予約に一〇〇ドルの価値があるとすれば、自分や病院ではなくダフ屋がほとんどのお金を懐にするのはなぜだろうか? 経済学者はこれに賛同し、予約券を値上げするよう病院にアドバイスするかもしれない。実際、北京の一部の病院は予約券を売る特別窓口を新設している。この窓口で販売される予約券は従来より高いが、行列ははるかに短い[19]。この高額予約券窓口は、遊園地での待ち時間をなくす優待パスや空港のファストトラックの病院版だ。つまり、お金を払って行列に割り込むチャンスをくれるのである。

しかし、超過需要から利益を得るのがダフ屋であれ病院であれ、リューマチ医へのファストトラックからはより根本的な疑問が浮かんでくる。追加料金を払えるからというだけで、患者は医療の行列に割り込んでもいいのだろうか?

北京の病院のダフ屋と予約券を売る特別窓口は、この疑問をあざやかに浮かび上がらせる。だが、アメリカでますます盛んになっているより巧妙な行列への割り込みについても、同じ疑問を問うことができる。その割り込みとは、台頭著《いちじる》しい「コンシェルジュ」ドクターというシステムである。

コンシェルジュドクター

アメリカの病院にダフ屋がひしめいていることはないものの、多くの場合、医療を受けるには長い待ち時間がつきものだ。医者の予約は数週間前、ときには数ヵ月前に入れなければならない。予約した日時に病院を訪れても、待合室でしばらく待たされるかもしれないし、挙げ句の果てに、わずか一〇分か一五分であわただしく診察してもらうだけだ。その理由は、保険会社が一次診療医《プライマリーケア》の日常的な予約診療にあまり報酬を払わない点にある。開業医はまともな暮らしをするため、三〇〇〇人以上の患者を抱え、一日に二五～三〇もの予約を大急ぎでこなすことが多い。[20]

多くの患者と医者がこのシステムにいらいらを募らせている。医者が患者を理解し、質問に答えるための時間がほとんどないからだ。そこでいまや、ますます多くの医者が、「コンシェルジュ診療」として知られるより行き届いた医療を提供している。五つ星ホテルの接客係《コンシェルジュ》のように、コンシェルジュドクターは二四時間態勢でサービスを提供してくれる。患者は一五〇〇ドルから二万五〇〇〇ドルの年会費を払えば、当日あるいは翌日の予約、待ち時間なし、余裕のある診察、eメールと携帯電話による医師への二四時間アクセスを保証される。一流の専門医に診てもらう必要があれば、コンシェルジュドクターが手配してくれる。[21]

この行き届いたサービスを提供するため、コンシェルジュドクターは診察する患者の数を大幅に減らす。コンシェルジュサービスへの業態転換を決めた医者は、既存の患者に手紙を送って二つに一つを選ぶよう伝える。すなわち、待ち時間のない新サービスを申し込むか、ほかの医者を見つけるかだ。[22]

最も初期の、最も料金の高いコンシェルジュ診療所の一つが、一九九六年にシアトルで設立されたMD²（エム・ディー・スクウェアド）だ。この会社は一人あたり一万五〇〇〇ドル（一家族あたり二万五〇〇〇ドル）の年会費で、「主治医への無条件、無制限、独占的なアクセス」を約束する。[23]一人の医者が担当するのは五〇家族だけだ。MD²は自社のウェブサイトでこう説明している。「わが社が提供する利便性とサービスレベルを維持するには、選ばれた少数の方々の診察に専念することが必要不可欠です」。[24]『タウン&カントリー』誌によると、MD²の待合室は「医院というよりリッツ・カールトンホテルのロビーのよう」だという。だが、ほとんどの患者はそこへ行くことさえない。患者の大半は「CEOや企業オーナーであり、彼らは医院へ行くために一日のうち一時間をつぶすのをいやがる。代わりに、自宅やオフィスで個人的に治療を受けることを望む」。[25]

アッパーミドルクラス向けのコンシェルジュ診療所もある。MDVIPは、フロリダを拠点とする営利目的のコンシェルジュチェーンだ。この会社は、一五〇〇～一八〇〇ドルの年会費で当日予約と迅速なサービス（電話をかけるとコール二回以内に出てもらえる）を提供し、標準的な治療には保険金の支払いを受ける。所属している医者は受け持ちの患者数を六〇〇人まで絞っているため、一人の患者にかける時間を増やせる。(26) MDVIPは患者に「治療の過程でお待ちいただくことはありません」と請け合っている。『ニューヨークタイムズ』紙によると、ボカラトンにあるMDVIPの診療所の待合室には、フルーツサラダとスポンジケーキが並んでいるという。だが、待ち時間は仮にあってもごく短いため、食べ物に手がつけられることは少ない。(27)

コンシェルジュドクターとお金を払う顧客にとって、コンシェルジュ診療は申し分のないものだ。医者は一日に三〇人も診察する必要はなく八〜一二人ですむうえ、金銭的にも得をする。MDVIPと提携している医者は、年会費の三分の二を手にする（三分の一を会社が取る）。ということは、六〇〇人の患者を担当すれば、保険会社からの償還を除く顧問料だけで年に六〇万ドルにもなるのだ。経済的余裕のある患者にとって、急がなくても取れる予約と二四時間対応の医療サービスは、代価に見合う贅沢《ぜいたく》である。(28)

もちろん、その短所は次の点にある。少数の人々のためのコンシェルジュ診療は、別の医者のぎゅうぎゅう詰めの患者名簿に、ほかのすべての人を押し込むことで成り立っているのだ。(29) したがって、あらゆるファストトラックに向けられる反対意見がここでも起こることになる。低速レーンでぐったりしている人々に不公正ではないか、と。

コンシェルジュ診療が、北京の診察予約券の特別販売窓口や、予約券の転売といったシステムと異なるのは確かだ。コンシェルジュドクターにかかる金銭的余裕のない人も、ほかの病院できちんとした医療を受けられる。一方、北京でダフ屋から予約券を買えない人は、何昼夜も待たされる羽目になる。

だが、二つのシステムにはこんな共通点もある。ともに、医療を受けるための行列に裕福な人々が割り込めるようになっているのだ。ボカラトンより北京でのほうが、割り込みはあからさまだ。人でごった返す登録ホールのどよめきと、食べられることのないスポンジケーキの置かれた待合室の静けさは、まったく異なる世界のものに思える。だが、そこには次のような事情があるにすぎない。コンシェルジュ診療を受ける患者が予約の時間に来院するときには、お金を取ることによる行列の選抜は、見えないところですでに終わっているのである。

市場の論理

これまで検討してきた物語は時代を表している。空港や遊園地で、議会の廊下や医者の待合室で、「先着順」という行列の倫理は、「安かろう悪かろう」という市場の倫理に取って代わられつつあるのだ。

こうした変化はより大きな何かを反映している。かつては非市場的規範にしたがっていた生活の領域へ、お金と市場がどんどん入り込んできているのだ。

行列に割り込む権利の販売は、こうしたトレンドの最も嘆かわしい例とは言えない。だが、行列の代行、ダフ屋行為、その他の形の行列への割り込みの是非を考え抜くことによって、市場の論理の道徳的な力――また道徳的な限界――を垣間見《かいま》ることができる。

他人を雇って行列に並ばせたり、チケットを転売したりすることに、何か悪いところはあるだろうか。ほとんどの経済学者はないと言う。彼らが行列の倫理に共感を示すことはほとんどない。私がホームレスを雇って自分の代わりに行列に並んでもらいたいとして、誰に文句を言われる筋合いがあるだろうか。自分のチケットを使うのではなく売りたいとして、それを邪魔される理由があるだろうか。

市場は行列に優越するという主張には二つの論拠がある。一つは個人の自由の尊重にかかわるもの。もう一つは福祉、すなわち社会的効用の最大化にかかわるものだ。前者はリバタリアンの議論である。その主張によれば、人々は、他人の権利を侵さないかぎり何でも自由に売り買いすべきなのだ。リバタリアンがダフ屋行為を禁じる法律に反対する理由は、売春、あるいは人間の臓器の販売を禁じる法律に反対する理由と同じである。つまり彼らはそうした法律が、同意した成人の選択を妨害することによって、個人の自由を侵害すると考えているのだ。

市場を擁護する二つめの論拠は功利主義的なもので、経済学者のあいだではこちらのほうがなじみ深い。それによると、市場取引は売り手と買い手に同じように利益をもたらし、そうすることでわれわれの集団的福利、すなわち社会的効用を向上させるという。私が〈並び屋〉と取引をまとめるという事実は、取引の結果として双方の福利が増大することを証明している。行列に並ばずにシェイクスピアの芝居を見るために一二五ドルを払うことで、私の福利は向上するに違いない。さもなくば、私は〈並び屋〉を雇わなかったはずだ。一方、行列に数時間並んで一二五ドルを稼ぐことで、〈並び屋〉の福利は向上するに違いない。さもなくば、彼はその仕事を引き受けなかったはずだ。取引の結果、双方の福利が向上し、われわれの効用は増大する。経済学者が自由市場は財を効率的に分配すると言うのは、そういうことである。市場は人々にたがいに好都合な取引をさせることによって、ある財を最も高く評価する人にそれを割り当てる。その際の評価を測るのは各人の支払い意志額だ。

私の大学の同僚で経済学者のグレゴリー・マンキューが書いた教科書は、アメリカで最も広く使われているものの一つだ。マンキューはダフ屋行為を例に、自由市場の長所を明らかにしている。彼はまず、経済効率とは「社会に属するあらゆる人の経済的福利を最大化するように」財を割り当てることだと説明する。つづいて、自由市場は「財の供給を、支払い意志額によってその財を最も高く評価する買い手に」割り当てることで、この目標に貢献すると述べる。[30] ダフ屋行為について考えてみよう。「ある経済において乏しい資源を効率的に分配するには、財はそれを最も高く評価する消費者の手に渡らなければならない。ダフ屋行為は、市場がいかにして効率的な帰結に至るかを示す一つの例だ……ダフ屋は市場がつけるはずの最高値を要求することで、チケットに対する支払い意志額の最も高い消費者が実際にそれを手に入れるよう保証するのだ」[31]

自由市場の議論が正しいとすれば、ダフ屋や行列代行会社が、行列の健全性を侵害するとして非難されるのはおかしい。むしろ、彼らは称賛されるべきなのだ。不当な安値のついている財を、支払い意志額の最も高い人の手に渡るようにして、社会的効用を増大させるからである。

市場VS行列

では、行列の倫理を擁護するのはどんな議論だろうか。セントラルパークや連邦議会から、お金を取る〈並び屋〉やダフ屋を追放しようとするのはなぜだろうか。セントラルパークでシェイクスピア劇を上演する団体の広報係は、次のような論拠を挙げた。「上演の場に入りたいと望み、セントラルパークでシェイクスピア劇を観たいと願う人から、彼らは場所とチケットを取り上げようとしています。われわれは、観劇の体験を無料で味わっていただきたいのです」[32]

この議論の前半はちょっとおかしい。雇われた〈並び屋〉が演劇を観る人の総数を減らすことはない。誰が観るかを変えるだけだ。この広報係が主張するように、〈並び屋〉がいなければ、芝居を観ようと後ろに並んでいる人にチケットが渡ることは確かである。だが、最終的にチケットを手に入れる人もその芝居を観たがっている。だからこそ、一二五ドルもの大金を払って〈並び屋〉を雇うのだ。

広報係はおそらくこう言いたかったのだろう。一二五ドルも出せない人にとって、ダフ屋行為は不公正なものだと。ダフ屋行為のせいで、一般庶民は不利な立場に追いやられ、チケットを手に入れるのが難しくなってしまう。これはより強力な議論だ。〈並び屋〉あるいはダフ屋がチケットを取れば、その後ろに並んでいる誰か——ダフ屋の要求する代金を払えない誰か——が取りそこねる。

自由市場の支持者はこう答えるかもしれない。劇場側が本当に、芝居を観たいと願う人で座席を埋めたいなら、また公演が与える喜びを最大化したいなら、チケットを最も高く評価してくれる人がそれを手にするよう望むべきであると。チケットを最も高く評価する人とは、チケットに最も多くのお金を支払う人だ。したがって、その芝居に最大の喜びを感じる観客で劇場を埋めるには、自由市場を機能させるのが最も良い方法である。それには、たとえいくらであろうと市場がつける価格でチケットを売ること、つまり〈並び屋〉

やダフ屋が最高入札者にチケットを販売できるようにしてやることだ。支払い意志額の最も高い人にチケットを売ることが、シェイクスピア劇を最も高く評価する人を決める最善の方法なのである。

だが、この議論には説得力がない。社会的効用の最大化が目的だとしても、自由市場が行列より確実にそれを実現するとはかぎらない。その理由は、ある財への支払い意志額が、その財を最も高く評価しているのは誰かを示すわけではないことだ。というのも、市場価格に反映されるのは支払い意志だけではなく、支払い能力でもあるからだ。シェイクスピア劇、あるいはレッドソックスの試合を最も観たい人が、そのチケットを買えないことも考えられる。場合によっては、チケットを最も高く買う人が、観劇や観戦の体験をそれほど評価していないということもあるだろう。

たとえば、私はこんなことに気づいた。野球場で高額な席に座っている人々は、遅くやってきて早く帰ってしまうことが多いのだ。こうした事実を知ると、彼らはどのくらい野球に興味があるのだろうかと思ってしまう。バックネット裏の座席を取れる彼らの能力は、試合への情熱よりも懐具合のほうに関係しているのかもしれない。彼らの関心が一部のファンほどでないのは間違いない。とくに若いファンは、ボックス席を取れなくても、スターティングメンバー全員の打率を言えるのだ。市場価格は、支払い意志額だけでなく支払い能力も反映しているため、特定の財を誰が最も評価しているかを示す指標としては不完全である。

この論点はおなじみのものであり、自明ですらある。だがそれは、財を最も高く評価している人にそれを渡すことにかけては、市場は行列よりもつねにすぐれているという経済学者の主張に疑問を投げかける。場合によっては——劇場のチケットのためであれ野球の試合のためであれ——行列に並ぼうとする意志は、お金を支払おうとする意志よりも、誰が本当に席を取りたがっているかを示すすぐれた指標かもしれない。

ダフ屋行為の擁護者はこう不平を言う。行列は「自由時間を最も多く持っている人をえこひいきする」と。(33) そのとおりである。だがそれは、市場が最もお金を持っている人を「えこひいきする」のと同じ意味にすぎない。市場が支払いの能力と意志に基づいて財を分配するように、行列は並んで待つ能力と意志に基づいて財を分配する。ある財にお金を支払おうとする意志のほうが、行列に並んで待とうとする意志よりも、ある人にとっての財の価値をより正確に測れると考える理由はない。

要するに、行列よりも市場を支持する功利主義的議論は、偶然に大きく依存しているのだ。財を最も高く評価する人に、市場がそれを渡すこともあれば、行列がそうすることもある。いずれにしても、この任務をよりうまくこなすのが市場か行列かというのは経験的な問いであり、抽象的な経済的推論によって事前に解決される問題ではないのである。

市場と腐敗

だが、行列よりも市場を支持する功利主義的議論は、さらなるより根本的な反論を免れない。すなわち、功利主義的観点から問題を考えるだけでは不十分だという反論だ。一部の財は、それが個々の買い手や売り手に与える効用を超える価値を持っている。ある財がどう分配されるかは、それを現にあるような財とする事実の一部かもしれない。

パブリックシアターによる夏の無料シェイクスピア公演についてもう一度考えてみよう。劇場側が雇われた〈並び屋〉に反対する理由を、広報係は「われわれは、そうした体験を無料で味わっていただきたいのです」と説明した。だが、それはなぜだろうか。チケットが売買されると、そうした体験が損なわれるのはどうしてだろうか。もちろん、芝居を観たいのにチケットが買えない人にとっては損なわれるだろう。だが、公正さだけが問題ではない。無料の公共劇場が市場の商品に変わるとき、何かが失われるのだ。値段が高すぎて参加できない人々が味わう失望を超えた何かが。

パブリックシアターはその野外公演を、公的なお祭り、一種の市民的な祝典と考えている。いわば、市がみずからに与える贈り物である。もちろん、座席にはかぎりがある。どんな晩であれ市民全員が参加できるわけではない。だが、考え方としては、支払い能力にかかわらず誰にでも自由にシェイクスピア劇を観てもらおうということなのだ。入場料を請求したり、贈り物のつもりなのにダフ屋に儲けさせたりすることは、この目的にそぐわない。そんなことをすれば、公的なお祭りが商売に、個人が利益を得るための道具に変わってしまう。まるで、七月四日の独立記念日の花火見物に、市が料金を払わせるようなものである。

同じような考え方によって、お金をもらって連邦議会議事堂に並ぶことの何が悪いのかを説明できる。一つの反論は公正さに基づくものだ。裕福なロビイストが公聴会の市場を独占し、一般市民から参加の機会を奪うのは不公正だ。しかし、参加の機会が不公平であることだけが、こうした慣行の負の側面ではない。こう考えてみよう。ロビイストは行列代行会社と契約すると課税され、その収益が一般市民も行列代行サービスを利用できるようにするのに使われるとしたらどうだろうか。この手の助成金は、たとえば、行列代行会社とディスカウント料金で取引できる割引券という形をとるかもしれない。こうした仕組みがあれば、現行システムの不公正さは解消されるかもしれない。だが、さらなる反論が依然として残るだろう。議会に参加する機会を売り物にすれば、それを卑《いや》しめ、侮辱することになるという反論だ。

経済学的観点からすると、公聴会に無料で出席できるようにすれば、その善に「安値をつけ」、行列を生じさせることになる。行列代行産業は、市場価格を定めることによってこの非効率性を是正する。公聴会室の座席を、それに対する支払い意志額の最も高い人々に割り当てるのだ。しかし、こうしたやり方は代議政治の善を誤った方法で評価している。この点をより明確に理解するには、議会が審議の場への入場料にそもそも「安値をつける」理由を問うてみればいい。国債の削減に必死な議会が、公聴会の入場料を――たとえば歳出委員会の最前列が一〇〇〇ドルなどというように――取ることに決めたとしよう。多くの人が反対するはずだが、その理由は、入場料を払えない人にとって不公正だというだけではない。公聴会に出席する国民から料金を取るのは一種の腐敗だということでもあるのだ。

われわれは、腐敗というと不正利得を思い浮かべることが多い。だが、腐敗とは賄賂や不正な支払い以上のものを指している。ある善や社会的慣行を腐敗させるとは、それを侮辱すること、それを評価するのにふさわしい方法よりも低級な方法で扱うことなのだ。公聴会の入場料を取るのは、この意味における腐敗の一種である。議会を代議政治の機関というよりも、まるで企業のように扱っているからだ。

皮肉屋なら、議会はすでに企業になっていると答えるかもしれない。常日頃から特別利益団体に影響力や便宜を売っているからだ。ではなぜ、それを率直に認めて入場料を取らないのだろうか？　答えは、すでに議会を悩ませているロビー活動、利益誘導、公金の私的利用もまた腐敗の例だということだ。そうした行為は、公共の利益に資すべき政府の堕落を表している。腐敗だとする非難には、ある機関（この場合は議会）が当然に追求する目的や目標の概念が潜んでいる。連邦議会議事堂での行列代行産業――ロビー産業のならず者的拡大――はこの意味で腐敗している。それは違法ではないし、支払いは公然となされている。だが、それは議会を、公共善を実現する手段としてではなく私的利益の源として扱うことによって、侮辱しているのである。

ダフ屋行為のどこが悪い？

有料の割り込み、行列代行、ダフ屋行為などの実例のうち、好ましくないと感じられるものもあれば、そうでないものもあるのはなぜだろうか。それは、市場価格はある善を腐敗させる一方、ほかの善にはふさわしいからだ。ある善を市場、行列、あるいはほかの何らかの方法で割り当てるべきかどうかを決めるには、その前に、それがどんな種類の善であり、どう評価すべきものかを決めなければならない。

この問題を解決するのは必ずしも容易ではない。最近ダフ屋行為を招いた「割安な」善の例を三つ考えてみよう。ヨセミテ国立公園のキャンプ場、ローマ教皇ベネディクト一六世の野外ミサ、ブルース・スプリングスティーンのライブコンサートである。

ヨセミテのキャンプ場を転売する

カリフォルニアのヨセミテ国立公園には、年間四〇〇万人を超える観光客が押し寄せる。約九〇〇ある優良キャンプ場は、電話とインターネットで事前に予約ができる。料金は一晩二〇ドルと格安だ。予約は五カ月前から可能で、毎月一五日の午前七時に受付が始まる。だが、予約を取るのは容易ではない。とりわけ夏のあいだは需要がとても大きいため、受付が始まって数分足らずで、キャンプ場は予約で埋まってしまう。

ところが、二〇一一年、『サクラメント・ビー』紙はこう報じた。ダフ屋がクレイグリストで、ヨセミテのキャンプ場を一晩一〇〇ドルから一五〇ドルで売りに出しているというのだ。予約の転売を禁じていた国立公園局は、ダフ屋に関する苦情が殺到したのを受け、この無許可取引をやめさせようとした。[34] 標準的な市場の論理によれば、国立公園局がそうすべき理由は明らかではない。つまり、社会がヨセミテから引き出す福祉を最大化したいなら、キャンプ場での体験を支払い意志額によって最も高く評価する人がキャンプ場を利用してくれるよう望むべきなのだ。したがって、ダフ屋を排除するのではなく歓迎すべきである。あるいは、キャンプ場の予約料金を需給均衡価格まで引き上げ、超過需要を解消すべきである。

しかし、ヨセミテのキャンプ場を転売することへの大衆の怒りは、こうした市場の論理を拒否する。この記事を報じた『サクラメント・ビー』紙は、ダフ屋を非難する社説をこんな見出しのもとに掲載した。「ダフ屋、ヨセミテ公園に現る——聖域はなし?」。ここでは、ダフ屋行為は社会的効用を増大させるサービスではなく、阻止されるべき汚い手口とみなされている。「ヨセミテの驚嘆すべき自然はわれわれ全員のものであり、ダフ屋に余分な現金を払える人だけのものではない」と社説は述べている。(35)

ヨセミテのキャンプ場をめぐるダフ屋行為への反感の根底には、実は二つの反論が横たわっている――一つは公正さに関するもの、もう一つは国立公園を評価する適切な方法に関するものだ。一つめの反論の懸念は、ダフ屋行為は資力の乏しい人たちに対して不公正ではないかということだ。こうした人たちに、キャンプ場を一晩利用するのに一五〇ドルも払う余裕はない。二つめの反論は、前述した論説の「聖域はなし？」という修辞疑問に暗示されているように、売りに出されるべきではない事物が存在するという考え方に立つものだ。それによれば、国立公園は単なる利用の対象でも社会的効用の源でもない。自然の驚異と美を備えた場所、称賛あるいは畏怖にすら値する場所なのだ。そうした場所に接する権利をダフ屋がオークションにかけるのは、一種の冒瀆《ぼうとく》のように思える。

ローマ教皇のミサを売りに出す

市場価値が神聖な善と衝突する例をもう一つ見てみよう。ローマ教皇ベネディクト一六世が、初めてアメリカを訪れた際のことだ。ニューヨークとワシントンDCでスタジアムミサが開かれたのだが、そのチケットへの需要は、ヤンキースタジアムの場合でさえ座席の供給を大幅に超えてしまった。カトリックの司教管区と地域教会を通じて、無料のチケットが配布された結果、当然のようにダフ屋行為が横行すると――チケット一枚が二〇〇ドルを超える値段でネット上で売られていた――教会の役員は非難の声を上げた。宗教行事に参加する権利は売買されるべきではないというのだ。「チケットは市場で取引されるべきではありません。お金を払って秘跡《サクラメント》を祝うことはできないのです」と教会の女性広報係は語った。(36)

ダフ屋からチケットを買った人たちは違う意見かもしれない。彼らはまんまと、お金を払ってサクラメントを祝ったのだから。しかし、教会の広報係が言いたかったのは別のことだと私は思う。つまり、ダフ屋からチケットを買って教皇のミサに参加することは可能かもしれないが、その体験が売りに出されれば、サクラメントの精神は汚されてしまうと言いたかったのではないだろうか。宗教的儀式や自然の驚異を売買可能な商品として扱うことには、敬意が欠けている。神聖な善を儲けの道具に変えてしまえば、それを誤った方法で評価することになるのだ。

ブルース・スプリングスティーンの市場

しかし、部分的には営利事業だが、部分的にはそうではない行事はどうなるのだろうか。

二〇〇九年、ブルース・スプリングスティーンは、故郷のニュージャージーでコンサートを催した。一番高いチケットを九五ドルとしたが、はるかに高い値段をつけてもアリーナは満員になるはずだった。チケット価格のこうした自制がダフ屋行為を横行させ、スプリングスティーンは多額のお金を奪いとられた。ローリング・ストーンズの最近のコンサートツアーの場合、最もいい席は四五〇ドルもしたのだ。経済学者はスプリングスティーンの以前のコンサートのチケット価格を調べ、市場価格を下回る値をつけたせいで、彼がその晩に約四〇〇万ドルを捨ててしまったことを明らかにした[37]。

だとすれば、どうして市場価格を請求しないのだろうか。スプリングスティーンにとって、チケット価格を比較的手頃に抑えておくことは、労働者階級のファンへの信義を守る一つの方法なのだ。また、彼のコンサートがどんなものかについて一定の解釈を表す一つの方法でもある。コンサートが営利事業であるのは間違いないが、それは一つの側面にすぎない。彼のコンサートは祝賀行事でもあり、その成功は観衆の質と構成にかかっている。そのパフォーマンスは歌だけでなく、歌手と観客の関係や、彼らが集まる精神によっても成り立っているのだ。

ロックコンサートの経済学をめぐる『ニューヨーカー』誌の記事で、ジョン・シーブルックはこう指摘している。ライブコンサートはまったくの商品でも、市場財でもない。にもかかわらず、そうであるかのように扱えば、コンサートを貶めることになる。「レコードは商品だが、コンサートは社会的行事であるため、ライブコンサートの体験を商品にしようとすれば、それを台無しにするリスクを冒すことになる」。シーブルックは、スプリングスティーンのコンサートの価格設定を研究した経済学者のアラン・クルーガーを引用している。「ロックコンサートには、商品市場よりもパーティーに似た要素が依然として存在している」。クルーガーによれば、スプリングスティーンのコンサートのチケットは市場財というだけではない。それは、ある意味で贈り物なのだ。スプリングスティーンが市場のつける高値を請求すれば、贈り物をするというファンとの関係を損なうことになるだろう(38)。

これを単なる広報活動とみなす人もいるかもしれない。短期的な収益を捨てる一方、信用を維持して長期的な儲けを最大化しようとする戦略だというのだ。しかし、こうした見方はスプリングスティーンのコンサートを解釈する唯一の方法ではない。彼はこう信じており、それは正しいのかもしれない。つまり、自分のライブを純粋に市場財として扱うことは、それを卑しめ、誤った方法で評価することなのだと。少なくともこの点で、スプリングスティーンはベネディクト教皇と共通する何かを持っているのかもしれない。

行列の倫理

ここまで、お金を払って行列に割り込むいくつかの方法について考えてきた。〈並び屋〉を雇う、ダフ屋からチケットを買う、航空会社や遊園地から割り込み特権を直接購入するなど。これらの各取引は、行列の倫理（自分の順番を待つ）を市場の倫理（お金を払って早くサービスを受ける）に置き換えてしまう。

市場と行列――お金を払うことと待つこと――は、物事を分配する二つの異なる方法であり、それぞれ異なる活動に適している。「早い者勝ち」という行列の倫理には、平等主義的な魅力がある。それはわれわれに、特権、権力、富といったものを――少なくとも一定の目的のためには――無視するよう命じる。われわれは子供の時分、「順番を待ちなさい。割り込んでは駄目だよ」と言い聞かされたものだ。

この原則は、遊園地、バス停、劇場や球場の公衆トイレなどの行列にふさわしいように思える。われわれは自分の前に割り込まれると腹を立てる。急ぐ必要のある人に前に並ばせてほしいと頼まれれば、たいていの人は願いを入れるだろう。だが、後ろに並んでいる人に一〇ドル払うから場所を代わってほしいと言われたら――あるいは管理者側が、裕福な顧客（もしくは用を足したくてたまらない顧客）の使用に供するため、無料トイレの隣に急行の有料トイレを設置したら――奇妙に思うだろう。

とはいえ、行列の倫理はあらゆる場面を支配するわけではない。私が自宅を売りに出したとしたら、最初にあった購入の申し込みを、最初の申し込みというだけの理由で受諾する義務はない。家を売ることとバスを待つことは異なる活動であり、異なる規範にしたがうのがふさわしいのだ。行列であれお金の支払いであれ、何らかの一つの原則が、あらゆる善の分配を決定すると考える理由はない。

ときには規範が変わることもあるし、どの規範が主流となるべきかも明らかではない。銀行、保険維持機構（HMO）、ケーブルテレビ局などに電話した際、待たされるあいだに繰り返し流れる録音メッセージについて考えてみよう。「おかけいただいた電話には、お受けした順番にお答えいたします」。これが行列の倫理の本質である。まるで、公正さの芳香でわれわれの苛立ちをなだめようとしているかのようだ。

だが、このメッセージを真に受けすぎてはいけない。現在、一部の人々の電話はほかの人より早く出てもらえるのだ。電話の行列への割り込みと言っていい。ますます多くの銀行、航空会社、クレジットカード会社が、上得意の顧客に特別の電話番号を用意したり、迅速な対応のためにその電話をエリートコールセンターへ回したりするようになっている。コールセンターの技術を利用して、企業は着信電話を「採点」し、裕福な地域からの電話にはより早く対応する。デルタ航空は最近、利用頻度の高い顧客にある特権を与えると発表して物議を醸した。オプションで五ドルの追加料金を払えば、インドのコールセンターに電話を回される代わりに、アメリカの顧客サービス代理店につないでもらえるというのだ。世論の非難を受けて、デルタ航空はこのアイデアをあきらめた。(39)

上得意の（あるいは最も期待できる）顧客からの電話に最初に出るのは、どこか間違っているだろうか。それは、販売している善の種類による。あなたは当座借越手数料の件で電話しているのだろうか、それとも盲腸の手術の件だろうか？

もちろん、市場と行列だけが物事を割り振る方法ではない。能力に応じて分配される善、必要に応じて分配される善、さらにはくじや運によって分配される善もある。大学が入学を認めるのは通常、最高の才能と将来性を持つ学生であり、最初に願書を出した学生でも、新入生のクラスに入るために最も多くお金を払う学生でもない。病院の緊急治療室は、病気の緊急性に応じて患者を扱う。患者が到着した順番も、最初に診察してもらうために追加料金を払う意志も問題ではない。陪審義務はくじによって割り当てられる。自分が召喚されれば、他人を雇って代わりを務めてもらうことはできない。

市場が、行列をはじめとする非市場的な善の分配法に取って代わる傾向は、現代の生活のすみずみまで広がっているため、われわれはもはやそれに気づかないほどである。これまで考察してきた、お金を払っての行列への割り込み――空港や遊園地、シェイクスピア劇や公聴会、コールセンターや医院、高速道路や国立公園といった場所で見られるそれ――が盛んになったのは最近のことであり、三〇年前にはほとんど想像できなかった。これは驚くべきことだ。こうした領域での行列の消滅は、古くさい問題に思えるかもしれない。だが、市場が侵入しているのはこうした場所だけではないのである。

第2章 インセンティブ

不妊への現金

毎年、数十万人の赤ん坊が薬物中毒の母親のもとに生まれる。こうした赤ん坊の一部は生まれたときから薬物中毒で、その多くが虐待されたり育児を放棄されたりすることになる。バーバラ・ハリスは、ノースカロライナを拠点とする〈予防プロジェクト〉という慈善団体の創設者だ。彼女は市場に基づく解決策を手にしている。薬物中毒の女性が不妊手術か長期の避妊処置を受ければ、三〇〇ドルの現金を与えようというのだ。一九九七年にハリスがこのプログラムを始めて以来、三〇〇〇人を超える女性がこの申し出に応じてきた。(1)

批判者たちは、このプロジェクトを「道徳的に非難されるべき」ものだとか、「不妊手術への賄賂」などと呼んでいる。彼らによれば、生殖能力を放棄させるために薬物中毒者に金銭的見返りを与えるのは、強制と同じことだという。このプログラムのターゲットは貧困地域に住む弱い立場の女性なのだから、なおさらだ。批判者たちはこう訴える。お金は、それを受け取る人が薬物中毒を克服するのを助けるどころか、中毒を助長するものだと。なにしろ、このプログラムの広報用チラシの一つにはこう書かれているのだ。「妊娠のせいでクスリをやめないで」(2)

ハリスは、自分のプロジェクトでお金を受け取った人が、そのお金でさらに薬を買うことをしばしば認めている。だがそれは、薬物中毒の子供が生まれてくるのを防ぐためには大した代償ではないと思っているのだ。不妊手術と引き換えにお金を受け取る女性のなかには、一〇回以上妊娠したことのある人もいるし、すでに複数の子供を里親に預けている人も多い。「女性が子供をつくる権利のほうが、子供が普通の生活を送る権利よりも重要だなどと、なぜ言えるのでしょうか」とハリスは問う。彼女の言葉には経験の裏付けがある。ハリス夫妻は、ロサンジェルスに住むあるコカイン中毒の女性が産んだ四人の子供を養子にしたのだ。「赤ん坊が苦しまないですむように、自分のやるべきことをするつもりです。誰であれ、自分の薬物中毒を他人に押しつける権利を持つ人がいるとは思いません」(3)

二〇一〇年、ハリスはこのインセンティブ方式を携えてイギリスに向かった。不妊手術と引き換えにお金がもらえるというアイデアは、マスコミ――『テレグラフ』紙はそれを「身の毛がよだつような申し出」と称した――や英国医師会から猛烈な反発を受けた。ハリスはひるむことなく、ケニアへと進出している。HIVに感染している女性に四〇ドルを支払い、一種の長期避妊となる子宮内器具を装着してもらっているのだ。ケニアと、次に進出予定の南アフリカでは、保健当局者と人権擁護者から怒りと反発の声が上がっている。(4)

市場の論理の観点からは、このプログラムが怒りを買う理由ははっきりしない。一部の批判者が言うように、それがナチスの優生学を思い出させるとはいえ、不妊手術と引き換えにお金を払うプログラムは私人同士の自発的な取り決めだ。国家はかかわっていないし、自分の意志に反して不妊手術を受ける人は一人もいない。お金がほしくて仕方のない薬物中毒者は、すぐにお金をあげようと言われた場合、本当に自発的な選択をする能力を持っていないと言う人もいる。だが、ハリスの答えはこうだ。そうした人たちの判断力がそれほど弱っているなら、いったいどうすれば、子供を生み育てることに関して分別ある決定を下すはずだなどと期待できるのだろうか？(5)

市場取引として考えれば、この協定は当事者双方に利益をもたらし、社会的効用を増大させる。薬物中毒者は子供を産む能力をあきらめる代わりに三〇〇ドルを手にする。その三〇〇ドルと引き換えに、ハリスと彼女の運営団体は、将来その人物が薬物中毒の子供を産むことはないとの保証を得る。標準的な市場の論理によれば、この取引は経済的に効率がいい。善――このケースでは薬物中毒者の生殖能力のコントロール――を、それに対する支払い意志額が最も高い、したがってそれを最も高く評価しているとみなされる人物（ハリス）に割り当てるからだ。

では、どうして大騒ぎになるのだろうか。それには二つの理由がある。この二つが一丸となって市場の論理の道徳的限界を浮き彫りにするのだ。一方に、不妊手術と引き換えにお金を払う取引は強制だとして批判する人がいる。もう一方に、それは贈収賄だと言う人がいる。この二つは実は異なる反論である。それぞれが別々の理由を示すことによって、市場の範囲をそれがふさわしくない場にまで広げることに抵抗しているのだ。

強制だという反論の懸念は次のようなものだ。薬物中毒の女性は、お金をもらって不妊手術を受けることに同意する際、自由に行動していないのではないか。頭に銃を突きつけられているわけではないものの、金銭的見返りはきわめて魅力的なために断り切れないのだ。こうした女性が薬物中毒であることと、ほとんどのケースで貧困にあえいでいることを考えれば、三〇〇ドルで不妊手術を受けるという選択は実は自由なものではないかもしれない。実際には、自分の置かれた境遇から生じる必要性によって強制されているのかもしれないのだ。もちろん、どんな状況におけるどんな見返りが強制になるのかについて、人々の意見はさまざまである。そこで、市場取引の道徳的地位を評価するには、まず第一にこう問わなければならない。市場関係が選択の自由を反映するのはどんな条件下であり、一種の強制力を行使するのはどんな条件下だろうか？

贈収賄だという反論はまた別である。それがかかわるのは、取引が行なわれる条件ではなく売買される善の性質だ。贈収賄の一般的な例について考えてみよう。ある不謹慎な人物が裁判官や政府の役人に賄賂を贈り、不法な利益や便宜を得ようとする場合、こうしたふらちな取引は完全に自発的なものだ。どちらの当事者も強制されていないし、ともに利益を手にする。賄賂が反対すべきものであるのは、それが強制的だからではなく、腐敗しているからだ。腐敗とは、売りに出されるべきではない何か（たとえば有利な判決や政治的影響力）を売買することで生じるのである。

腐敗というと、われわれは役人への違法な賄賂を思い浮かべがちだ。だが、第1章で見たように、腐敗にはもっと広い意味がある。ある善、活動、社会的慣行が腐敗するのは、われわれがそれを扱うのにふさわしい規範よりも低級な規範にしたがうときだ。極端な例を挙げてみよう。売り飛ばして儲けるために赤ん坊を産むとすれば、それは親としての腐敗である。子供を愛されるべき存在としてではなく、利用される物として扱っているからだ。政治的な腐敗についても同じ見方ができる。裁判官が賄賂を受け取って不正な判決を出すとき、この人物は裁判官の権限を、国民に託されたものではなく個人的利益の道具であるかのように扱い、行動している。自分の職務にふさわしい規範よりも低級な規範にしたがうことによって、それを貶め、卑しめているのである。

お金と引き換えの不妊手術は一種の贈収賄だという非難の背後には、こうしたより広範な腐敗の概念がある。そうしたやり方を贈収賄だと言う人たちが示唆しているのは、その取引が強制であろうとなかろうと、いずれにしても腐敗であるということだ。その理由は、当事者の双方――買い手（ハリス）と売り手（薬物中毒者）――が売られる善（売り手の出産能力）を誤った方法で評価しているところにある。ハリスは、薬物中毒やＨＩＶに感染している女性を障害のある赤ん坊の製造装置として扱い、手数料を払えばスイッチを切れると思っている。ハリスの申し出を受け入れる人たちは、みずからを貶めるこうした見解に不本意ながらしたがっている。これが、贈収賄という非難の道徳的な力だ。腐敗した裁判官や役人と同じく、お金のために不妊手術を受ける人たちは、売りに出すべきではない何かを売っている。生殖能力を、責任と保護という規範にしたがって運用されるべき贈り物や委託物ではなく、金銭的利益を得るための道具として扱っているのだ。

これに対して、このアナロジーには欠陥があると主張する人がいるかもしれない。賄賂を受け取って不正な判決を下す裁判官は、自分のものではない何かを売っている。判決は彼の所有物ではない。だが、お金をもらって不妊手術に同意する女性は、自分のもの――つまり生殖能力――を売っているのだ。お金の問題を脇へ置けば、女性が不妊手術を受けること（あるいは子供を産まないこと）を選んだとしても悪いところはない。だが、裁判官が正義にもとる判決を下せば、たとえ賄賂をもらっていなくても悪いのだ。女性に子供を産む能力を放棄する権利があるとすれば、お金のためにそうする権利もあるはずだと主張する人もいるだろう。

この主張を認めれば、お金と引き換えに不妊手術を受けるという取引は、やはり贈収賄ではないことになる。そこで、女性の生殖能力が市場取引にしたがうべきかどうかを決めるために、それがどんな種類の善かを問わなければならない。われわれは自分の体を、自分が所有し、利用も売却も自由にできる財産とみなすべきだろうか？　それとも、自分の体の利用法によってはみずからを貶めることになるのだろうか？　これは論争の的となる大問題であり、売春、代理母、卵子や精子の売買をめぐる議論においても生じてくる。市場関係がこうした領域にふさわしいかどうかを判断するには、まず、われわれの性や生殖にかかわる生活を律すべき規範はどんなものかを解明しなければならない。

人生への経済学的アプローチ

ほとんどの経済学者は、少なくとも経済学者としての役割において道徳的問題に取り組むのを好まない。自分たちの仕事は人々の行動を説明することであり、判断することではないというのだ。この行動やあの行動を律すべき規範は何か、この善やあの善をいかに評価すべきかといったことを教えるのは、自分たちのすることではないと彼らは主張する。価格システムは人々の選好にしたがって善を分配するが、それらの選好について、価値が高いとか、称賛に値するとか、状況にふさわしいなどと判断するわけではない。だが、こうした言い分とは裏腹に、経済学者はますます道徳的問題に巻き込まれるようになっている。

そうなりつつあるのには二つの理由がある。一つは、世界の変化を反映するもの。もう一つは、経済学者がみずからのテーマを理解する仕方の変化を反映するものだ。

この数十年のあいだに、市場と市場志向の考え方が、昔から非市場的な規範に律せられてきた領域に入り込んできた。われわれはますます、非経済的な善に値段をつけるようになりつつある。ハリスの三〇〇ドルという付け値は、こうしたトレンドの一例なのだ。

同時に、経済学者はみずからの学問を練り直し、より抽象的で、より大がかりなものとしてきた。かつて経済学者は、明らかに経済的な課題――インフレと失業、貯蓄と投資、金利と外国貿易――に取り組んでいた。彼らが説明したのは、国家はいかにして富を蓄えるか、価格システムは豚のばら肉の先物やその他の市場財の需要と供給をいかにして調整するかといったことだった。

ところが最近、多くの経済学者がより大がかりなプロジェクトに携わるようになっている。彼らの主張によれば、経済学者が提示するのは有形財の生産や消費に関する一連の知見だけではなく、人間行動の科学でもあるという。この科学の中心には、単純だが包括的な考え方がある。すなわち、生活のあらゆる領域において、人間の行動は次のように仮定することで説明できるというのだ。人々は、目の前にある選択肢のコストと利益を比較検討し、最大の福祉すなわち効用を与えてくれると信じる選択肢を選ぶことによって、何をすべきかを決めるのだと。

この考え方が正しいとすれば、あらゆるものに値段があることになる。値段は明示されているかもしれない。たとえば、自動車、トースター、豚のばら肉の場合などだ。値段が暗に示されていることもある。たとえば、セックス、結婚、子供、教育、犯罪、人種差別、政治参加、環境保護、さらには人間の命さえ、そうした場合に当たる。意識しようがしまいが、需要と供給の法則がこうしたあらゆる事物の提供を律しているのである。

こうした見解として最も有力なのは、シカゴ大学教授のゲイリー・ベッカーが、『人間行動への経済学的アプローチ』(一九七六)のなかで述べたものだ。彼は、経済学とは「有形財の分配に関する研究」であるという旧来の考え方を否定した。昔ながらのこうした見方がなくならないのは、「ある種の人間行動を経済学の『冷淡な』計算にしたがわせること」への嫌気が原因だと、彼は推測している。ベッカーはわれわれにこうした嫌気を振り払わせようとする。(6)

ベッカーによれば、人々はどんな活動に従事しようと、みずからの福祉を最大化すべく行動するという。この仮定は「厳格に、断固として適用され」、人間行動への「経済学的アプローチの核心を形成している」。経済学的アプローチは、どんな善が問題になろうと有効だ。生死にかかわるような決定から「コーヒーのブランド選び」までを説明してくれる。結婚相手の選択にもペンキ一缶の購入にも妥当する。ベッカーはこうつづける。「私が到達したのはこんな見解だ。経済学的アプローチはあらゆる人間行動に当てはまる包括的なものなのである。どんな行動であれ同じことだ。たとえばそれは、金額で示される価格と潜在的な帰属価格、繰り返される決定と稀に下される決定、大きな決定と小さな決定、感情的な目的と機械的な目的、金持ちと貧乏人、男と女、大人や子供、秀才と愚か者、患者と治療者、実業家と政治家、教師と生徒、などにかかわる行動かもしれない(7)」

ベッカーは、患者と治療者、実業家と政治家、教師と生徒が、みずからの決定が経済原理に律せられていることを実際に理解していると主張しているわけではない。とはいえそれは、われわれが自分の行動の源泉に気づかないことが多いからにすぎない。「経済学的アプローチは」人々が「福祉を最大化しようとするみずからの努力を必ず意識していると か」みずからの行動の理由を「わかりやすく言葉にしたり記述したりできると」仮定しているわけではない。だが、人間の置かれたあらゆる状況に潜む価格シグナルへの鋭い目を持つ人々は、われわれのすべての行動が、物質的事柄からいかに隔たっていようと、コストと利益の合理的な計算として説明も予測もつくことを理解できるのだ(8)。

ベッカーは、結婚と離婚の経済学的分析によって自分の主張を説明している。

経済学的アプローチによれば、ある人が結婚を決めるのは、結婚に期待される効用が、独身でいることに期待される効用や、もっとお似合いの配偶者を探すことに期待される効用を上回っているときだ。同じように、ある既婚者が結婚生活を終わらせるのは、独身になったりほかの人と結婚したりすることに予期される効用が、離別に予期される効用の損失を上回るときだ。こうした損失には、子供との物理的な離別、共有財産の分割、裁判費用などによるものが含まれる。多くの人が配偶者を探しているのだから、結婚の市場は存在すると言っていい(9)。

こうした打算的見解は、結婚からロマンスを剝ぎとるものだと考える人もいる。彼らは、愛、義務、献身などは、金銭的条件に還元できないと主張する。幸福な結婚は値段をつけられないものであり、お金では買えない何かだというのだ。

ベッカーにとって、こうした考え方は明晰な思考を妨げる感傷にすぎない。彼はこう書いている。経済学的アプローチに反対する人々は「もっと有益に使われるなら称賛に値する創意によって」人間の行動を「無知と不合理な思考、価値観と往々にして説明不能なその変化、習慣と伝統、社会規範に起因する服従」の乱雑で予測不能な帰結として説明する、と。ベッカーにはこうした乱雑さが我慢ならない。所得と価格効果にひたすら焦点を合わせることによって、より堅固な基盤を持つ社会科学を生み出せると信じているのだ。[10]
人間のあらゆる行為を、市場をモデルに理解することは可能だろうか。経済学者、政治学者、法学者といった人たちが、この問題について議論をつづけている。だが、注目すべきなのは、こうしたモデルがいかに有力になっているかということだ──学問の世界だけでなく、日常生活においても。この数十年のあいだ、社会関係は市場関係をモデルにめざましい勢いで再構築されてきた。こうした変化がどの程度のものかを判断する一つの手がかりが、社会問題の解決のために、金銭的インセンティブがますます使われるようになっていることにあるのだ。

成績のよい子供にお金を払う

お金を払って不妊手術を受けさせるというのは、恥知らずな事例の一つだ。もう一つの例を挙げてみよう。アメリカ中の学区がいまや、共通テストで好成績を収めた子供にお金を払うことによって、学業成績を上げようとしている。金銭的インセンティブによって、わが国の学校を苦しめる病を治療できるという考え方が、教育改革運動のなかで大きくなっているのだ。

私は、カリフォルニア州パシフィック・パリセイズにある、とてもすばらしいが実に競争の激しい公立高校に通った。ときおり、通知表でAをとるたびに親からお金をもらう子供の話を耳にすることがあった。ほとんどの生徒はそれを、少しばかり恥ずかしいことと思っていた。しかし、好成績に対して学校自身がお金を払うことがあろうなどとは、誰一人として考える者はいなかった。その当時、ロサンジェルス・ドジャースが広報活動の一環として、優等生名簿に載った高校生に無料チケットをプレゼントしていたことをよく憶えている。われわれがこの企画に異存がなかったのは言うまでもないし、私と友人はかなりの試合を観戦したものだ。だが、これをインセンティブだと考えた者はいなかった。それはむしろ無駄な事業だったのだ。

いまや事態は異なっている。金銭的インセンティブは教育改善の鍵だとする見方が、ますます広がっているのだ。とりわけ、成績不振の都会の学校の生徒にとって。最近、『タイム』誌の表紙で単刀直入にこんな疑問が提起された。「学校は子供に賄賂を贈るべきか？」[11]。すべては賄賂の効果次第だと言う人もいる。

ハーバード大学で経済学教授を務めるローランド・フライヤー・ジュニアは、この疑問を解明しようとしている。フライヤーはアフリカ系アメリカ人で、フロリダとテキサスの治安の悪い地域で育った。金銭的インセンティブは、スラム地区の学校に通う子供にやる気を起こさせる一助になると信じている。財団から研究資金を受け、フライヤーはアメリカで最大の学区のいくつかで自分の考えを検証してきた。二〇〇七年以降、彼のプロジェクトによって、都会の二六一の学校の生徒に六三〇万ドルが支払われた。これらの学校では、生徒の大半が所得の低い家庭のアフリカ系アメリカ人かヒスパニックだ。それぞれの都市で、さまざまな方式のインセンティブが活用された。[12]

・ニューヨークシティーでは、プロジェクトに参加している学校が、四年生に共通テストで高得点をとらせるべく二五ドルを払った。七年生はテストのたびに五〇ドルをもらえた。平均的な七年生は合計で二三一・五五ドルを手にした。[13]

・ワシントンDCでは、中学生が授業に出席したり、行儀よく振る舞ったり、宿題を提出したりすると報奨金がもらえた。まじめな子供は二週間ごとに最高で一〇〇ドルを稼げた。平均的な生徒は隔週の報酬を約四〇ドル、一学年度の合計で五三二・八五ドルを受け取った。[14]

・シカゴでは、九年生が自分の履修する課程でよい成績をとると、現金が支払われた。Aなら五〇ドル、Bなら三五ドル、Cなら二〇ドルだ。首席の生徒は、一学年度で一八七五ドルというかなりの儲けを手にした。[15]

・ダラスでは、二年生が本を一冊読むたびに二ドルをもらえる。現金を受け取るには、本を読んだことを証明するため、コンピューターを使ったテストを受けなければならない[16]。

こうした現金の支払いはさまざまな結果を生んだ。ニューヨークシティーでは、子供にお金を払ってテストの点数を上げようとしたが、学業成績はまったく向上しなかった。シカゴでは、好成績を収めた生徒に現金を与えたものの、出席率は改善したが共通テストでは何の成果も出なかった。ワシントンＤＣでは、報酬が一部の生徒（ヒスパニック、少年、行動に問題のある生徒）の読解力スコアの向上に一役買った。現金の効果が最も大きかったのが、ダラスの二年生の場合だ。本を一冊読むたびに二ドルをもらった子供たちは、その年の終わりには、読解力スコアを向上させていたのだ[17]。

フライヤーのプロジェクトは、子供にお金を払って学校生活を向上させようとする多くの試みの一つだ。その種の別のプログラムでは、ＡＰ試験［訳注：高校生を対象に、大学一年生レベルの学力があるかどうかを測る試験］で高得点をとると現金がもらえる。ＡＰクラスに在籍する高校生は、数学、歴史、科学、英語、その他の科目で、大学レベルの手強《てごわ》い教材に取り組む。一九九六年、テキサス州はＡＰインセンティブプログラムを開始した。ＡＰ試験で合格点（三以上のスコア）をとった生徒に、一〇〇～五〇〇ドル（学校によって異なる）を支払うというものだ。生徒が試験に合格するたびに、教師もまた、一〇〇～五〇〇ドルの報酬に加えてボーナスを受け取る。こうしたインセンティブプログラムは、いまやテキサス州の六〇の高校で実施されている。それが目指すのは、マイノリティーや所得の低い生徒に大学進学の準備を整えてもらうことだ。いまでは十数の州で、AP試験で成功するための金銭的インセンティブが生徒と教師に提供されている。[18]

インセンティブプログラムのなかには、生徒ではなく教師を対象としたものもある。教員組合は能力給制度に慎重な姿勢をとってきたものの、生徒の成績の代価として教師に報酬を払うという考え方は、有権者、政治家、一部の教育改革者のあいだで人気が高い。二〇〇五年以降、デンヴァー、ニューヨークシティー、ワシントンDC、ギルフォードカウンティー、ノースカロライナ、ヒューストンの各学区で、教師への金銭的インセンティブ制度が実施されている。二〇〇六年、連邦議会は教員インセンティブファンドを設立し、成績不振校の教師に対し、能力に応じた助成金を提供することにした。オバマ政権はこのプログラムへの財政支援を拡大した。最近、ナッシュヴィルの民間資金によるインセンティブプロジェクトで、中学校の数学教師が生徒のテストの点数を上げれば、最高一万五〇〇〇ドルの現金ボーナスが支給されることになった。[19]

ナッシュヴィルのプロジェクトのボーナスは、かなり高額だったにもかかわらず、生徒の数学の成績にはほとんど影響をおよぼさなかった。だが、テキサスをはじめとする州で実施されたAP試験のインセンティブプログラムは、プラスの効果を発揮した。所得の低いマイノリティーの家庭の生徒を含め、APクラスに出席しようという生徒が増えている。多くの生徒が、大学の単位を認定してくれる共通テストに合格している。これはとても良いニュースだ。しかし、金銭的インセンティブをめぐる通常の経済学的見解、つまり、お金を払えば払うほど生徒は懸命に勉強するし、成績も上がるはずだという見解を裏付けるものではない。この物語はもっと複雑なのである。

成功を収めたAPインセンティブプログラムは、生徒と教師に現金以上のものを提供する。学校の文化を変え、学業成績に対する生徒の姿勢を変えるのだ。こうしたプログラムでは、教師向けの特別研修が実施され、実験装置が導入され、放課後や土曜日に組織的な補習が行なわれる。マサチューセッツ州ウスターの、都会のある荒れた学校は、事前に選ばれた優等生ではなく、すべての生徒にAPクラスを開放した。生徒集めのポスターにはラップミュージックのスターを使った。「股上の浅いジーンズをはき、リル・ウェインのようなラッパーに心酔している少年に、一番難しいクラスに出ることをクールだと思ってもらう」ためだ。APテストに合格すると学年末にもらえる一〇〇ドルのインセンティブが動機付けとなったのは、お金そのものというより、その表現効果のおかげだったようだ。成功を収めたある生徒は『ニューヨークタイムズ』にこう語っている。「お金には何かクールな感じがある。すごいおまけだよ」。このプログラムによって提供された、週二回の放課後の補習と一八時間の土曜授業も有益だった。[20]

ある経済学者が、テキサスの低所得層の多いいくつかの学校で、APインセンティブプログラムを詳しく検討したところ、興味深いことがわかった。このプログラムによって学業成績の向上には成功したのだが、そのプロセスは一般的な「価格効果」から予測されるもの（お金を払えば払うほど成績が上がる）ではなかった。APテストでの合格点に一〇〇ドルを払った学校もあれば、五〇〇ドルもの大金を払った学校もあったというのに、金額の多い学校でも結果は変わらなかったのだ。この研究論文の執筆者であるC・キレイボ・ジャクソンはこう書いている。生徒と教師は「ただ利益追求者のように振る舞っていたわけではない」。[21]

では、何が起きていたのだろうか？　お金には表現効果があった――よい成績をとることを「クール」にしたのだ。これこそ、金額が決定的なものでなかった理由である。金銭的インセンティブを受けられたのは、英語、数学、科学のAPクラスだけだったにもかかわらず、このプログラムのおかげで、歴史や社会といったほかのAPクラスへの出席者も増えた。APインセンティブプログラムが成功を収めたのは、成績を上げるために生徒に賄賂を贈ったからではなく、学業成績と学校文化に対する姿勢を変えたからなのである。[22]

保健賄賂

健康管理は、金銭的インセンティブが流行しているもう一つの領域である。医者、保険会社、雇用主は、人々にお金を払って健康を維持させている——薬を飲ませ、禁煙させ、体重を減らさせているのだ。病気や命にかかわる疾患の予防は、十分な動機になるはずだと思われるかもしれない。ところが、驚くべきことに、そうではないケースが多い。患者の三分の一から二分の一は、処方されたとおりに薬を飲まない。彼らの病状が悪化すると、全体として年に数十億ドルの医療経費が余計にかかる結果になる。そこで、医者と保険会社は、金銭的インセンティブを提供して患者に薬を飲む動機を与えているのである。[23]

フィラデルフィアでは、抗凝血薬のワルファリンを処方された患者は、薬を飲むと一〇ドルから一〇〇ドルの報奨金をもらえる（コンピューター制御の薬箱が、彼らが薬を飲むかどうかを記録し、その日に報奨金が出たかどうかを患者に伝える）。このインセンティブ制度に参加している患者は、処方箋を守ることと引き換えに、平均して月に九〇ドルを手にする。イギリスでは、双極性障害や統合失調症の患者の一部は、抗精神病薬の注射を受けにいくと一五ポンド（約二二ドル）がもらえる。ティーンエイジの少女は、子宮頸ガンの原因となる性行為感染ウイルスに効く予防接種を受けると、四五ポンド（約六八ドル）の商品券を渡される。[24]

喫煙は、社員に健康保険を提供している企業に多大なコストを課す。そこで二〇〇九年、ゼネラルエレクトリック（GE）は一部の従業員を対象に、お金を払ってタバコをやめさせることを始めた。一年間禁煙すれば七五〇ドルがもらえるのだ。結果は大いに期待の持てるものだったため、GEはアメリカの全従業員に同じ申し出をすることにした。スーパーマーケットチェーンのセーフウェイは、タバコを吸わず、体重、血圧、コレステロール値を抑えている従業員に、健康保険料を低く設定している。ますます多くの企業がアメとムチを使い分け、従業員に健康増進の動機を与えようとしている。アメリカの大企業の八〇パーセントが、いまや、健康維持プログラムに参加する従業員に金銭的インセンティブを提供している。また大企業の半数近くが、不健康な習慣のある従業員にペナルティーを科している。健康保険料の増額がその典型だ。[25]

金銭的インセンティブ実験の対象として、減量は手強いながらも最も魅力がある。NBCテレビで放送される『最大の敗者』というリアリティーショーは、人にお金を払って痩せてもらうという現在の流行をドラマチックに示すものだ。この番組では、一つのシリーズで体重の減少率の最も高かった出演者に二五万ドルが支払われる。[26]

医者、研究者、雇用主が提供しようとしてきたインセンティブは、もう少し控えめなものだった。アメリカのある研究では、数百ドルの報酬を目当てに、肥満体の被験者たちが四カ月で約一四ポンド（約六・四キログラム）を減らした（残念ながら、体重の減少は一時的なものだったが）。イギリスでは、国民健康保険（ＮＨＳ）が肥満関連疾患の治療に予算の五パーセントを使っている。太りすぎの人々が体重を減らしてそれを二年間維持すれば、ＮＨＳは最高で四二五ポンド（約六一二ドル）を払う用意があった。このシステムは「ポンドのためのポンド」と呼ばれている。[27]

健康的な行動をする人にお金を払うことについては、二つの疑問を提起できる。それには効果があるのだろうか？　また、それには異論の余地があるだろうか？

経済的観点からすると、人々の健康のためにお金を払う論拠は、単純にコストと利益の問題になる。唯一の真の問題は、インセンティブ方式に効果があるかどうかだ。お金が動機となって人々が薬を飲み、タバコをやめ、ジムに通い、その結果あとで高額な医療を受ける必要性が減じるなら、反対する理由がどこにあるだろうか。

ところが、現に多くの人が反対している。健康的な行動を促す金銭的インセンティブは、激烈な道徳論争を引き起こしているのだ。一つの反論は公正さにかかわり、もう一つの反論は贈収賄にかかわっている。公正さにかかわる反論は、政治的な右派と左派の双方からさまざまな形で表明される。一部の保守派はこう主張する。太りすぎの人々は自力で痩せるべきであり、彼らにそうさせるためにお金を払うのは（とりわけ納税者の資金を使うとすれば）、不公正にも怠惰な行動に報酬を与えることなのだ、と。こうした批判者は、金銭的インセンティブを「治療の一種というより不摂生への報酬」とみなしている。この反論の根底にはこんな考え方がある。「われわれはみな自分の体重をコントロールできる」のだから、自力でそれができなかった人にお金を払うのは不公正だ――ときにイギリスで見られるように、そのお金が国民健康保険によって払われるとすればなおさらだ。「ある人にお金を払って悪習を捨てさせようとするのは、過保護国家の精神の最たるものであり、自分の健康への責任をいっさい免除してしまう(28)」

一部のリベラル派は逆の懸念を表明する。健康への報酬（および不健康へのペナルティー）を与えれば、不公正にも、自分ではコントロールできない健康状態を理由に人々を不利な立場に追いやってしまうかもしれない。企業や保険会社が、健康な人と不健康な人で保険料に差をつけることを認めるのは、自分に落ち度はないのに不健康で、そのためにより大きなリスクを負っている人にとって不公正だ。誰もが割安にジムに入会できるようにすることと、多くの人にとってコントロール不能な健康上の成果に基づいて保険料率を設定することは、まったく別である(29)。

贈収賄だという反論は、もっと捉えどころがない。マスコミは普通、健康のためのインセンティブを賄賂と表現する。だが、なぜだろうか。お金を払って不妊手術を受けさせるシステムの場合、賄賂であることは明らかだ。女性がお金と引き換えに生殖能力を放棄するのは、自分自身のためではなく、外部の目的――薬物中毒の赤ん坊が増えないようにすること――のためである。こうした女性たちは、少なくとも多くの場合、お金をもらって自分の利益に反する行動をしているのだ。

だが、禁煙や減量の助けとなる金銭的インセンティブについて、同じことは言えない。どんな外部の目的（たとえば、企業や国民健康保険の医療コストを減らすなど）にかなおうと、お金によって促される行動は受取人の健康を改善する。そうだとすれば、どうして賄賂になるのだろうか[30]。あるいは、質問の仕方を少し変えれば、健康的な行動は賄賂をもらう人の利益になるというのに、贈収賄だという非難が当てはまるように思えるのはなぜだろうか。

私が思うに、それが当てはまるのは次のような理由からだ。金銭的動機によって、ほかのよりよい動機が締め出されてしまうのではないかと疑われるのである。つまり、こういうことだ。良好な健康状態とは、適正なコレステロール値や肥満度指数の達成にかかわるだけではない。肉体の健康への正しい姿勢を育《はぐく》んだり、配慮や敬意をもって自分の体を扱ったりすることにもかかわっている。人々にお金を払って薬を飲ませることは、そうした姿勢を育むのにほとんど役に立たないし、それを損ねる可能性すらある。

というのも、賄賂は人を操るものだからだ。賄賂は説得をないがしろにし、本質的な理由を外部の理由にすり替えてしまう。「あなたは自分自身の健康など気にしないので、禁煙も減量もしないのですね？　では、私が七五〇ドル払いますから、そうしてください」健康をめぐる賄賂は、われわれを騙し、何としてもすべきことをさせる。間違った理由で、正しいことをする気にさせるのだ。ときには、騙されるのが役に立つ場合もある。自力で禁煙したり減量したりするのは容易ではないからだ。しかし最終的には、われわれは操られる立場を乗り越えるべきである。さもなければ、賄賂が病みつきになってしまうかもしれない。

賄賂に効果があるとすれば、健康に対する善き姿勢が腐敗するなどという懸念は、高邁すぎて救いようがないと思えるかもしれない。現金が肥満を治してくれるなら、操られることにけちをつける必要がどこにあるだろうか。一つの答えは、肉体的健康への適切な関心は自尊心の一部だというものだ。もう一つの答えはもっと現実的である。健康を維持しようという姿勢が欠けていると、インセンティブがなくなったときに体重が戻ってしまうかもしれない。

これまで研究されてきた、お金をもらって減量するシステムで、そうしたことが起こっているようだ。禁煙のための現金は、かすかな希望を抱かせるものだった。ところが最も有望な研究によってさえ、次のような事実が明らかになっている。お金をもらって悪習を断とうとした喫煙者の九〇パーセント以上が、インセンティブがなくなって六カ月後には喫煙を再開してしまうのだ。金銭的インセンティブは一般に、長期的な習慣や行動を変えさせることではなく、特定のイベント――医者の予約や注射など――に参加させることに効果を発揮するようだ。[31]

人々にお金を払って健康でいてもらおうとしても、裏目に出る可能性がある。健康を保つための価値観を養えないからだ。これが正しいとすれば、経済学者の疑問（「金銭的インセンティブに効果はあるか」）と倫理学者の疑問（「金銭的インセンティブは反対すべきものか」）は、一見して思われるよりも密接につながっている。インセンティブに「効果がある」かどうかは、目的次第なのだ。そしてその目的には、厳密に考えれば、金銭的インセンティブによって損なわれる価値観や姿勢までが含まれるのかもしれない。

よこしまなインセンティブ

私のある友人はかつて、幼い子供たちが礼状を書くたびに一ドルを渡していた（礼状を読めば、それが無理に書かされたものかどうかわかるのが普通だ）。長い目で見ると、こうしたやり方は有効な場合もそうでない場合もある。たくさんの礼状を書くうちに、子供たちがやがてその真の意味を理解し、もうお金がもらえなくても、贈り物を受け取ったら必ず謝意を表するようになるかもしれない。一方、子供たちが間違った教訓を学び、礼状を出来高払いの仕事、お金をもらうために果たすべき義務とみなしてしまう可能性もある。この場合、礼状を書くという習慣が身につくことはないし、子供たちはお金をもらえなくなると礼状を書くのをやめてしまうだろう。さらに悪いことに、こうした賄賂は道徳教育を腐敗させ、子供たちが感謝の美徳を学ぶことをいっそう難しくする。礼状への賄賂は、短期的には筆をとる機会を増やしたとしても、問題となる善の間違った評価法を教え込むことによって失敗に終わるはずだ。

よい成績をとればお金を与えるという場合も、同じ問題が生じる。よい成績をとったり本を読んだりした子供にお金を渡すのは、なぜいけないのだろうか。そうした行為の目標は、勉強や読書へのやる気を子供に出させることだ。報酬はその目的を促すためのインセンティブである。経済学によると、人々はインセンティブに反応するという。向学心から本を読む気になる生徒もいれば、そうでない生徒もいるかもしれない。だとすれば、さらなるインセンティブとしてお金を使えばいいのではないだろうか。

経済の論理が示唆するように、インセンティブは一つよりも二つのほうが効果があるかもしれない。だが、金銭的なインセンティブが本質的なインセンティブを損ない、読書量は増えるどころか減ってしまうという事態も考えられる。あるいは、短期的には読書量が増えても、その理由は間違っているかもしれない。

このシナリオでは、市場は道具だが、無害な道具ではない。市場メカニズムとして始まったものが、市場規範となってしまうのだ。誰の目にも明らかな懸念は、次のようなものだ。お金を与えることによって、子供たちに読書をお金を稼ぐ手段とみなす習慣をつけさせてしまうのではないだろうか。その結果、読書そのものへの愛情を蝕み、締め出し、腐敗させてしまうかもしれない。

減量や、読書や、不妊手術を促すために金銭的インセンティブを用いることは、人生への経済学的アプローチの論理を表しているだけでなく、それを拡張してもいる。一九七〇年代半ばにゲイリー・ベッカーは、われわれはコストと利益を計算するものだと仮定すれば、あらゆる人間行動が説明できると書いた。このときに彼が言及したのが、潜在価格だ。われわれが直面する選択肢やわれわれがなす選択に暗に含まれる、架空の価格である。たとえば、ある人が離婚せずに結婚を継続しようと決めるとき、価格が公示されることはない。そうではなく、その人は別れることに暗に含まれる価格——金銭的価格と感情的価格——を考慮し、得られる利益はその価格に値しないと判断するのだ。

だが、こんにち巷《ちまた》にあふれるインセンティブシステムは、さらに先へ進んでいる。物質的対象とはかけ離れた活動に、実際に明示的な価格をつけることによって、ベッカーの言う潜在価格《シャドープライス》を闇《シャドー》から引きずり出し、実体化するのだ。あらゆる人間関係は結局のところ市場関係だというベッカーの示唆を、現実のものとするのである。

ベッカー自身、こうした考えに沿って注目すべき提案をした。移民政策をめぐる賛否両論の市場的解決策である。アメリカは、割当移民、点数制度、家族優先、順番待ちの行列といった複雑な制度を廃止し、移民の権利を売るべきだというのだ。需要を考えれば、移民料を五万ドルか、あるいは場合によってはもっと高く設定するようにと、ベッカーは提案している。[32]

多額の移民料を支払う意志のある人々は、自動的に望ましい特徴を備えているはずである。若く、特殊技能を持ち、野心に燃え、懸命に働く可能性が高い。そして、生活保護や失業手当は利用しそうもない。一九八七年にベッカーが移民権の販売を初めて提案したとき、多くの人はとんでもない考えだと思った。だが、経済学的な思考に染まっていた人々にとっては、次のようなやっかいな問題に市場の論理を応用するための、理にかなった、明白ですらある方法だった。どの移民を受け入れるかを、どうやって決めればいいだろうか？

こちらも経済学者のジュリアン・サイモンは、ほぼ同じ時期に似たようなプランを提案した。一年間に受け入れる移民の割当数を決め、その枠がいっぱいになるまで、最高入札者に入国許可を競り落とさせればいいというのだ。移民の権利を売ることが公正なのは「それが市場志向型社会の基準、すなわち支払いの能力と意志にしたがって人を選別するからだ」という。彼のプランでは裕福な人しか入国を認められないという批判に対しては、落札者が入国料の一部を政府から借りられるようにして、あとで所得税で返してもらえばいいと提案した。返せない人がいればいつでも追放してかまわないと、サイモンは述べた。[33]

移民権の販売というアイデアに反感を覚える人もいた。だが、市場への信任がますます高まる時代なだけに、ベッカー＝サイモンの提案の骨子はまもなく法律化されるに至った。

一九九〇年、議会はこんな規定をした。アメリカに五〇万ドルを投資した外国人は、家族とともに入国して二年間住むことができるうえ、二年後にその投資によって一〇人以上の雇用が生み出されれば、永住許可証《グリーンカード》をもらえるというのだ。お金を払ってグリーンカードをもらうというこのプランは、究極の割り込みシステムであり、市民権へのファストトラックである。二〇一一年、二人の上院議員が、似たような金銭的インセンティブを提供する法案を提出した。その目的は、金融危機のあと依然として低迷する高級住宅市場を盛り上げることだ。外国人が五〇万ドルの家を購入すれば、買い手、配偶者、未成年の子供に、その資産を所有しているかぎりアメリカに住む権利を認めるビザを与えるというのだ。『ウォールストリート・ジャーナル』紙には、この取引を要約するこんな見出しが躍った。「家を買ってビザをとろう」[34]

ベッカーは、迫害を逃れようとしている難民から入国料をとることまで提案した。自由市場を通じて、どの難民を受け入れるべきかが簡単に決まるはずだというのだ。それだけのお金を払う十分な動機がある人を受け入れるべきだからである。「理由は明白だが、政治難民や本国で迫害されている人々は、自由主義国への入国を認めてもらうためなら、相当な料金を支払う意志があるだろう。よって、入国料のシステムを使えば、彼らが自国へ強制送還された場合に本当に身の危険にさらされるかどうかについて、時間のかかる聴取手続きをする必要が自動的になくなるのだ[35]」

迫害を逃れようとしている難民に五万ドルよこせと言うのは、薄情だと感じられるかもしれない。経済学者が支払いの意志と能力を区別できない新たな例だ。そこで、難民問題を解決するための、市場主義的ながら難民に自腹を切らせずにすむもう一つの提案について考えてみよう。法律学教授のピーター・シャックは、こんなことを言っている。

何らかの国際機関によって、各国の財力に応じて年間の難民受け入れ人数を割り当てる。つづいて、この受け入れ義務を国同士で売買させる。たとえば、日本が年に二万人の難民を割り当てられたものの、それほどの難民を受け入れたくないとすれば、ロシアやウガンダにお金を払って受け入れてもらうことができる。標準的な市場の論理にしたがえば、すべての当事者が得をする。ロシアやウガンダは国民所得の新たな財源を手にするし、日本は外部委託《アウトソーシング》によって難民に関する義務を果たす。さらに、これ以外の方法では避難先を見つけられなかったであろう難民が救出されることになる。[36]

市場のおかげで避難先を見つける難民が増えるとしても、そこには何かいやな感じがつきまとう。だが、正確に言うと反対すべき点は何なのだろうか。それはこんな事実と関係している。市場のせいで、難民とは誰であり、どう扱われるべきかについて、われわれの見方が変わってしまうのだ。市場は当事者――買い手、売り手、さらには自分たちの避難先の値段をやりとりされる人々――に、難民とは危機に陥っている人間というよりも、押しつけられるお荷物、あるいは財源なのだと考えるよう促す。

難民の市場に侮辱的な作用があることは認めつつも、このシステムがもたらす利益は害を上回ると結論する人もいるだろう。だが、前述の例から明らかなように、市場は単なるメカニズムではない。それはある規範を具体化している。交換される善を評価する一定の方法を前提とし、促進するのである。

経済学者は、市場は自力で動けないと仮定することが多い。それが統制する善を傷つけも汚しもしないというのだ。しかし、これは間違っている。市場は社会規範にその足跡を残す。往々にして、市場的なインセンティブは非市場的なインセンティブを破壊したり締め出したりするのだ。

イスラエルのいくつかの保育所に関する研究は、こうした事態がいかにして起こるかを示している。それらの保育所はよくある問題に直面していた。ときどき、親が子供を迎えにくるのが遅くなるのだ。親が遅れてやってくるまで、保育士の一人が子供と一緒に居残らなければならなかった。この問題を解決するため、保育所は迎えが遅れた場合に罰金をとることにした。すると、何が起きたと思うだろうか。予想に反して、親が迎えに遅れるケースが増えてしまったのである。[37]

さて、人々がインセンティブに反応していると仮定すれば、これは理解しがたい結果である。罰金によって、親が迎えに遅れるケースは、増えるどころか減るものと予想されるはずだ。では、何が起きたのだろうか。お金を払わせることにしたせいで、規範が変わってしまったのだ。以前であれば、遅刻する親は後ろめたさを感じていた。保育士に迷惑をかけているからだ。いまでは迎えに遅れるあいだ子供を預ってもらうことを、自分が支払い意志を持つサービスだと考えていた。罰金をまるで料金のように扱っていたのだ。保育士の善意に甘えているのではなく、お金を払って勤務時間を延ばしてもらっているだけなのである。

罰金VS料金

罰金と料金の違いは何だろうか。この違いはじっくり考えてみる価値がある。罰金が道徳的な非難を表しているのに対し、料金は道徳的な判断をいっさい含んでいない。ゴミのポイ捨てに罰金を科すとき、われわれはポイ捨ては悪いことだと言っているのだ。ビールの空き缶をグランドキャニオンに投げ捨てれば、清掃コストがかかるだけではない。そこには、われわれの社会がやめてほしいと願う悪しき姿勢が表れている。罰金が一〇〇ドルだとして、裕福なハイカーが、空き缶を公園の外まで運ばずにすむならそのくらい安いものだと判断したとしよう。彼は罰金を料金とみなし、ビールの空き缶をグランドキャニオンに投げ捨てる。罰金を払ったとしても、われわれは彼が悪いことをしたと考える。グランドキャニオンを高価なゴミ収集箱として扱うことで、それを適切に評価しそこねたからだ。

あるいは、身体障害者用に確保されている駐車スペースについて考えてみよう。忙しく働く健常者の建設業者が、作業現場の近くに駐車したがっているとする。彼は、身障者用のスペースに駐車できる便利さと引き換えに、やや高めの罰金を払ってもいいと思っている。それを仕事上のコストと考えているのだ。たとえ罰金を払ったとしても、われわれは彼のしていることを悪いとみなすのではないだろうか。彼は罰金を、まるで高額な駐車料金にすぎないかのように扱っている。だが、それでは罰金の道徳的意味を見落とすことになる。罰金を料金として扱うことで、身障者のニーズや、一定の駐車スペースを確保することで身障者を受け入れようというコミュニティーの願いを尊重しそこねているのだ。

二一万七〇〇〇ドルのスピード違反切符

罰金を料金として扱うとき、人々は罰金が表す規範を軽んじている。社会とは往々にしてしっぺ返しをするものだ。裕福なドライバーのなかには、スピード違反切符を、好きな速さで運転するための代価だと思っている人もいる。フィンランドでは、そうした考え方(また運転)は法律によって厳しく断罪される。違反者の収入に応じて罰金が科されるからだ。二〇〇三年、ソーセージ会社の相続人であるユッシ・サロンオヤ(二七歳)は、制限速度が時速四〇キロの区間を時速八〇キロで運転したために、一七万ユーロ（当時のレートで約二一万七〇〇〇ドル）の罰金を科された。フィンランド屈指の富豪であるサロンオヤは、七〇〇万ユーロの年収があったからだ。それ以前にスピード違反切符の高額記録を持っていたのは、携帯電話会社のノキアで重役を務めるアンシ・バンヨキだった。二〇〇二年、ハーレーダビッドソンでヘルシンキを疾走した際のスピード違反で、一一万六〇〇〇ユーロの罰金を科されたのだ。ノキアの収益悪化のせいで実入りが減ったことをバンヨキが明らかにすると、裁判官はその罰金を減額した。[38]

　フィンランドのスピード違反切符が料金ではなく罰金であるのは、それが収入に応じて異なるという事実のためだけではない。その背後に潜む道徳的非難――制限速度を守らないのは悪いことだという判断――のためでもある。所得に応じて異なるという点では累進所得税も同じだが、これは罰金ではない。その目的は歳入を増やすことであり、営利活動を罰することではない。フィンランドの二一万七〇〇〇ドルのスピード違反切符が示すのは、社会は危険な行為による損害の埋め合わせを望んでいるということだけではない。罪に見合う――また罪人の預金残高に見合う――罰を望んでいるということでもあるのだ。

　車を飛ばす金持ちが速度制限に対していかに尊大な姿勢をとろうとも、料金と罰金の区別は簡単には消え去らない。ほとんどの場合、車を停めさせられて違反切符を切られるのは、いまだにバツの悪いものだ。警官が通行料を徴収しているのだとか、便利な高速通勤の請求書を違反者に渡しているだけだなどと思う人はいない。私が最近出くわしたある突飛な提案が、この点を明らかにしてくれる。スピード違反の罰金ではなく料金が、実際にどんなふうに見えるかを教えてくれるのだ。

二〇一〇年、ネヴァダ州知事に無所属で立候補したユージーン・〝ジーノ〟・ディシモーネは、州予算の資金を調達する尋常ならざる方法を提案した。一日二五ドルを払えば、公示されている速度制限を超えて、ネヴァダ州内の指定道路を時速九〇マイルで走ることを認めるというのだ。ときどきスピード違反をするオプションがほしければ、応答機を購入し、どこかへ急行する必要があるときには携帯電話で自分のアカウントに接続すればいい。クレジットカードに二五ドルが請求され、あなたはその後二四時間にわたって自由にスピードを出せるし、止められることもない。スピードガンを持った警官に、高速道路を疾走しているところを見つかっても、お金を払っている顧客だという信号が応答機から送られ、違反切符が切られることはない。ディシモーネの皮算用によると、この提案が実現されれば、州は増税せずに少なくとも年に一三億ドルを手にすることになるという。州予算にとっては魅力的な棚ぼたの大金だったにもかかわらず、ネヴァダ・ハイウェイ・パトロールは、このプランは公衆の安全を脅かすものだとコメントした。結局、ディシモーネは落選した。(39)

地下鉄の不正行為とビデオレンタル

実のところ、罰金と料金の違いは確固たるものではなく、論争の的にさえなる。こう考えてみよう。パリの地下鉄《メトロ》に二ドルの運賃を払わずに乗れば、最高で六〇ドルの罰金を科される可能性がある。これは、運賃をごまかすことによって料金システムを欺いたペナルティーだ。ところが最近、乗り逃げ常習者のあるグループが、罰金を料金に変える巧妙にして穏当な方法を考え出した。捕まった場合に罰金を払うための保険基金を結成したのだ。各メンバーは、月に約八・五〇ドルを基金（乗り逃げ犯の共済と呼ばれている）に支払う。正規の一カ月定期券を買えば七四ドルかかるので、はるかに安上がりだ。

共済運動のメンバーによると、彼らはお金のためにやっているのではなく、無料の公共交通機関を実現しようというイデオロギーのためだという。グループのリーダーは『ロサンジェルスタイムズ』紙にこう語っている。「これは抵抗のために力を合わせる一つの方法です。フランスには、学校や医療など、無料とされているものがあります。それなら、交通機関も無料にすべきではないでしょうか」。乗り逃げ犯がはびこることはなさそうだが、彼らの奇抜な手法は、不正に対するペナルティーを月々の保険料に変えてしまう。現行の交通システムに抵抗するためならそのくらいの金額を払ってもいいと、彼らは思っているのだ。[40]

罰金が妥当なのか料金が妥当なのかを決めるには、当の社会的機関の目的や、それを律すべき規範を解明しなければならない。その答えは、われわれが何について語っているかに応じて変わる。保育所への迎えが遅れることなのか、パリのメトロで回転式改札口をすり抜けることなのか、あるいは……返却期限の過ぎたDVDを近所のビデオ店に返すことなのか。

ビデオ店が世に登場した頃、延滞料は罰金として扱われていた。私がビデオを返すのが遅れると、カウンターの向こうの人物はある態度をとったものだ。その映画のビデオを三日間余計に手元に置いておいたのは、道徳的に悪いことだと言わんばかりに。こうした態度はお門《かど》違いだと私は思う。結局のところ、営利を目的とするビデオ店は公共図書館ではないのだ。図書館が返却期限の過ぎた本に科すのは罰金であり、料金ではない。図書館の目的は、コミュニティー内での本の無償共有の準備を整えることだからだ。よって、私が返却期限を過ぎた本を手にこそこそと図書館に戻るとき、後ろめたく感じるのは当然である。

だが、ビデオ店は一つの企業だ。その目的はビデオを貸してお金を儲けることだ。よって、私が映画を長く借り、超過した日数分の料金を払うとすれば、悪い客ではなく良い客だとみなされるべきなのだ。ともかく、私はそう思った。この規範は徐々に変わってきている。ビデオ店はいまや、延滞料を罰金ではなく料金として扱っているようだ。

中国の一人っ子政策

道徳的な賭けは高くつくことが多い。ときにあいまいになる料金と罰金の線引きをめぐるこんな論争について考えてみよう。中国では、政府の一人っ子政策に違反した場合の罰金が、富裕層によって子供をもう一人持つ代価とみなされる傾向がますます強まっている。人口増加を抑えるため三〇年以上前に導入されたこの政策によって、都市部のほとんどの夫婦が、子供を一人に制限されている（地方の家庭の場合、第一子が女の子なら二人めを持つことが認められる）。罰金は地域ごとに異なるが、大都市では二万元（約三万一〇〇〇ドル）にもおよぶ。平均的な労働者にとっては途方もない金額だが、裕福な企業家、スポーツ選手、芸能人にとってはそれほどでもない。中国のある通信社の記事は、広州に住む一人の妊婦と夫についてこう報じている。二人は現地の産児制限局に「ふんぞり返って入っていくと」デスクにお金を放り投げ、こう言ったという。「二万元です。私たちは未来の赤ん坊の面倒を見る必要があります。どうか、邪魔しに来ないようお願いしたい」[41]

家族計画局の高官は、この制裁の処罰としての側面を再度強調しようと、裕福な違反者への罰金を増やし、政策に背いた芸能人を糾弾してテレビ出演を禁じ、二人以上の子供を持つ企業幹部が政府との契約を結べないようにした。「裕福な人々にとって、罰金はケーキ一切れにすぎません」と説明するのは、中国人民大学の社会学教授、翟振武だ。「政府は彼らの急所をもっと強く突かなければなりません。つまり、名声、評判、社会的地位です」(42)

当局は罰金をペナルティーとみなし、それに伴う汚名を払拭させまいとしている。罰金を料金に堕落させたくないのだ。その主な理由は、裕福な親が子供を持ちすぎることへの懸念ではない。金持ちの違反者はそれほど多くはない。問題は、政策に内在する規範である。罰金が料金にすぎないとすれば、国家が下手な商売に携わっていることになってしまう。つまり、二人め以降の子供を持つ権利を、代価を支払う能力と意志のある人々に売るという商売に。

取引可能な出産許可証

不思議なことに、西側の一部の経済学者が提唱してきた市場ベースの人口抑制策は、中国の高官が避けようとしている料金ベースのシステムに驚くほど似ている。これらの学者は、人口制限の必要な国々に、取引できる出産許可証の交付を強く勧めてきた。一九六四年、経済学者のケネス・ボールディングは、人口過剰への対処法として市場で売買できる出産免許を用いるシステムを提案した。一人ひとりの女性に、子供を産む権利を与える証書を一枚（政策によっては二枚）交付する。女性はその証書を使ってもいいし、現行の料金で売ってもいい。ボールディングが思い描いていた市場では、子供をぜひともほしがっている人々が、（彼の無神経な表現を借りれば）「貧乏人、修道女、独身のおばなど」から証書を買うとされていた。(43)

このプランは、一人っ子政策のような割り当ての固定されたシステムとくらべると、強制性は薄い一方、経済効率は高い。支払い意志額の最も高い消費者に善（この場合は子供）を与えるからだ。最近になって、ベルギー人の二人の経済学者がボールディングの提案をよみがえらせた。彼らの指摘によると、金持ちが貧しい人から出産免許を買う可能性が高いので、この方式にはいっそうの利点があるはずだという。つまり、貧しい人に新たな収入源を与えることによって、不平等を是正するのだ。(44)

出産に関する制限にはすべて反対という人もいれば、人口過剰を避けるため生殖権の制限は正当だと考える人もいる。こうした原理的な不一致はしばらく脇へ置き、人口を強制的に抑制しようと決めた社会を想像してみよう。次のどちらの政策が、より受け入れがたいだろうか。子供の割り当てを固定するシステムは、各カップルが持てる子供の数を一人に制限し、制限を超えた者には罰金を科す。一方、市場ベースのシステムは、各カップルに取引可能な出産証を交付し、それを持っている人に子供を一人産む権利を認める。

経済学的な論理からすると、第二の政策のほうが好ましいのは明らかだ。出産証を使うか、誰かに売るかの選択の自由があるおかげで、より幸福になる人がいる一方、より不幸になる人はいない。出産証を売買する人たちは（おたがいに有利な取引をすることによって）得をするし、市場に参入しない人たちにしても、固定割り当てシステムをとった場合より不幸になることはない。彼らは依然として子供を一人産めるからだ。

とはいえ、子供を産む権利を売買するというシステムには問題がある。その一つが、不平等な条件下ではこの種のシステムは不公正だという点だ。ためらわれるのは、子供を贅沢品に、つまり金持ちには手に入るが貧しい人には手に入らないものにしてしまうことだ。子供を産むことが人間の繁栄の中核をなすとすれば、支払い能力によってこの善の入手が左右されるのは不公正である。

公正さに基づく反論に加えて、贈収賄の問題がある。市場取引の中心には、道徳的に気がかりな行為が存在する。二人め以降の子供を望む親は、将来親になろうとするほかの人たちを誘ったりそそのかしたりして、出産の権利を売ってもらわなければならない。道徳的に見れば、あるカップルの唯一の子供を出産後に買い取るのと大差ない行為だ。

経済学者はこう主張するかもしれない。子供の市場、すなわち子供を産む権利の市場には、効率という美徳が備わっているのだと。この市場を通じて子供は、みずからを最も高く評価してくれる人に割り当てられる。その評価の程度を測るのは支払い能力だ。しかし、出産の権利を売買すれば、子供に対する欲得ずくの姿勢を促し、親子関係を腐敗させることになる。親の愛の規範において中核をなすのは、子供は譲渡できないという観念である。子供を売りに出すなどということは、考えられない。だから、将来親になろうとするほかの人たちから、子供を、あるいは子供を産む権利を買うことは、親子関係そのものに影を落とす。ほかのカップルに賄賂を贈り、出産をあきらめさせることで手にした子供がいるとすれば、子供を愛する経験が傷つきはしないだろうか。こうした事実を少なくとも子供からは隠したい気になるのではないだろうか。だとすれば、こう結論することにも一理ある。出産許可証の市場は、どんな利点があるにしても、子供の割り当てを固定するシステムにはありえない仕方で、親子関係を腐敗させるのである。

取引可能な汚染許可証

罰金と料金の違いは、温室効果ガスや二酸化炭素排出をいかに減らすかについての論争にもかかわっている。政府は排出制限を設け、それを超えた企業に罰金を科すべきだろうか。それとも、取引可能な汚染許可証を発行するべきだろうか。後者のアプローチは事実上こう言っているに等しい。汚染物質の排出はゴミを散らかすようなこととは違い、商売上のコストにすぎないのだと。だが、それは正しいだろうか。それとも、大気中に過剰な汚染物質を吐きだす企業は、何らかの道徳的汚名を着せられるのだろうか。この問題に決着をつけるには、コストと利益を計算するだけでは足りない。環境に対するどんな姿勢を促進したいかを決めなければならないのだ。

地球温暖化に関する京都会議（一九九七年）でアメリカは、世界規模の義務的な排出基準に取引システムを加えるべきだと主張した。つまり、各国に環境汚染権の売買を認めるのだ。たとえば、アメリカは京都議定書に定められた義務を果たすため、自国の温室効果ガスの排出量を減らしてもいいし、どこかほかの地域の排出量を減らすためにお金を払ってもいい。自国でガソリンを食うSUVのハマーに課税するよりも、アマゾンの熱帯雨林の回復や発展途上国における旧式の石炭燃焼工場の近代化にお金を払えばいいのである。

当時、私は『ニューヨークタイムズ』紙に論説を書き、この取引システムに反対した。私が懸念したのは、各国に環境汚染権の購入を認めるのは、人々にゴミ投棄権の購入を認めるようなものだということだった。われわれは、環境汚染に伴う道徳的汚名を、小さくではなく大きくしようとすべきなのだ。私はこうも懸念した。裕福な国々がお金を払って自国の排出量を減らす義務を免れられるとすれば、環境にかかわる将来の世界的協力に必要な、犠牲の共有という意識が蝕まれてしまうのではないかと[45]。

『ニューヨークタイムズ』紙には辛辣な手紙が殺到した——ほとんどは経済学者からで、なかにはハーバードの同僚からのものもあった。それによると私は、市場の美徳、取引の効率性、経済合理性の初歩的な原理を理解していないのだという[46]。批判の雨あられに混ざって、かつて通った大学の経済学教授から好意的なeメールを受け取った。彼は私の言わんとするところはわかったと書いていた。だが、ちょっとした頼み事もされた。「あなたに経済学を教えた人物の身元を公にしないでいただけるだろうか？」

それ以来、私は排出量取引をめぐる自分の見解をある程度考え直している――もっとも、これらの経済学者が挙げてくれた学説的な理由のせいではないが。車の窓から高速道路にゴミを投げ捨てるのとは違い、二酸化炭素の排出自体は反対すべきものではない。われわれはみな、息を吐くたびにそうしている。CO_2を大気中に放出することに、本質的に悪いところはない。反対すべきなのは、エネルギーを浪費するライフスタイルの一部として、過剰に放出することなのだ。そうしたライフスタイルやそれを支持する姿勢は、ほめられるものではないし、汚名を着せるべきですらある。(47)

環境汚染を減らす方法の一つが、政府による規制だ。自動車メーカーに対してより厳しい排出基準の遵守を求める、化学会社や製紙工場に対して有毒廃棄物の水路への投棄を禁じる、工場に対して煙突に気体浄化装置をつけるよう求める。これらの基準にしたがわない企業には罰金を科す。第一世代の環境法が有効だった一九七〇年代の初め、アメリカ政府がとったのがこうしたやり方だ。(48)罰金つきの規制は、企業に環境汚染の代価を払わせる方法だった。それらの規制はまた、こんな道徳的メッセージを発してもいた。「水銀やアスベストを湖や川に吐きだしたり、息が詰まるようなスモッグで空を汚したりすることの恥を知るがいい。それは健康に悪いだけではなく、地球の扱い方として間違っている」

こうした規制に反対する人もいる。産業の負うコストを増やすものは、何であれ気に入らないだからだ。一方で、環境保護に共感する人たちは、それを実現するためのもっと効率のいい方法を追求した。一九八〇年代に市場の威信が高まり、経済学的な思考法の影響力が大きくなると、一部の環境保護論者は地球を救うための市場ベースのアプローチを支持しはじめた。排出規制をあらゆる工場に課してはならない。その代わりに、環境汚染に値段をつけ、あとは市場に任せればいいのである。(49)

環境汚染に値段をつける最も簡単な方法は、課税することだ。排出物への課税は罰金というより料金と考えられるかもしれない。だが、税額が十分であれば、汚染者に損害の代価を負わせるという長所がある。この種の課税を実施するのが政治的に難しいのは、まさにそのせいだ。そこで、政策立案者はもっと市場に適した汚染の解決策を取り入れてきた。すなわち、排出量取引である。

一九九〇年、ジョージ・H・W・ブッシュ大統領は、酸性雨を減らすためのあるプランに署名して法律とした。酸性雨の原因は、石炭を燃料とする発電所から排出される二酸化硫黄だ。この法律は、各発電所に固定的な排出制限を課すものではなかった。そうではなく、各公益企業に一定の汚染を認める免許を与え、つづいてそれらの企業のあいだで免許を売買させるというものだった。したがって、ある企業は自社の排出量を減らしてもいいし、汚染の割り当て量を下回った企業から余分な汚染許可を買ってもいいことになる。(50) 硫黄の排出量は減り、取引を利用したシステムは成功したものと広く認められた。(51) その後、一九九〇年代末になると、地球温暖化に目が向けられた。気候変動に関する京都議定書では、各国に選択権が与えられている。自国の温室効果ガスを削減してもいいし、他国にお金を払って温室効果ガスを削減してもらってもいいのだ。こうしたアプローチの理論的根拠は、それによって、基準を守るコストが下がるところにある。インドの村の石油ランプを交換するほうが、アメリカの二酸化炭素排出量を減らすより安上がりだとすれば、お金を払ってランプを交換してもらえばいいのではないだろうか？

こうした魅力的条件だったにもかかわらず、アメリカは京都合意に加わらず、その後の地球気候会議は失敗に終わってきた。だが、私はこうした合意そのものよりも、それらがいかにして、環境汚染権の世界市場に伴う道徳的コストを明らかにするかのほうに興味がある。

出産許可証の市場という案の場合、道徳問題は次の点にある。そのシステムにそそのかされた一部のカップルが、ほかのカップルに賄賂を贈って子供を産む機会を放棄させようとする。これでは、親の愛の規範が損なわれてしまう。親に子供を譲渡可能なもの、売りに出せる商品とみなすよう促すことになるからだ。汚染許可証の世界市場に関する道徳問題は、また別である。ここでの問題は贈収賄ではなく、義務のアウトソーシングだ。より深刻な問題が起こるのは、国内よりもグローバルな環境の場合である。グローバルな協力を必要とするところで、富裕な国が環境汚染権を他国から買い（つまり、他国が環境汚染を減らせるプログラムにお金を出し）、自国のエネルギー使用量の十分な削減を回避するのを許せば、二つの規範にダメージがおよぶ。自然に対する道具主義的な姿勢が強まるとともに、グローバルな環境倫理の創出に必要な犠牲の共有という精神が蝕まれるのだ。富裕な国がお金を使って二酸化炭素排出の削減義務を免れられるとすれば、やはり、グランドキャニオンのハイカーのイメージを思い浮かべてみるといい。最近になってついに、裕福なハイカーが罰金を払う代わりにヒマラヤ山脈で人を雇ってゴミを掃除させれば、グランドキャニオンでおとがめなしにビールの空き缶をポイ捨てできるようになったとしたらどうだろう。

二つのケースが同じでないのは確かだ。ゴミは温室効果ガスほど代替的ではない。グランドキャニオンのビール缶が、地球の裏側の無垢《むく》な景色によって相殺されることはないのだ。対照的に、地球温暖化は累積する害である。天から見れば、空に向かって放出される炭素が地球上のどの場所で減ろうと問題ではない。

だがそれは、道徳的・政治的には問題だ。富裕な国々がお金を払って浪費的な習慣を大きく変えずにすませるのを認めれば、悪い姿勢が強化されてしまう。つまり、自然は経済的余裕のある人のためのゴミ捨て場だという姿勢だ。経済学者はよく、地球温暖化の解決は、適正なインセンティブ構造を設計して各国に署名させるという単純な問題だと想定する。だが、この考え方は大切なポイントをとらえそこねている。規範が重要なのだ。気候変化にかかわるグローバルな活動で求められるのは、新たな環境倫理への道を、われわれが共有する自然界への新たな姿勢を見いだすことかもしれない。環境汚染権のグローバル市場は、それがどんなに効率的であろうと、責任ある環境倫理に求められる自制や犠牲の共有という習慣の涵養《かんよう》をいっそう難しくしてしまうのだ。

カーボンオフセット

自発的な炭素の相殺《カーボンオフセット》の活用がますます盛んになっているが、ここでも同じような疑問が生じる。石油会社や航空会社はいまや、顧客にこんな誘いをかけている。地球温暖化への個人的な加担を帳消しにするため、お金を払ってはいかがでしょうかと。ブリティッシュペトロリアムのウェブサイトでは、顧客が自分の運転習慣によって生じるCO_2の量を計算し、それを相殺するため、発展途上国のグリーンエネルギー・プロジェクトにお金を寄付できるようになっている。ウェブサイトによると、イギリスの平均的なドライバーの場合、一年分の排出量を約二〇ポンドで相殺できるという。一六・七三ドルを払えば、ニューヨーク－ロンドンの往復便によって生じる一人分の温室効果ガスを帳消しにできる。ブリティッシュ・エアウェイズが、あなたの飛行機旅行が空に与える損害を、内モンゴルの風力発電所に一六・七三ドルを送金して賠償してくれるのだ。(52)

カーボンオフセットには立派な動機が反映されている。われわれがエネルギーの使用によって地球に与えている損害に値段をつけ、正常な状態に戻すための代価を払おうというのだ。発展途上国での植林やクリーンエネルギー計画を支える資金の調達は、間違いなくやるだけの価値がある。だが、オフセットは危機をもたらしもする。購入者が、気候変動に対してそれ以上の責任はないと考えてしまうのだ。そのリスクは次の点にある。カーボンオフセットは、少なくともある程度、習慣、姿勢、生活様式のより基本的な変化をお金を払って避けるための、無痛のメカニズムになってしまう。だが、気候の問題に取り組むにはそうした変化が必要かもしれないのだ。(53)

カーボンオフセットの批判者は、それを免罪符にたとえる。中世の罪人《つみびと》は教会にお金を払い、みずからの罪を贖《あがな》ったからだ。cheatneutral.com というウェブサイトでは、カーボンオフセットを風刺するのに、不倫のオフセットを売買するという設定が使われている。ロンドンに住むある人が配偶者への裏切りに罪悪感を抱いているなら、マンチェスターに住む人にお金を払って誠実でいてもらうことで、罪を「相殺」できるというのだ。この道徳的アナロジーは完全ではない。裏切りに反対すべき唯一の、あるいは主要な理由は、それによって世界の不幸の量が増すことではない。それは特定の人にとって悪であり、ほかの場所での有徳な行為によって埋め合わせられるものではない。対照的に、二酸化炭素の排出はそれ自体として悪いわけではなく、総量だけが問題となる。(54)

それでも、この批判者は核心を突いている。温室効果ガスに対する責任を商品化し、個別化することは、保育所が迎えの遅刻に料金を課すのと似た逆説的効果をおよぼしかねない。行動が改善されるどころか、悪化する可能性があるのだ。つまり、こういうことだ。地球が温暖化しているときにハマーに乗っていれば、ステータスシンボルというより、わがままな贅沢のしるし、一種の暴飲暴食とみなされる。対照的に、ハイブリッド車は一定の名声を手にする。ところが、カーボンオフセットはこうした規範を台無しにしかねない。道徳的に問題のない環境汚染免許を与えるものと思われてしまうからだ。ハマーのドライバーがブラジルに木を植える組織に小切手を切ることによって、自分の罪を軽くできるとすれば、ガソリン食いのSUVを下取りに出してハイブリッド車を買う可能性は低くなりそうだ。ハマーは無責任というより堂々として見えるかもしれないし、気候変動へのいっそう広範で集団的な対応へ向けての圧力は減退するかもしれない。

もちろん、私が述べたシナリオは推測でしかない。罰金、料金、その他の金銭的インセンティブの規範に対する影響は、確実に予測できるものではないし、ケースによっても異なる。私が言いたいのは次のことにすぎない。市場が反映したり促進したりするのは、何らかの規範であり、市場で取引される善を評価する何らかの方法なのだ。したがって、ある善を商品化するかどうかを決める際には、効率性や分配的正義の先にあるものを考えなければならない。また、市場的規範が非市場的規範を締め出すかどうか、締め出すとすれば、それが配慮に値する損失かどうかを問わなければならない。

私は、環境や、育児や、教育への高潔な姿勢を促すことが、それと対立する考え方につねに優先すべきだと主張しているわけでない。賄賂を贈るのもときには有効だ。場合によっては、正しい振る舞いかもしれない。学業成績の振るわない子供にお金を払って本を読ませることが、読解力の劇的な向上につながるとすれば、試してみようと思うだろう――勉学の楽しみを教えるのは後でも大丈夫だと願いつつ。だが大切なのは、賄賂を贈っているのを忘れないことだ。それは道徳的に妥協した行為であり、より低級な規範（お金をもらうための読書）をより高級な規範（読書欲による読書）の代わりとするものなのである。

市場と市場志向の考え方が、昔から非市場的規範に支配されてきた領域――健康、教育、出産、難民政策、環境保護――に入り込んでくると、こうしたジレンマがますます頻繁に生じるようになる。経済成長や経済効率の約束が、お金では買えないと思っている善に値段をつけることを意味するとき、われわれはどうすべきだろうか。ときとして、道徳的に問題のある市場で、価値ある目的の達成を願って好ましくない取引をすべきかどうかがわからなくなってしまうことがあるのだ。

お金を払ってサイを狩る

目標は、絶滅の危機に瀕した種、たとえばクロサイの保護だとしてみよう。一九七〇年から一九九二年にかけて、アフリカのクロサイの生息数は六万五〇〇〇頭から二五〇〇頭を下回るまでに減少した。絶滅危惧種の狩猟は違法であるにもかかわらず、大半のアフリカ諸国は密猟者からサイを守ることができなかった。密猟者はサイの角《つの》をアジアや中東で高額で売りさばいた(55)。

一九九〇年代から二〇〇〇年代にかけて、一部の野生生物保護団体と南アフリカの生物多様性保全の当局者は、絶滅危惧種の保護に市場的インセンティブを活用しようと考えはじめた。民間の牧場主に、かぎられた数のクロサイを撃ち殺す権利をハンターに販売することを認めれば、牧場主はクロサイを繁殖させ、世話をし、密猟者から守るインセンティブを持つことになる。

二〇〇四年、南アフリカ政府は、〈絶滅のおそれのある野生動植物の種の国際取引に関する条約〉によるお墨付きをもらった。クロサイは殺すのが危険で難しいことで有名な動物であり、それを狩るチャンスはトロフィーハンターのあいだで高く評価される。数十年ぶりに解禁された合法的なクロサイ猟には相当な料金が設定された。その額一五万ドル。支払ったのは金融業界のアメリカ人ハンターだった。その後の顧客の一人であるロシアの石油長者は、お金を払って三頭のクロサイを殺した。

市場的な解決策はうまく機能しているように思える。サイの狩猟がいまだに禁止されているケニアでは、国土が原生植物を失って農業や牧畜に利用されるようになるにつれ、クロサイの生息数は二万頭から約六〇〇頭に減った。だが南アフリカでは、地主が牧場を野生生物に捧げる金銭的インセンティブを持ったいま、クロサイの数は回復しはじめている。

トロフィーハンティングに平気でいられる人々にとって、クロサイを殺す権利の販売は、市場的インセンティブを用いて絶滅危惧種を救う賢明な方法である。ハンターが一頭のサイを狩るのに一五万ドル払う意志を持つなら、地主にはサイを育てて保護するインセンティブがあるため、供給が増える。これは、ゆがんだエコツーリズムだ。「有料で絶滅危惧種のクロサイを撃ちにおいでください。忘れがたい経験を味わうと同時に、自然保護という目標に貢献することになるでしょう」

経済学の論理からすると、市場的な解決策は完全な勝利をもたらすように思える。それによって幸福になる人がいる一方、不幸になる人はいないからだ。牧場主は金を儲け、ハンターは狩猟禁止の動物に忍び寄って撃つチャンスを手にし、絶滅危惧種は絶滅の瀬戸際から引き返す。誰に文句があるというのだろうか？

そう、その答えはトロフィーハンティングの道徳的地位によって決まる。娯楽のために野生生物を殺すのは道徳的に好ましくないと思っているなら、サイの狩猟の市場は悪魔の取引であり、一種の道徳的ゆすりである。あなたはサイの保護への好影響を歓迎する一方で、次のような事実を嘆くかもしれない。この成果は、あなたが金持ちのハンターの邪悪な楽しみとみなすものに応えることによって達成されているのである。それは、古いアカスギの森を破壊から守るため、裕福な寄付者に一部の木にイニシャルを彫る権利を売ることを、伐採業者に認めるようなものだろう。

では、どうすべきだろうか。あなたは市場的な解決策を拒否するかもしれない。トロフィーハンティングの道徳的醜悪さは、環境保護の利益を上回るという理由からだ。あるいは、道徳的ゆすりにお金を払い、サイを撃つ権利を売ることにするかもしれない。その種を絶滅から救いたいとの気持ちからだ。正解を決める一つの要因は、市場が約束どおりの利益をもたらすかどうかである。だが、もう一つの要因は、トロフィーハンターが野生生物を娯楽の対象として扱うのは間違いかどうかであり、間違いだとすれば、その道徳的な重要性はどの程度かということだ。

またしても、市場の論理は道徳の論理を抜きには完成しないことがわかる。サイを撃つ権利を売買すべきかどうかを決めるには、その権利を評価する適切な方法についての道徳的問題を解決しなければならない。これは、言うまでもなく論争の的となる問題であり、人々の意見が一致することはない。だが、市場を擁護しようとする議論が、取引される善の正しい評価法をめぐる賛否を呼ぶ問題から解放されることはありえないのだ。

大物ハンターはこの論点を直観的に把握している。自分たちの娯楽（また、お金を払ってサイを狩ること）の道徳的な正当性を支えているのは、野生生物に敬意を払う妥当な方法に関するある種の見解だということを理解しているのだ。一部のハンターは獲物をあがめていると言い、大きくて力のある動物を殺すのは、敬意を払う一つの形だと主張する。二〇〇七年にお金を払ってクロサイを狩ったロシア人ビジネスマンはこう語った。「私がクロサイを撃ったのは、それが私にできる最大の賛辞だからです」[56]。批判者は、動物を殺すことがそれをあがめる方法だとはおかしな話だと言うだろう。トロフィーハンティングによる野生生物の評価法が妥当かどうかは、論争の中核をなす道徳問題だ。それは、われわれの姿勢と規範が再び問われることになる。絶滅危惧種の狩猟の市場をつくるべきかどうかは、それによってその動物が増えるかどうかだけでなく、その動物を評価する正しい方法が表現され、促進されるかどうかにもかかっているのだ。

クロサイの市場が道徳的に複雑なのは、絶滅危惧種を保護するために、野生生物に対する不当と思える姿勢を促しているからだ。そこで、狩猟にまつわる物語をもう一つ取り上げよう。市場の論理にとってさらに厳しい試金石となる物語だ。

お金を払ってセイウチを撃つ

数世紀のあいだ、大西洋セイウチはカナダの北極地方にいくらでもいた。アメリカ西部のバイソンと同じである。肉、皮、脂肪、象牙質の牙《きば》が珍重されたせいで、この巨大で無防備な海洋哺乳類はハンターにとって格好の獲物となり、一九世紀末までに個体数は激減した。一九二八年、カナダ政府は、イヌイットのためのわずかな例外を除いてセイウチ猟を禁止した。イヌイットは狩猟を生活の糧とする先住民で、彼らの暮らしは四五〇〇年にわたってセイウチ猟を中心に営まれてきたのだ[57]。

一九九〇年代、イヌイットの指導者たちは、カナダ政府にある提案を持ちかけた。イヌイットに割り当てられたセイウチを殺す権利の一部を、大物ハンターに売らせてほしいというのだ。殺されるセイウチの数は変わらない。イヌイットはハンティング料を取り、トロフィーハンターのガイドを務め、獲物をしとめるのを監督し、従来どおり肉と皮を手に入れる。このシステムを使えば、現在の割当頭数はそのままで、貧しいコミュニティーの経済的福祉が改善されるはずだ。カナダ政府はそれを了承した。

いまでは、世界中の裕福なトロフィーハンターが、セイウチを撃つチャンスを求めて北極地方を目指している。彼らはこの特権に六〇〇〇～六五〇〇ドルを支払う。ハンターがやってくるのは、追跡のスリルを望んでのことではないし、逃げ足の速い獲物に忍び寄るという難題に挑むためでもない。セイウチは威圧感のない動物である。動きが鈍く、銃を持ったハンターにはまるでかなわないのだ。『ニューヨークタイムズ・マガジン』の見事な記事で、C・J・シヴァースは、イヌイットの監督下でのセイウチ猟を「巨大なビーンバッグチェア［訳注：お手玉を大きくしたような形の柔らかい椅子］を撃つための長い船旅」になぞらえている。[58]

イヌイットのガイドは、ボートを操ってセイウチから一五ヤード（約一四メートル）以内に近づくと、ハンターに撃つタイミングを教える。シヴァースは、テキサスからやってきた大物ハンターが獲物をしとめた際の様子を描いている。ハンターの放った「弾丸が雄セイウチの首にびしりと命中すると、その動物は頭をぐらりと揺らし、横向きに倒れ込んだ。傷口から血が噴き出した。セイウチは倒れたまま動かない。［ハンターは］ライフルを置くと、ビデオカメラを取り上げた」。つづいて、イヌイットのクルーが骨折り仕事に取りかかる。死んだセイウチを浮氷に引きずり上げ、胴体を切り分けるのだ。

こうした狩猟の魅力を推し量るのは難しい。そこには何の挑戦もないため、スポーツというより、一種の死を招く観光旅行《リーサルツーリズム》だといえる。ハンターは、自宅の壁に狩猟記念品《トロフィー》を飾ることさえできない。アメリカではセイウチが保護されており、その体の一部を持ち込むのは違法なのだ。

では、なぜセイウチを撃つのだろうか。どうやら、狩猟クラブのリストにあるすべての動物をしとめるという目標を達成するためらしい。このリストには、たとえばアフリカの「ビッグファイブ」（ヒョウ、ライオン、ゾウ、サイ、アフリカスイギュウ）や、北極の

「グランドスラム」（カリブー、ジャコウウシ、ホッキョクグマ、セイウチ）などが載っているのだ。

それは、称賛に値する目標とは言いがたい。多くの人は不快に思っている。だが、次のことを思い出してほしい。市場によって満たされる欲求を市場が批判することはないのである。市場の論理の観点からはむしろ、一定数のセイウチを撃つ権利の販売をイヌイットに認めることには多くの利点がある。イヌイットは新たな収入源を手にし、「リストハンター」はしとめるべき動物の名簿を完成するチャンスを得るが、現在の割当数を超えるセイウチが殺されることはない。この点で、セイウチを殺す権利の販売は、出産や環境汚染の権利の販売に似ている。いったん割当が決まれば、市場の論理によって、取引できる免許を認めることで全体の福祉が向上する。より幸福になる人がいる一方で、より不幸になる人はいないからだ。

それでも、セイウチ殺しの市場には道徳的にどこか不快なところがある。議論を進めるために、こう仮定してみよう。イヌイットが数世紀にわたってしてきたように、生活のためにセイウチ猟をつづけるのを許すことは正当であると。彼らがセイウチを殺す権利を売るのを認めることは、それでも道徳的に好ましくない。理由は二つある。

第一に、この奇妙な市場が満たすのは、社会的効用の計算において影響力を持つべきではない邪悪な欲望だ。大物ハンティングをどんなものと考えようと、これは別物である。

難関に挑むわけでも獲物を追跡するわけでもなく、ただリストを完成させるために無力な哺乳類を殺したいという欲望は満たされる価値がない。それによってイヌイットが追加所得を手にするとしても、同じことだ。第二に、イヌイットが自分たちに割り当てられたセイウチを殺す権利を外部の人間に売れば、そもそも彼らのコミュニティーに認められた例外扱いの意味と目的が腐敗してしまう。イヌイットの暮らしに敬意を払い、昔から生活の糧としてきたセイウチ猟を尊重することと、その特権を、片手間に動物を殺す現金利権へ変えてしまうことは、まったく別なのだ。

インセンティブと道徳的混乱

二〇世紀の後半、ポール・サミュエルソンの『経済学』は、わが国で最も読まれている経済学の教科書だった。私は最近、彼が経済学をいかなるものと考えていたかを知るべく、この本の初期の版（一九五八）を繙《ひもと》いてみた。サミュエルソンは経済学を伝統的な主題と結びつけていた。つまり「価格、賃金、利子率、株式と債券、銀行と預金、税と支出」である。経済学の課題は具体的で限定されたものだった。すなわち、不景気、失業、インフレを避けるにはどうすればいいかを説明することであり、「高い生産性を維持するにはどうすればいいか」や「人々の生活水準を向上させるにはどうすればいいか」を「われわれに教える」原理を研究することだった。[59]

こんにち、経済学はその伝統的な主題からかなり逸脱してしまっている。経済の次のような定義について考えてみよう。グレゴリー・マンキューは、影響力の大きい彼自身の教科書の最近の版でこう述べている。「『経済』とは何かという点に謎はない。経済とは、日常生活を送るなかで相互に交流する人々の集団にすぎない」

この説明によると、経済学は有形財の生産、分配、消費にかかわるだけでなく、あらゆる人的交流や、個人の意思決定の土台となる原理にも関係している。マンキューの見るところ、こうした原理のうちで最も重要なものの一つが「人々はインセンティブに反応する」ことだという。[60]

インセンティブの話題は現代の経済学に深く浸透しており、この学問を定義するまでになっている。スティーヴン・レヴィット（シカゴ大学の経済学者）とスティーヴン・ダブナーは、共著『ヤバい経済学』の最初の数ページでこう明言している。「インセンティブは現代生活の土台であり」「経済学は根本的にはインセンティブの研究である」[61]

この定義の新奇さは見逃されやすい。経済学的思考においてインセンティブの言語が発展したのは、最近のことだ。「インセンティブ」という言葉は、アダム・スミスをはじめとする古典派経済学者の著作には登場しない。[62] 実際、二〇世紀まではその言葉が経済学の論説に現れることはなかったし、一九八〇〜九〇年代までは目立つこともなかった。『オックスフォード英語辞典』（ＯＥＤ）が、経済学の文脈でその言葉が初めて使用された例を発見したのは、一九四三年のことだった。『リーダーズ・ダイジェスト』にこうあったのだ。「チャールズ・Ｅ・ウィルソンは……軍需産業に『奨励金《インセンティブペイ》』を採用するよう――つまり、労働者が生産を増やせば給料も増やすよう――迫っている」。二〇世紀の後半、市場と市場的思考の支配力が強まるにつれて、「インセンティブ」という言葉の使用例は急増した。グーグル・ブックサーチによると、この言葉の出現頻度は、一九四〇年代から一九九〇年代にかけて四〇〇パーセントを超えて増したという。(63)

経済学をインセンティブの研究と考える場合、市場の範囲が日常生活に拡大するだけではすまない。経済学者が活動家の役を務めることにもなるのだ。一九七〇年代にゲイリー・ベッカーが人間の行動を説明するために導入した「潜在」価格は、暗に含まれているものであり、現実のものではなかった。経済学者が想像し、仮定し、推測する隠喩的な価格だった。対照的に、インセンティブは経済学者（あるいは政策立案者）が設計し、つくりだし、世界に押しつける介入策だ。人々に体重を落とさせたり、働かせたり、環境汚染を減らさせたりする手段なのだ。レヴィットとダブナーはこう書いている。「経済学者はインセンティブが大好きだ。インセンティブを考え出して法制化し、研究して手直しするのが大好きだ。典型的な経済学者はこう信じている。もしも適切なインセンティブの枠組みを設計する自由を与えてくれるなら、自分に解決できない問題はいまのところ世界に存在しないと。彼の解決策は必ずしも美しくはないかもしれない――強制、行き過ぎたペナルティー、市民的自由の侵害を含むかもしれない――が、本来の問題は間違いなく解決されるだろう。インセンティブは一発の弾丸、一本の梃子《てこ》、一つの鍵だ。すなわち、状況を変える驚くべき力を持った、往々にしてちっぽけな対象なのである」[64]

これは、見えざる手としての市場というアダム・スミスのイメージとはかけ離れている。インセンティブが「現代生活の土台」になると、市場は強制する手、操る手として現れる(不妊手術や好成績のためのインセンティブを思い出してほしい)。レヴィットとダブナーはこう述べている。「ほとんどのインセンティブは自然に生じるわけではない。経済学者であれ、政治家であれ、親であれ、誰かがインセンティブをつくりださねばならない」[65]

現代生活においてインセンティブがますます利用されるようになっていること、また、誰かが意図的にインセンティブをつくりだす必要があることは、最近広く使われるようになった不格好な新しい動詞を見ればわかる。その動詞とは「インセンティバイズ」だ。OEDによると、インセンティバイズするとは「(通常は金銭的な)インセンティブを与えることによって、(ある人物、とくに従業員や顧客)を動機づけたり励ましたりすること」だという。この言葉が登場したのは一九六八年のことだが、この一〇年でよく使われるようになってきた――とりわけ、経済学者、企業幹部、官僚、政策アナリスト、政治家、論説委員のあいだで。一九九〇年頃までは、書籍のなかにこの言葉が現れることはめったになかった。以後、その使用例は一四〇〇パーセント超も急増した。[66] 情報サービス企業のレクシスネクシスが主要な新聞を調査したところ、似たような傾向が明らかになっている。

主要な新聞に登場した「インセンティバイズ(incentivize, incentivise)」[67]

一九八〇年代：四八回
一九九〇年代：四四九回
二〇〇〇年代：六一五九回
二〇一〇年〜一一年：五八八五回

最近では、「インセンティバイズ」は大統領の談話にまで登場している。公式発言でこの言葉を初めて使った大統領はジョージ・W・H・ブッシュで、二回使っている。ビル・クリントンは八年間で一度しか使わなかった。ジョージ・W・ブッシュも同じだ。バラク・オバマは、三年の在任期間のあいだに「インセンティバイズ」を二九回使っている。彼は医師、病院、医療従事者をインセンティバイズし、予防治療にもっと注意を向けさせたいと願っている。また、支払い能力のある自宅所有者や小企業に融資するよう「銀行をせっつき、つつつき、インセンティバイズ」したがっている。[68]

英国首相のデイヴィッド・キャメロンもこの言葉が好きだ。彼は銀行家やビジネスリーダーに語りかけ、「リスクをとる投資文化」を「インセンティヴァイズ」するためにもっと多くのことをしてほしいと求めた。二〇一一年のロンドン暴動後には英国民に語りかけ、こう不満を述べた。国家とその機関によって「人間性の最悪の一面」が「大目に見られ、甘やかされ、ときにはインセンティヴァイズまでされてきたのです」[69]。

ほとんどの経済学者が、インセンティヴァイズを好む新たな傾向を身につけているにもかかわらず、経済学と倫理学の区別、市場の論理と道徳の論理の区別を依然として主張している。レヴィットとダブナーはこう説明する。経済学が「道徳を売買することは決してない。世界にどう動いてほしいかを示すのが道徳であるのに対し、世界が実際にどう動いているかを示すのが経済学なのだ」[70]。

経済学は価値判断をしない学問であり、道徳哲学とも政治哲学とも無関係だという考え方は、つねに疑問視されてきた。だが、経済学が思い上がった野望に燃えるこんにち、この主張を擁護するのはとりわけ難しくなっている。市場の範囲が生活の非市場的領域に広がれば広がるほど、市場はますます道徳的問題にかかわるようになるのだ。

経済効率について考えてみよう。それを気にするのはなぜだろうか。おそらく、社会的効用を最大化するためだろう。この場合、社会的効用とは人々の選好の総和として理解されている。マンキューが説明するように、資源の効率的な分配は社会のあらゆる構成員の経済的福祉を最大化する。(71) では、社会的効用を最大化するのはなぜだろうか。ほとんどの経済学者はこの問題を無視するか、さもなくば何らかの形の功利主義的な道徳哲学に頼る。

だが、功利主義はいくつかのおなじみの反論にさらされる。市場の論理に最もかかわりのある反論は、選好の道徳的価値にかかわらず、それを最大限満たすべきだとする理由を問う。オペラが好きな人もいれば、闘犬や泥んこレスリングが好きな人もいる場合、われわれは本当に価値判断を避け、功利計算においてこれらの選好を同列に扱わねばならないのだろうか。(72) 市場の論理が、たとえば自動車、トースター、薄型テレビといった有形財にかかわるとき、この反論は大きな意味を持たない。商品の価値は消費者の好みの問題にすぎないと想定するのは、理にかなっている。だが、セックス、出産、育児、教育、健康、刑罰、移民政策、環境保護などに市場の論理が応用される場合、あらゆる人の選好が同じ価値を持つと想定するのが妥当とは言いにくい。道徳的負荷のあるこうした領域では、善を評価するある方法のほうが、別の方法より高級で適切かもしれない。もしそうだとすれば、われわれが選好の道徳的価値を追求せずに、それを見境なく満たすべきだとする理由ははっきりしなくなる(子供に読書の楽しみを教えたいという願望と、至近距離でセイウチを撃ちたいという隣人の願望を、本当に同じように扱うべきだろうか)。

したがって、市場の論理が有形財の領域を乗り越える場合、それが満たす選好の道徳的価値を顧みず社会的効用をやみくもに最大化したくなければ、「道徳を売買」するしかない。

市場の拡大によって、市場の論理と道徳の論理の区別が、また世界を説明することと改善することの区別がつきにくくなる理由はもう一つある。経済学の中心原理の一つは価格効果だ――価格が上がると人々が買う財は減り、価格が下がると増える。この原理がだいたい信頼できるのは、たとえば薄型テレビの市場について語っているときである。

だが、これまで論じてきたように、非市場的規範の律する社会慣行に応用されるとき、その信頼性は低下する。たとえば、保育所に時間どおりに子供を迎えにいく事例がそうだ。遅刻の価格が（無料から）上がったとき、迎えに遅れる親は増えた。この結果は標準的な価格効果と矛盾している。だが、善を市場化すればその意味が変わりかねないことを認識していれば、理解は可能だ。迎えの遅れに価格をつけたせいで、規範が変わってしまったのだ。かつて、時間を守る――保育士に迷惑をかけない――ことは道徳的義務とみなされていたが、いまでは市場関係とみなされている。後者の場合、遅刻した親は、保育時間の延長サービスのために保育士にお金を払えばすむ。結果として、インセンティブは裏目に出てしまったのだ。

保育所の物語は次のことを教えてくれる。市場の範囲が、非市場的規範の律する生活領域に広がると、標準的な価格効果は失われてしまうことがあるのだ。遅刻の（経済的）コストを上げたところ、迎えに遅れる親は減るどころか増えてしまった。経済学者が世界を説明しようと思えば、ある活動に価格をつけることで非市場的規範が締め出されないかどうかを知る必要がある。そのためには、当の慣行を特徴づける道徳的見解を吟味し、その慣行の（金銭的インセンティブまたはディスインセンティブを与えることによる）市場化が道徳的見解を追放するかどうかを判断しなければならない。

この時点で経済学者は、世界を説明するには、道徳にかかわる心理学や人類学に手を染めねばならないと認めるかもしれない。支配的な規範はどんなもので、市場はそれにどう影響するかを知るためだ。しかし、だからといって、どうして道徳哲学がかかわってくるのだろうか？ その理由は次のとおり。

市場が非市場的規範を蝕む場合、経済学者（あるいは誰か）は、それによって気にかけるほどの損失が生じるかどうかを判断しなければならない。親が子供の迎えに遅れるのを後ろめたく思わなくなるかどうか、また、保育士との関係をより道具主義的に考えるようになるかどうかを、われわれは気にかけるべきだろうか。子供にお金を払って本を読ませる場合はどうだろう。子供が読書を報酬目当ての仕事とみなすようになり、自分のための読書の喜びが損なわれてしまうかどうかを、われわれは気にすべきだろうか。答えは場合によって異なる。だが、この問題に答えようとすれば、金銭的インセンティブの効果を予測するだけではすまない。道徳的な評価を下す必要があるのだ。お金が蝕んだり締め出したりする姿勢や規範の道徳的重要性は何だろうか。非市場的な規範や期待が失われると、われわれが後悔するような（あるいは少なくとも後悔すべき）方向に、活動の性質が変わってしまうだろうか。もしそうだとすれば、われわれは金銭的インセンティブをその活動に取り入れるのを——そこにある程度の利点があるとしても——避けるべきだろうか。

その答えは、当の活動の目的と性質、その活動を定義する規範に左右される。同じ保育所でさえこの点で異なる。相互の義務に関して共有された期待が失われるとすれば、協同保育所（親が毎週一定時間のボランティアをする）のほうが、昔ながらの保育園（親は子供の面倒を見てもらうために保育士にお金を払い、それからその日の活動に取りかかる）よりも損害が大きいかもしれない。だが、いずれにしても、われわれが道徳の領域にあることは明らかだ。金銭的インセンティブに頼るかどうかを決めるには、そのインセンティブが、守るに値する姿勢や規範を蝕むかどうかを問う必要がある。この問いに答えるには、市場の論理は道徳の論理にならざるをえない。要するに、経済学者は「道徳を売買」しなければならないのである。

第3章
いかにして市場は道徳を締め出すか

お金で買うべきでないものはあるだろうか。あるとすれば、売買するのがふさわしい財や活動はどれで、ふさわしくない財や活動はどれかを、どうやって決めればいいだろうか。これらの問題に取り組むために、やや異なる問題を問うてみよう。お金で買えないものはあるだろうか、と。

お金で買えるもの、買えないもの

ほとんどの人は、「もちろん、お金で買えないものはある」と言うだろう。友情を考えてみよう。いまより多くの友人がほしいとして、あなたは友人を何人か買おうとするだろうか。そんな可能性は低そうだ。ちょっと考えれば、うまくいかないことがわかるだろう。

お金で雇った友人は本当の友人とは違う。誰かを雇えば、普通は友人がしてくれることの一部を代行してもらえるかもしれない。たとえば、町を離れているあいだ郵便物を受け取ってくれる、いざというときに子供の面倒を見てくれる、セラピストであれば、悩みに耳を傾けて親身にアドバイスしてくれるなどだ。最近まで、オンラインで自分の人気を高めるため、フェイスブック用に見目麗しい「友人」を雇うことさえできた。友人一人あたりの費用は月に九九セントだ（たいていはモデルの写真が使われていたのだが、それが許可を受けていないものだとわかると、偽の友人を紹介するウェブサイトは閉鎖された）[1]。こうしたサービスはすべて買えるとしても、友人を本当に買うことはできない。どういうわけか、お金で買ったとたん、友情は消滅したり、ほかのものに変わってしまったりするのだ。

あるいは、ノーベル賞を考えてみよう。ノーベル賞がどうしてもほしいのだが、普通の方法では手に入らないとする。あなたはそれを買おうと思い立つかもしれない。しかし、うまくいかないことにすぐ気づくはずだ。ノーベル賞はお金で買える類《たぐい》のものではない。アメリカンリーグの最優秀選手賞（ＭＶＰ）にも同じことが言える。かつての受賞者がそのトロフィーを売ってくれるなら、それを買って居間に飾ることはできる。だが、賞そのものは買えないのだ。

その理由は、ノーベル委員会やアメリカンリーグが、これらの賞を売りに出さないことだけではない。たとえば、ノーベル委員会が毎年一つのノーベル賞を競売にかけるとしても、買われた賞は本物とは違うだろう。こうした市場取引は、ノーベル賞に価値をもたらす善を消し去ってしまう。ノーベル賞は名誉を表す善だからだ。それをお金で買ってしまえば、手に入れたいと思っている善は台無しになる。お金で買われたという話が表沙汰になれば、ノーベル賞を授与される際に人々が受ける名誉や承認は、もはや伝わることも表現されることもないだろう。

野球のMVPの場合も同じことだ。こちらも名誉を表す善なので、決勝ホームランをはじめとするシーズン中の大活躍によって獲得したのではなく、お金で買ったのだとすれば、その価値は消えてなくなってしまう。賞を象徴するトロフィーと賞そのものが違うのは言うまでもない。ハリウッドのアカデミー賞の受賞者がオスカー像を売却したり、相続人がそうしてしまったりする場合がある。こうしたオスカー像の一部が、サザビーズなどの競売会社により競売にかけられることもあった。一九九九年、マイケル・ジャクソンは『風と共に去りぬ』に与えられた作品賞のオスカー像を一五四万ドルで購入した。オスカー像を授与する映画芸術科学アカデミーはこうした売却に反対し、現在では売却しないという同意書へのサインを受賞者に求めている。聖像であるオスカーが商業的な文化的収集品になってしまうのを避けたいのだ。収集家がオスカー像を購入できるかどうかにかかわらず、主演女優賞をお金で買うことが、それを受賞することと違うのは明らかだ。(2)

これらのかなり明白な事例は、われわれにとって重要なさらに難しい問題の手がかりを与えてくれる。つまり、お金で買えるが、そうすべきでないものはあるだろうかという問題だ。買うことはできるが、売買が道徳的な論争を呼ぶもの——たとえば腎臓——について考えてみよう。臓器移植の市場を擁護する人がいる一方で、そうした市場は道徳的に好ましくないと考える人もいる。腎臓を買うのが間違いだとしても、問題はノーベル賞の場合とは異なる。お金によってその善が消滅するわけではないのだ。お金が支払われたとしても、腎臓は（適合性に問題なければ）機能する。したがって、腎臓を販売対象にすべきかどうかを決めるには、道徳面から考えてみる必要がある。臓器の販売への賛否両論を検討し、どちらに説得力があるかを判定しなければならない。

あるいは、赤ん坊を売ることを考えてみよう。数年前、「法と経済」運動の中心人物であるリチャード・ポズナー判事は、魅力的な赤ん坊には、養子に出された赤ん坊の割り当てに市場を使うよう提案した。ポズナー判事は、養子に出された赤ん坊にはそうでない赤ん坊より高値がつくことを認めた。しかし、現行の養子縁組制度とくらべれば、自由市場は赤ん坊の割り当てという仕事をよりうまくこなすという。現行の制度では、養子縁組斡旋所は一定の手数料を請求できるが、赤ん坊を競売にかけたり市場価格を請求したりすることは認められていない。(3)

多くの人がポズナーの提案に異議を唱え、市場がいかに効率的であろうとも、子供は売買されるべきではないと主張した。この論争を考える場合、その際立った特徴を指摘しておくことは無駄ではない。腎臓の市場と同じように、赤ん坊の市場も買い手が手に入れようとする善を消滅させることはない。この点で、買われた赤ん坊は買われた友人やノーベル賞とは異なる。養子に出される赤ん坊の市場が存在するならば、現行価格を支払った人はほしいものを手に入れる――つまり子供だ。こうした市場が道徳的に好ましくないかどうかは、その先の問題である。

したがって、一見したところ、二種類の善のあいだには明確な区別があるように思える。お金で買えないもの(たとえば友人やノーベル賞)と、お金で買えるがまず間違いなくそうすべきではないもの(たとえば腎臓や子供)だ。しかし私は、この区別は当初思われるほど明確ではないと言いたい。もっと目をこらしてみると、わかりやすい事例と論争を呼ぶ事例のつながりが垣間見えるのだ。前者の場合、金銭的取引を通じて買われる善が台無しになってしまうのに対し、後者の場合、善は売られてもなくなりはしないが、結果としてほぼ確実に堕落したり、腐敗したり、減少したりするのだ。

お金で買った謝罪や結婚式の乾杯の挨拶

こうしたつながりを探るには、友情と腎臓の中間にある事例をいくつか考えてみるといい。友情が買えないとすれば、友情のしるし、すなわち、親密さ、愛情、悔恨などの表現はどうだろうか。

二〇〇一年、『ニューヨークタイムズ』紙に、一風変わったサービスを提供するある中国企業の話題が載った。仲たがいしている恋人や仲間割れした共同経営者など、誰かに謝る必要があるのだが、なかなかその気になれない場合、この「天津謝罪社」に料金を払えば代わりに謝ってもらえるというのだ。「あなたに代わってごめんなさい」というのが、天津謝罪社のモットーだ。記事によると、謝罪の専門家たちは「地味なスーツを着た大学卒の中年男女だ。『すぐれた言語能力』と豊かな人生経験を兼ね備えた弁護士、ソーシャルワーカー、教師などであり、さらにカウンセリングの訓練も受けている」[4]。

天津謝罪社が成功を収めているのかどうか、あるいはまだ存続しているのかどうかすら、私は知らない。しかし、その記事を読んでこんな疑問が頭に浮かんだ。お金で買われた謝罪に効果はあるのだろうか。誰かがあなたを傷つけたり怒らせたりして、お金で雇った謝罪人を償いのためによこしたら、あなたは満足するだろうか。答えは状況によって異なるかもしれないし、もしかするとかかった費用によってさえ異なるかもしれない。あなたは、高価な謝罪は安価な謝罪よりも意味があると考えるだろうか。それとも、謝るべき人物による謝罪行為は悔恨の本質であり、外注《アウトソース》はできないのだろうか。どれほどお金がかかっていようと、買われた謝罪が本人による謝罪と同じ働きをしないなら、謝罪は友人と同じように、お金で買えない種類のものなのだ。

友情とつながりの深いもう一つの社会的慣行について考えてみよう。結婚式で新郎新婦を祝う乾杯の挨拶《トースト》はどうだろうか。昔からこうした挨拶は、暖かく、ユーモアにあふれ、心のこもった言葉で表現される。それを述べるのは新郎の付き添い人、普通は新郎の最も親しい友人である。だが、気の利いた祝辞を用意するのは容易でないため、多くの新郎付き添い人はそれを重荷に感じる。そこで、オンラインで乾杯の挨拶を買うという手段をとる人もいる。(5)

ThePerfectToast.comは、結婚式の祝辞を代筆してくれる有名ウェブサイトの一つで、一九九七年から営業している。依頼者はオンラインで質問票に回答する――新郎新婦のなれそめ、二人をどう描きたいか、ユーモラスな祝辞にしたいか感傷的な祝辞にしたいかなど。すると、三営業日以内に、専門家の手になる三分から五分の特製の挨拶を受け取れる。料金は一四九ドルでクレジットカードでの支払いが可能だ。特注の挨拶を買う余裕のない人には、InstantWeddingToasts.comをはじめとする別のサイトが、前もって書かれた標準的な祝辞を、返金保証をつけて一九ドル九五セントで売っている。(6)

あなたの結婚式の当日、付き添い人が心温まる乾杯の挨拶をしてくれるとしよう。その祝辞はとても感動的で、あなたは涙を催す。後日、その祝辞は付き添い人が自分で書いたものではなく、オンラインで購入したものだとわかる。あなたはそれを気にするだろうか。祝辞の価値は、当初よりも、つまり料金をとる専門家が書いたとわかる前よりも落ちるだろうか。ほとんどの人は、「イエス」と言うはずだ。お金で買った乾杯の挨拶は、本物の挨拶より価値が低い、と。

大統領や首相は日常的にスピーチライターを雇っているし、それを批判する者はいないという反論があるかもしれない。だが、結婚式の乾杯の挨拶はアメリカ大統領の一般教書演説とは違う。それは友情の表現なのだ。お金で買った乾杯の挨拶が、所期の効果の達成という意味で「有効」だとしても、その効果は欺瞞《ぎまん》という要素に依存しているかもしれない。ここでテストをしてみよう。あなたが親友の結婚式で祝辞を述べる不安にさいなまれ、感動的で感傷的な傑作をオンラインで買ったとしたら、その事実を公表するだろうか、それとも隠そうとするだろうか。お金で買った挨拶の効果がその出所を隠すことに依存するなら、それは本物の挨拶の堕落版ではないかと疑う理由になる。

謝罪や結婚式の乾杯の挨拶は、ある意味で買うことのできる善だ。しかし、それらを売買すれば、謝罪や挨拶の性格は変わり、価値は損なわれてしまう。

贈り物への反対論

ここでもう一つの友情表現、贈り物について考えてみよう。結婚式での祝辞とは違い、贈り物は必然的に物としての側面を持つ。だが、贈り物のなかには金銭的側面が割にあいまいなものもあれば、露骨なものもある。この数十年で、贈り物の金銭化の流れが強まってきた。これは、ますます進む社会生活の商品化のさらに別の例だ。

経済学者は贈り物が好きではない。より正確に言えば、合理的な社会的慣行として贈り物の意味を理解するのに苦労している。市場の論理からすると、贈り物より現金をあげるほうがほぼ例外なくよい。人は一般に自分の好みを最もよく知っており、また贈り物の目的は友人や恋人を幸せにすることだと考えれば、現金より喜んでもらえるものをあげるのは難しい。あなたが卓越したセンスを持っているとしても、友人はあなたが選んだネクタイやネックレスを気に入らないかもしれない。よって、あなたの贈り物がもたらす福祉を本気で最大化したいなら、プレゼントを買ってはならない。使うはずだった現金を渡すだけでいいのだ。友人や恋人はその現金であなたが買うつもりだった品物を買ってもいいし、あるいは(こちらのほうがありそうだが)もっと大きな喜びをもたらすものを買ってもいい。

これが、贈り物に反対する経済学的な論理だ。ここにはいくつかの留保条件がつく。友人がほしがるはずだが、あまり詳しくない品物——たとえば最新のハイテク装置——を見つけた場合、それを贈り物にすれば、知識の乏しい友人が同額の現金で買うものより大きな喜びをもたらすことはありうる。だが、これは特殊なケースであり、贈り物の目的はもらい手の福祉、すなわち効用を最大化することだという経済学者の基本前提と矛盾はしない。

ペンシルヴェニア大学の経済学者、ジョエル・ウォルドフォーゲルは、個人的福利としての贈り物の経済的な非効率性をとりあげた。ウォルドフォーゲルが「非効率性」という言葉で意味しているのは、価値のズレだ。つまり、おばさんが誕生日にくれた一二〇ドルのアーガイル柄のセーターのあなたにとっての価値（もしかするととても小さいかもしれない）と、おばさんが現金をくれたとしたら自分で買ったはずのもの（たとえばiPod）の価値のズレである。一九九三年、ウォルドフォーゲルは「クリスマスの死重的損失」という論文で、クリスマスのプレゼントに伴って広く発生する効用の浪費に注目した。ウォルドフォーゲルは近著『プレゼントの経済学――なぜ、あげた額よりもらう額は少なく感じるのか？』で新たな考察を織り込み、そのテーマについて詳しく論じた。「要するに、他人がわれわれに、服であれ音楽であれ何かを買ってくれる場合、自分で選んだ場合と同じように気に入るものを選んでくれることは、まずありそうにない。贈り物の主がどれほど善意であろうと、その選択は的外れになるものと予想できる。贈り手の出費がわれわれにもたらせたはずの満足感と比較すると、彼らの選択は価値を破壊しているのだ」[7]

ウォルドフォーゲルは標準的な市場の論理を当てはめ、ほとんどの場合、現金を渡すほうがよいと結論づけている。「経済理論――および常識――にしたがえば、一ユーロ、一ドル、一シケルを使うごとに生み出される満足は、自分のために買う場合のほうが他人のために買う場合よりも大きいと予想される……贈り物を買えば通常は価値が破壊され、現金を渡すのに等しい効果が生じるのは、めったにない特別で最善のケースにかぎられる」(8)

ウォルドフォーゲルは贈り物に反対する経済学の論理を展開しただけでなく、この非効率な慣行によってどれだけの価値が破壊されるかを測定する調査を行なった。贈り物をもらった人に頼んで、その金銭的価値を評価し、自分ならいくら払うつもりがあったかを見積もってもらったのだ。彼はこう結論している。「われわれは贈り物として受け取る品物の価値を、費やされた一ドルにつき、自分で買う品物より二〇パーセント低く評価する」。この二〇パーセントという数字を利用すれば、クリスマスプレゼントによって全米で生じる「価値破壊」の総額が評価できる。「アメリカで年に六五〇億ドルがクリスマスプレゼントに使われるとすれば、それによって得られる満足感は、われわれがいつものように――慎重に、自分で――そのお金を使った場合より一三〇億ドル分も少ないことになる。アメリカ人は、価値破壊の乱痴気騒ぎでクリスマスを祝っているのだ」(9)

贈り物がはなはだしく無駄で非効率な行為だとすれば、われわれはどうしてそれにこだわるのだろうか。経済学の標準的な想定のなかで、この問題に答えるのは容易ではない。グレゴリー・マンキューは、自身の経済学の教科書で勇敢にも答えを出そうとしている。マンキューは「贈り物は奇妙な習慣だ」と述べて話を始めるものの、ボーイフレンドやガールフレンドの誕生日にプレゼントではなく現金を渡すのは、一般的に言って賢いやり方ではないと認めている。だが、なぜだろうか。

マンキューは、贈り物は「シグナリング」の一形態だと説明する。シグナリングとは経済学者の使う用語で、「情報の非対称称」を克服するために市場を利用することを表している。たとえば、すぐれた製品を持つ企業が高額な広告を打つのは、顧客に購入を直接勧めるためだけでなく、大金のかかる広告キャンペーンを展開するほど品質に自信があるという「シグナル」を送るためでもある。同じように、贈り物にはシグナリングの機能があると、マンキューは言う。ガールフレンドに贈り物をしようと考えている男は「ガールフレンドが知りたがっている個人情報を手にしている。彼は彼女を本当に愛しているのかということだ。ガールフレンドにぴったりの贈り物を選ぶことは、愛しているというシグナルである」。贈り物を探すには時間と労力がいるから、ふさわしい品物を選ぶことは、彼が「ガールフレンドに対する愛情という個人情報を伝える」一つの方法なのだ[10]。

これは、恋人と贈り物をめぐる妙にぎこちない考え方だ。愛情を「シグナリング」することは、それを表現することとは違う。シグナリングと言うからには、愛情とは一方が他方に伝える一つの個人情報だという前提があるが、それは間違いだ。この前提が事実なら、現金にも同じ効果があるはずである――金額が多ければ多いほど、シグナルも強く、愛情も（おそらく）大きい。だが、愛情は単に、あるいは主に個人情報の問題として片付けられるものではない。それはもう一人の人物とともに過ごし、応答する方法なのだ。贈り物をすること、とくに思いを込めて贈り物をすることは、愛情の表現になりうる。愛情の表現である以上、よい贈り物は消費者としての好みを満足させるという意味で、相手を喜ばせることだけを目指すわけではない。それはまた、何らかの親しみを反映するような仕方で、相手を魅了し、気持ちを通じ合わせるのだ。心遣いが重要なのはこのためである。

もちろん、すべての贈り物でこうして気持ちを表現できるわけではない。遠縁の親戚の結婚式や仕事仲間の子供のバル・ミツバー［訳注：一三歳で行なうユダヤ教の男子成人式］に出席するなら、結婚ギフト登録リストから適当なものを買ったり、現金を渡したりするほうが、おそらく適切だろう。だが、友人や恋人、配偶者に知恵を絞ったプレゼントではなく現金を贈るのは、思いやりに欠けたある種の冷たさを感じさせる。それは、気遣いのなさをお金で埋め合わせるようなものだ。

経済学者は、みずからの学問の教義では説明できなくても、贈り物には表現としての側面があることを知っている。経済学者にしてブロガーのアレックス・タバロックはこう書いている。「私の内なる経済学者は最善の贈り物は現金だと言う。経済学者以外の部分はそれに反発する」。タバロックは、理想の贈り物は自分であれば買ったはずの品物だという功利主義的な考え方に、見事な反例を提示している。誰かに一〇〇ドルもらい、そのお金で車のタイヤを一セット購入するとしよう。それが効用を最大化してくれるものなのだ。にもかかわらず、誕生日に恋人からタイヤをプレゼントしてもらっても、大してうれしくないかもしれない。われわれはほとんどの場合、むしろあまり平凡ではない何か、自分では買おうとしない何かを贈り主に買ってほしいと願うものだと、タバロックは指摘する。少なくとも親しい人からは、「野性的な自分、情熱的な自分、ロマンチックな自分」に訴えかける贈り物をもらいたいと願うのである。(11)

タバロックの意見はもっともだと思う。贈り物が必ずしも効率的な効用最大化からの不合理な逸脱でない理由は、贈り物は効用だけにかかわるわけではないことにある。われわれのアイデンティティーを魅了し、刺激し、解釈しなおす人間関係を表現する贈り物もあるのだ。これは、おたがいに役に立つことが友情のすべてではないからである。友情は、他人とつきあうなかで人格や自己認識を成長させることにもかかわっている。アリストテレスが説いたように、最高の友情は、人格形成上・教育上の目的を持っている。友人同士のあらゆる形の贈り物をお金にすれば、友情を功利主義的規範で覆うことによって、それを腐敗させることになりかねない。

贈り物を功利主義の観点から見る経済学者でさえ、現金の贈り物は例外であり、普通ではないことを認めざるをえない。同僚、配偶者、大切な人同士の贈り物であればなおさらだ。ウォルドフォーゲルに言わせれば、それこそが彼が非難する非効率性の源である。だとすれば、大量の価値を破壊する習慣に人々を固執させるものは何なのだろうか。それは、現金が「野暮ったい贈り物」という汚名を着せられている事実にすぎない。ウォルドフォーゲルは、現金の贈り物を野暮ったいと考える人々が正しいのか、間違っているのかは問わない。代わりに、こうした汚名を、効用を減らすという不幸な傾向を別にすれば、規範としての重要性を持たない非理性的な社会学的事実として扱う。[12]

ウォルドフォーゲルはこう書いている。「それほど多くのクリスマスプレゼントが現金ではなく品物で贈られる唯一の理由は、現金の贈り物に着せられた汚名である。汚名がなければ、贈り手は現金を贈り、もらい手は本当にほしい品物を選び、結果として、費やされた金額が与えうる最大限の満足を手にできる」。[13] スティーヴン・ダブナーとスティーヴン・レヴィットも同じような見解を述べている。つまり、現金の贈り物に気乗りしないのは、大部分、「美しいまでに効率的な取引」という「経済学者の夢を砕く」「社会的タブー」のためだというのだ。[14]

贈り物の経済分析は、狭い領域で、市場の論理の二つの示唆に富む特徴を明らかにする。第一に、市場の論理は価値に中立的だとされるにもかかわらず、一定の道徳的判断をこっそり持ち込んでいる様子がわかる。ウォルドフォーゲルは、現金の贈り物に着せられた汚名の妥当性は判断しない。それが正当かどうかは決して問わないのだ。ただ、効用を得にくくする不合理な障害であり、理想的には克服すべき「機能不全の慣習」だと決めつけているにすぎない。[15] ウォルドフォーゲルは、金銭の贈り物に着せられた汚名が、保護に値する規範、たとえば友情と結びついた思いやりといった規範を反映している可能性は考慮しない。

あらゆる贈り物の目的は効用の最大化だと主張するのは、議論もなしに次のように決めつけることだ。友情とは効用を最大化するものだという考え方は道徳的に最も妥当であり、また、友人を遇する正しい方法は友人の好みを満足させることである――それを刺激したり、深めたり、複雑にしたりすることではない――と。

したがって、贈り物に反対する経済学的論拠は道徳的に中立ではない。その主張は、友情に関する一定の考え方を前提としている。多くの人はそれをお粗末な考え方だと見ている。とはいえ、いかなる道徳的欠陥があろうと、贈り物への経済学的アプローチは徐々に根づきつつある。これがわれわれを、贈り物の事例にまつわる第二の示唆に富む特徴へと導く。その道徳的前提には異論があるにもかかわらず、贈り物に関する経済学的な考え方は現実になりつつある。この二〇年のあいだに、贈り物の金銭的側面がいっそう顕在化してきたのだ。

贈り物を現金にする

ギフトカードの流行について考えてみよう。クリスマスプレゼントを買う人々は、ちょうどいい贈り物を探すより、商品券やギフトカードを贈ることがますます増えている。こうした商品券やギフトカードは一定の金銭的価値を持っており、小売店で商品と交換できる。これは、特定の贈り物を選ぶことと現金を贈ることとの中間形態に当たる。ギフトカードのおかげで買い物客は手間を省けるし、もらい手は選択肢を広げられる。ターゲットやウォルマートといったスーパーマーケット、あるいはサックス・フィフス・アヴェニューといったデパートの五〇ドルのギフトカードは、もらい手に本当にほしいものを選ばせることによって、二サイズ小さいセーターなどによる「価値破壊的損失」を回避する。それでいて、現金を贈るのとまったく同じというわけではない。確かに、もらい手には贈り手がいくら払ったかが正確にわかる。金銭的価値ははっきりしている。だが、その事実にもかかわらず、特定の店のギフトカードは単純に現金を贈るよりは汚名の度合いが低い。ことによると、ふさわしい店を選ぶことで伝わる心遣いの要素が、少なくともある程度は汚名をそいでいるのかもしれない。

クリスマスプレゼントの現金化の傾向は、一九九〇年代に勢いを増した。その頃から、商品券を贈る買い物客が増えはじめたのだ。一九九〇年代末には、磁気ストライプのついたプラスチック製ギフトカードへの移行によって、その傾向が加速した。一九九八年から二〇一〇年にかけて、ギフトカードの年間売上はほぼ八倍に増え、九〇〇億ドルを超えた。消費者調査によれば、ギフトカードはいまや最も人気の高いクリスマスプレゼントだという。衣類、ビデオゲーム、家電製品、宝石、その他の品物をしのいでいるのだ(16)。

伝統主義者はこうした傾向を嘆いている。「ミス・マナーズ」として知られるエチケットコラムニストのジュディス・マーティンは、ギフトカードが「クリスマスから心と魂を奪いました。要するに誰かにお金を渡して――お金を渡して追い払っているのです」と不満を漏らしている。家計コラムニストのリズ・プリアム・ウェストンは「贈り物という芸術は商業的交換へと急速に退化しつつあります」と懸念し、「単にドル札の束をたがいに押しつけ合うようになるまで、あとどのくらい時間が残されているのでしょうか」と問うている。(17)

経済の論理の観点からすると、ギフトカードへの転換は正しい方向への一歩だ。最終的にドル札の束まで行けばさらによい。なぜだろうか。ギフトカードは贈り物の「死重的損失」を減らすが、完全に消し去るわけではないからだ。あなたのおじさんが、ホーム・デポで使える一〇〇ドルのギフトカードをくれたとしよう。一〇〇ドルのいらない工具一式よりは、そのほうがよいだろう。だが、日曜大工道具がどうしてもほしいのでなければ、現金でもらえればもっとよい。なにしろ、ギフトカードと違い、お金ならどこでも使えるのだ。

案の定、この問題の市場による解決策がすでに登場している。いまや多くのオンライン企業がギフトカードを（額面価値より安く）現金で買い取り、再販売しているのだ。たとえば、プラスチックジャングルという企業は、ホーム・デポの一〇〇ドルのギフトカードを八〇ドルで買い取り、九三ドルで再販売している。割引率は発行店の人気によって異なる。ウォルマートやターゲットの一〇〇ドルのギフトカードであれば、プラスチックジャングルは九一ドルを払う。大手書店チェーンのバーンズ・アンド・ノーブルの一〇〇ドルのギフトカードは、残念ながら、たった七七ドルにしかならず、バーガーキングの七九ドルよりやや低評価だ。[18]

贈り物の死重的損失を懸念する経済学者から見れば、この二次市場で定量化されているのは、現金ではなくギフトカードを贈られることによってもらい手が負う効用の損失である。つまり、割引率が高ければ高いほど、ギフトカードの価値と現金の価値のズレは大きいということだ。もちろん、これでは、伝統的な贈り物が表現する思いやりや心遣いが捉えられていない。こうした美徳は、贈り物からギフトカードへ、最終的に現金へという移り変わりのなかで失われてしまうのだ。

ギフトカードを研究しているある経済学者は、現金の経済効率と、心遣いという昔ながらの美徳を両立させる方法を提案している。「ギフトカードを贈る予定の贈り手は、覚えておくといい。現金の贈り物に、そのお金は［ここに店名を入れる］で使えると書いたメッセージカードを添えると有効かもしれない。それによって大切な気持ちをつけくわえるのだ[19]」

もらい手がどの店で使うべきかを示唆する陽気なメッセージカードを添えて現金を贈れ

ば、それは分解された究極の贈り物となる。効用主義的要素と気持ちを表現する規範を二つを別々の箱に梱包し、リボンで一緒に括《くく》ったようなものだ。

贈り物の商品化で私が気に入っている例は、最近特許が認められた電子的再贈呈システムだ。『ニューヨークタイムズ』紙の記事には次のように書かれている。おばさんがクリスマスにフルーツケーキをくれるとしよう。フルーツケーキ会社はあなたにeメールを送り、おばさんの心づくしの贈り物について知らせるとともに、次のような選択肢を提示する。そのケーキを受け取るか、ほかの何かと取りかえるか、あるいは、あなたの贈り物リストに載っていて怪しまずに受け取ってくれる人に贈るか。そのやりとりはオンラインで行なわれるから、わざわざ品物を再包装し、郵便局に持っていく必要はない。もし再贈呈を選べば、新たなもらい手に同じ選択肢が提示される。したがって、ほしがる人のいないフルーツケーキは、仮想空間をいつまでもたらい回しにされる可能性もある。[20]

混乱が生じる懸念もある。販売店の情報開示方針のために、フルーツケーキの旅の各段階の受け取り手に、その経路がわかってしまうかもしれない。これは困った事態になるおそれがある。これまでに何人もの受け取り手がそのフルーツケーキをいらないと言い、いま自分に押しつけられようとしているのだと知れば、あなたの感謝の気持ちはそがれ、そのケーキが表す価値は消えてしまうだろう。これは、結婚式における親友の心温まる乾杯の挨拶が、実はオンラインで買ったものだとばれるのにちょっと似ている。

買われた名誉

お金で友情は買えないが、友情のしるしや表現なら買える――ただし、ある程度までは。これまで見てきたように、謝罪、結婚式の乾杯の挨拶、贈り物を商品に変えても、それらを完全に破壊することにはならない。だが傷つけてしまうのだ。その理由は、お金で友人を買えない理由と関係している。友情や友情を支える社会的慣行は一定の規範、態度、美徳から構成されている。こうした慣行を商品化すれば、こうした規範――共感、寛容、気遣い、思いやりなど――を締め出し、市場価値で置き換えることになる。

雇われた友人は本物とは違う。ほとんどの人はその違いがわかる。私が思いつく唯一の例外は、映画『トゥルーマン・ショー』でジム・キャリーの演じる人物だけだ。その人物は生まれてこのかた一見のどかな町に暮らしている。しかし、彼は気づいていないものの、その町は実はテレビのリアリティー番組のセットなのだ。キャリーが自分の妻や親友が雇われた役者だと気づくまでには、かなり時間がかかる。しかし、言うまでもなく、雇ったのはキャリーではない。その番組のプロデューサーだ。

友情のアナロジーのポイントはこうだ。われわれが（普通は）友人を買えない――買えば友人関係が破壊されてしまう――理由は、市場が友情の表現をいかにして堕落させるかを明らかにするのである。お金で買われた謝罪や結婚式の乾杯の挨拶は、本物の同類だと認められるとしても、汚され、傷つけられている。お金でこうしたものを買えるとしても、やや質の劣るものしか買えないのだ。

同じように、名誉を表す善も腐敗しやすい。ノーベル賞はお金では買えない。しかし、ほかの種類の名誉や顕彰はどうだろうか。名誉学位について考えてみよう。大学は、傑出した学者、科学者、芸術家、公官吏に名誉学位を授与する。だが、名誉学位をもらう人のなかには、授ける機関に多額の寄付をした慈善家もいる。実のところ、こうした学位はお金で買われているのだろうか、それとも、正真正銘の名誉なのだろうか。

どちらとも言える。大学が授与の理由をあからさまに述べれば、その透明性のために善は消滅してしまうだろう。学位記に次のように書いてあるとしよう。「本学は傑出した科学者や芸術家に、その業績を称えて名誉学位を授与する。しかし、貴殿にこの学位を授与するのは、新図書館建設への一〇〇〇万ドルの寄付に感謝してのことである」。こうしたものが名誉学位とみなされることはまずないだろう。もちろん、学位記にはそんなふうには書かれていない。社会福祉、慈善事業への献身、大学の使命への貢献――名誉学位とお金で買われた学位との区別をあいまいにする称賛の言葉――などについて述べられているのだ。

名門大学への入学許可の売買についても、同じような疑問が提起できる。大学が、少なくともあからさまに、入学許可を競売にかけることはない。競争率の高い大学の多くは、新入生クラスの席を最高入札者に売れば、収益を増やせるはずだ。だが、収益を最大にしたくても、大学がすべての入学枠を競売にかけることはない。そんなことをすれば、学術レベルの低下だけでなく、入学の名誉が損なわれるせいで、需要が減ってしまうだろう。入学許可がごく普通に購入可能で、そのことが広く知られているとすれば、スタンフォード大学やプリンストン大学へ入学すること（あるいは子弟を入学させること）に誇りを抱くのは難しい。せいぜいのところ、ヨットを買えることと同程度の誇りでしかないだろう。

しかし、入学枠のほとんどは成績に応じて割り当てられるとしても、一部はひそかに売りに出されるとしてみよう。さらに、合否判定には多くの要素——高校の成績、大学進学適性試験（SAT）の点数、課外活動、人種的・民族的・地理的多様性、運動能力、縁故（卒業生の子弟であること）——がからむため、どの事例においても、どの要素が決定的だったのかはわかりにくいとしてみよう。こうした条件のもとでなら、大学はいくつかの入学枠を裕福な寄付者に売る一方で、世間が一流校への入学に結びつける名誉を傷つけずにすませられるかもしれない。

高等教育の評論家によると、現在多くの大学で進行している実態はこのシナリオに近いものだという。彼らは「縁故枠」、つまり卒業生の子弟に認められる優先入学は、金持ち向けの積極的差別是正措置《アファーマティブアクション》の一種だとしている。さらに、こんなケースを指摘している。

親が卒業生でなくても金持ちで、相当の寄付をしてくれそうであれば、きわめて成績がよいとは言えない受験生であっても大学は入学基準を緩めているというのだ。[21] この種の行為を擁護する人々はこう主張する。私立大学は卒業生や裕福な寄付者の財政支援に大きく依存しており、こうした支援のおかげで、経済的に余裕のない学生に奨学金を出したり学費を援助したりできるのだ、と。[22]

したがって、ノーベル賞とは異なり、大学への入学は売買できる善なのだ——ただし、控えめにやればの話だが。大学がそうすべきかどうかは、また別の問題だ。入学許可を売るというアイデアは、二つの異論にさらされている。一つは公正さにかかわるもの、もう一つは腐敗にかかわるものだ。公正の観点からの異論によれば、大学財政への多大の貢献と引き換えに裕福な寄付者の子弟を入学させるのは、裕福な親のもとに生まれるという幸運に恵まれなかった受験生に対して不公正だという。この異論は、大学教育を機会と成功の源とみなし、裕福な家庭の子供を優遇することは社会的・経済的不平等を永続させるのではないかと懸念する。

腐敗という観点からの異論は、制度の高潔性にかかわっている。この異論の指摘によれば、高等教育は学生に実入りのよい仕事を与えるだけでなく、一定の理念を体現するものでもあるという。たとえば、真理の追求、卓越した学術や科学の振興、人道的な指導と学習の促進、市民的美徳の涵養といった理念だ。すべての大学はそれぞれの目的を追求するために資金を必要とするものの、資金集めの必要性が幅をきかせることを許せば、そうした目的を歪め、大学に存在理由を与える規範を腐敗させるリスクを冒すことになる。腐敗という観点からの異論が高潔性——組織の本質的な理念への忠節——にかかわることは、「裏切り」というよく耳にする非難に示されている。

市場に対する二つの異論

これら二種類の論点は、お金で買うべきものと買うべきでないものをめぐる議論に繰り返し現れる。公正の観点からの異論は、市場の選択に反映される不平等について問いかける。腐敗という観点からの異論は、市場関係によって損なわれたり消滅したりする態度や規範について問いかける。(23)

腎臓について考えてみよう。お金で腎臓を買ってもその価値が破壊されないのは間違いない。しかし、腎臓は売買されるべきだろうか。ノーという言う人々は、たいてい二つの論拠のうちの一つに基づいて反対する。彼らは、そうした市場は貧しい人々を食い物にすると主張する。貧しい人々による腎臓を売るという選択は、本当は自発的なものでないおそれがあるからだ(公正の議論)。あるいは、そうした市場は人間を予備部品の集まりとみなし、人間を侮辱し、物質視する見方を助長するとされる(腐敗の議論)。

あるいは、子供について考えてみよう。養子に出される赤ん坊の市場を創設することは可能だろう。だが、そうすべきだろうか。反対の人々は二つの理由を挙げる。一つは、子供を売りに出せば価格が上がるため、裕福でない親は市場から締め出されたり、あるいは最も安価で魅力のない子供しか手に入らなかったりするというもの（公正の議論）。もう一つは、子供に値札をつければ親の無条件の愛という規範が腐敗するし、価格差が生じるのは避けられないため、子供の価値は人種、性別、知的将来性、身体能力、障害、その他の特性で決まるという考え方が強化されるというものだ（腐敗の議論）。

市場の道徳的限界を主張するこれら二つの議論は、少し時間をかけて明確にする価値がある。公正の観点からの異論が指摘するのは、人々が不平等な条件下で、あるいは経済的必要に迫られて何かを売買する際に生じかねない不正義だ。この反論によれば、熱烈な市場主義者が言うのとは異なり、市場取引はつねに自発的なものだとはかぎらない。貧しい農民は飢えた家族を養うために自分の腎臓や角膜を売ることに同意するかもしれないが、その同意は本当に自発的だとは言えないのではないか。実際には、彼の置かれた状況のせいで不当に強制されたのかもしれない。

腐敗の観点からの異論は違う。それが指摘するのは、市場による評価や取引はある種の物や行為を堕落させる効果を持つということだ。この異論によれば、ある種の道徳的・市民的善は、売買されると傷ついたり腐敗したりするという。腐敗の観点からの議論は、公正な取引条件が成立したからといって論駁されるわけではない。それは、平等な条件下であれ不平等な条件下であれ通用するのだ。

売春をめぐる古くからの論争が、この違いを明らかにしてくれる。一部の人々は、本当に自発的な売春はめったにないという理由でそれに反対する。セックスのために体を売る人は、貧困、麻薬中毒、暴力による脅しなどによってそれを強制されているのが普通だというのだ。これは公正の観点からの異論の一種である。しかし、強制されていようといまいと、売春は女性への侮辱だという理由でそれに反対する人もいる。この議論によれば、売春はセックスに対する間違った態度を反映し、助長する一種の腐敗である。侮辱という観点からのこの異論は、同意に瑕疵《かし》があることを根拠にしているわけではない。貧困のない社会であっても、その仕事を好み、自由意志でそれを選択する高級売春婦の場合でさえも、売春を非難するのである。

それぞれの異論は別の道徳的理念を土台にしている。公正の観点からの議論は、同意の理念、より正確に言えば、公正な背景条件のもとでなされる同意の理念を土台にしている。市場を利用しての善の分配に賛成する主要な議論の一つは、市場は選択の自由を尊重するというものだ。人々は市場のおかげで、ある価格でこの善やあの善を売るかどうかを自分で選べるのである。

しかし、公正の観点からの異論は、こうした選択の一部は実は自発的でないと指摘する。

ひどく貧しかったり公正な条件で交渉する力がなかったりする人がいれば、市場における選択は自由なものではないのだ。したがって、市場における選択が自由なものであるかどうかを知るために、社会の背景条件のいかなる不平等が、本当の意味での同意を損なうかを問わねばならない。どの段階において、交渉力の不平等が不利な立場にある人々を抑圧し、彼らが行なう取引の公正さを傷つけるのだろうか。

腐敗という観点からの異論は、別の道徳的理念を提示する。それが訴えるのは同意ではなく、問題となる善の道徳的重要性だ。市場での評価と取引によって堕落してしまう善があるというのだ。したがって、大学入学が売買されるべきかどうかを決めるには、大学が追求すべき道徳的・市民的善について議論しなければならないし、入学資格を売ることがこうした善を毀損しないかどうかを問わなければならない。養子に出される赤ん坊の市場をつくるべきかどうかを決めるには、いかなる規範が親子関係を律するべきか、子供の売買によってそうした規範が損なわれるかどうかを問う必要がある。

公正の観点からの異論と腐敗という観点からの異論は、市場に対する意味合いが違う。公正の議論は、ある種の善が貴重であるとか、神聖であるとか、価格がつけられないとかいった理由で、そうした善の市場取引に反対するわけではない。不公正な取引条件が生じるほど不平等な背景のもとで、善が売買されることに反対しているのだ。背景条件が公正な社会であれば、善（それがセックスであれ、腎臓であれ、大学への入学であれ）の商品化に反対する根拠は何もない。

対照的に、腐敗の議論は、善そのものの特性と善を律すべき規範に焦点を合わせる。したがって、公正な取引条件を整えるだけでは、この異論を抑えることはできない。権力や富の不正な格差がない社会であっても、お金で買うべきでない事物が存在する。それは、市場が単なる仕組みではないからだ。市場はある一定の価値を体現しているのである。ときとして市場価値は、大切にすべき非市場的規範を締め出してしまうことがあるのだ。

非市場的規範を締め出す

こうした締め出しはいったいどのように起こるのだろうか。市場価値はどのようにして非市場的規範を腐敗させ、消し去り、それに取って代わるのだろうか。標準的な経済の論理では、ある善の商品化――売りに出すこと――はその善の性質を変えないとされる。市場取引は、善そのものを変えることなく経済効率を高める。これが、経済学者が一般に次のような事柄に共感を抱く理由である。望ましい行動に導くために金銭的インセンティブを使うこと。人気の高いコンサート、スポーツイベント、さらにはローマ教皇のミサなどのチケットを転売して利ざやを稼ぐこと。汚染、難民、出産を分配するために取引可能な割り当て枠を採用すること。品物ではなく現金を贈ること。腎臓まで含め、あらゆる種類の善の需給ギャップを埋めるのに市場を利用することなどだ。市場取引は当事者双方を幸福にするうえ、ほかの誰かを不幸にすることもない——市場関係とそれが促す態度が、取引される善の価値を損ねることはないと仮定すればの話だが。

だが、この仮定は疑わしい。われわれはすでに、それに疑問を投げかける多くの事例を考察してきた。昔から非市場的規範にしたがってきた生活領域に市場が入り込むにつれ、市場で取引される善が傷ついたり腐敗したりすることはないという考え方は、次第に信じがたくなっている。ますます多くの研究が、常識の示唆することを裏づけている。つまり、金銭的インセンティブをはじめとする市場メカニズムは、非市場的規範を締め出すことによって、逆効果にもなりうるのだ。ときとして、ある行動に金銭を提供したせいで、その行動が増えるのではなく減る場合もある。

核廃棄物処理場

長年にわたり、スイスは放射性核廃棄物の貯蔵場所を見つけようとしていた。この国は核エネルギーに大きく依存しているが、核廃棄物を抱え込みたいというコミュニティーはほとんどなかった。核廃棄物処理場の候補地に指定された場所の一つが、スイス中央部のヴォルフェンシーセンという小さな山村（人口二一〇〇人）だった。一九九三年、この問題をめぐる住民投票の直前に、数名の経済学者が村民調査を実施して、連邦議会がこの村に核廃棄物処理場を建設すると決定したら、処理場の受け入れに賛成票を投じるかと質問した。その施設は地元に押しつけられるお荷物だという見方が広がっていたにもかかわらず、ぎりぎり過半数（五一パーセント）の住民が受け入れると回答した。どうやら、国民としての義務の意識がリスクにまつわる懸念を上回ったようだった。つづいて、経済学者たちは〈アメ〉をつけくわえた。連邦議会があなたの村に核廃棄物処理場の建設を提案するとともに、村民一人ひとりに毎年補償金を支払うことを申し出たとしよう。そのとき、提案に賛成するだろうか？[24]

結果として、賛成は減り、増えることはなかった。金銭的な誘因を追加したせいで、受け入れると回答した住民の割合は五一パーセントから二五パーセントに半減した。金銭提供の申し出は、予想に反して、核廃棄物処理場を引き受けてもいいという人々の気持ちに水を差したのだ。そればかりか、補償金の増額も助けにならなかった。経済学者たちが金額を増やす提案をしても、結果は変わらなかった。一人あたり年間八七〇〇ドルもの現金給付が提示されても、住民は頑として譲らなかった。これは平均月収をはるかに超える金額だ。ここまで極端ではないにしても、金銭の提供に対する似たような反応が、放射性廃棄物処理場に反対してきたほかのコミュニティーでも確認されている。[25]

では、このスイスの村で何が起こっていたのだろうか。有償より無償で核廃棄物を受け入れようという人のほうが多いのは、なぜだろうか。

標準的な経済分析によれば、ある負担を受け入れてもらうための金銭の提供は、受け入れの意欲を増しこそすれ、減らすことはないとされる。しかし、この調査を指揮した経済学者のブルーノ・S・フライとフェリックス・オーバホルツァー＝ギーは、共通善への貢献を含む道徳的配慮によって、ときとして価格効果が打ち消される場合があることを指摘している。多くの村人にとって、核廃棄物処理場を受け入れようという意志は公共心――スイスは全体として核エネルギーに依存しているのだから、核廃棄物はどこかに貯蔵されなければならないという認識――を反映するものだった。自分たちのコミュニティーが最も安全な貯蔵場所であるとわかれば、その負担を進んで担うつもりだった。この市民としての貢献という背景があったため、村人への現金提供は賄賂、つまり票を買うための働きかけのように感じられたのだ。実際、金銭の申し出を拒否した村人の八三パーセントは、反対理由を説明して、自分は賄賂に動かされたりはしないと語っている。[26]

金銭的インセンティブを追加すれば、何であれすでに存在する公共心は強まり、核廃棄物処理場への支持が増えると思われるかもしれない。結局のところ、二つのインセンティブ――金銭的なものと市民的なもの――のほうが、一つよりも強力ではないだろうか？いや、必ずしもそうではない。インセンティブが累積すると考えるのは間違いだ。反対に、スイスの善良な市民にとっては、個人への金銭支払いが見込まれることによって、市民としての問題が金銭の問題に変質してしまった。市場の規範が侵入したせいで、市民としての義務感が締め出されてしまったのだ。

この調査に関する報告書の執筆者はこう結論している。「公共心が浸透している地域において、金銭的インセンティブを利用し、社会としては望ましいが地域には歓迎されない施設の建設に支持を集めようとすると、標準的な経済理論によって示される価格よりも高くつくことになる。こうしたインセンティブは、市民としての義務感を締め出す傾向があるからだ」(27)

だからといって、行政機関は地域社会に立地の決定を押しつけるだけでよいというわけではない。高圧的な統制は、金銭的インセンティブよりも公共心を腐敗させることがある。地域住民がみずからリスクを評価できるようにすること、最も公益に資する立地の決定に市民の参加を認めること、必要であれば危険な施設を閉鎖する権利を受け入れ側のコミュニティーに認めること——これらは、一般の支持を得るうえで、ただ支持を買おうとするより確実な方法である(28)。

現金報酬はたいてい反感を買うものの、現物による補償は歓迎されることが多い。コミュニティーはしばしば、望ましくない公共事業——飛行場、ゴミ埋立地、リサイクル基地など——を地元に置くことの補償を受け取る。しかし、研究から明らかになっているのは、こうした補償は現金よりも公共財という形をとったほうが受け入れられやすいということだ。公園、図書館、学校の改築、公民館、さらにはジョギングコースやサイクリングコースでさえ、金銭による補償よりも受け入れられやすい。[29]

経済効率の観点からすると、これは理解しがたいどころか不合理ですらある。贈り物に関して考察したように、現物の公共財よりも現金のほうが、おそらくつねによいはずだ。お金は何とでも交換できる万能ギフトカードである。住民が現金で補償を受ければ、その棚ぼたの大金を貯めておき、自分たちの効用を最大にするもの、たとえば公園、図書館、運動場などの支払いに当てるという選択がつねに可能だ。あるいは、そのお金を個人的な消費に使うこともできる。

だが、この論理は市民としての犠牲の意味を捉えそこねている。公共的な損害や不都合の補償としては、個人でもらう現金より公共財のほうがふさわしいのだ。というのも公共財は、立地の決定がもたらす市民の負担と犠牲の分担に感謝の意を表するものだからだ。新しい滑走路やゴミ埋立地を町に受け入れる代わりに町民に払われるお金は、コミュニティーの劣化を黙認してもらうための賄賂とみなすことができる。しかし、新しい図書館、運動場、学校などは、コミュニティーの結束を強め、公共心を涵養することによって、市民の犠牲に言わば誠実に報いるのである。

寄付の日と迎えの遅れ

金銭的インセンティブは、核廃棄物にかかわるほど重大でない場面でも、公共心を締め出してしまうことがわかっている。イスラエルの高校生は毎年、ある指定された「寄付の日」に、ガンの研究や障害児の援助といった有意義な目的のために寄付を求めて家々をまわって歩く。二人の経済学者が、高校生のモチベーションに対する金銭的インセンティブの影響を見極めようと、ある実験を行なった。

彼らは高校生を三つのグループに分けた。第一グループは、寄付の目的の重要性を説く短い激励のスピーチを聞かされ、送り出された。第二、第三グループも同じ激励のスピーチを聞かされたが、同時に、集めた金額に応じて金銭的報酬を出すとも告げられた。それぞれ一パーセントと一〇パーセントという歩合だった。報酬は慈善の寄付から差し引かれるのではなく、別の財源から提供されることになっていた。[30]

どのグループの生徒が、最も多くの寄付を集めたと思うだろうか。無報酬のグループだろうと思ったなら、正解だ。無報酬の生徒は、一パーセントの歩合を提示された生徒より、五五パーセント多い寄付を集めた。一〇パーセントの歩合を提示された生徒は、一パーセントのグループよりかなり好成績だったが、まったく無報酬の生徒とくらべるとだいぶ少なかった(無報酬のボランティアは歩合の高いグループより九パーセント多く集めた)。[31]

この話の教訓は何だろうか。研究報告書の執筆者はこう結論している。人々のやる気を引き出すために金銭インセンティブを利用するなら、「たっぷり払うかまったく払わないか」のどちらかにすべきだ、と[32]。たっぷり払えばほしいものが手に入るのは確かだろうが、この話が教えてくれるのはそれだけではない。ここには、お金がいかにして規範を締め出すかについての教訓もあるのだ。

この実験は、金銭的インセンティブには効果があるというよく知られた想定を、ある程度まで裏付けている。結局のところ、一〇パーセントのグループは、一パーセントの歩合しか提示されなかったグループより多くの寄付を集めたのだ。とはいえ興味深い問題は、報酬を提示された二つのグループとも、無報酬のグループに後れを取ったのはなぜかということだ。おそらく、高校生にお金を払って善い行ないをさせることで、その行為の性質が変わってしまったからだろう。慈善資金を集めるための戸別訪問は、いまや市民の義務を果たすというよりも、歩合を稼ぐという意味合いのほうが大きくなってしまった。金銭的インセンティブが、公共心に基づく活動をお金のための仕事に変質させたのだ。イスラエルの高校生もスイスの村人も同じである。市場の規範を取り入れたことによって、人々の道徳的・市民的献身が排除された、あるいは少なくとも勢いをそがれたのだ。

同じ研究者によって行なわれた、イスラエルの保育所に関するもう一つの注目すべき実験からも、似たような教訓が導かれる。すでに見たように、子供の迎えに遅刻した親から罰金をとることにしても、遅刻する親は減るどころか、かえって増えてしまった。実のところ、遅刻の発生率は二倍近くになったのだ。親たちは罰金をみずから支払う料金とみなしたのだ。それだけではない。三カ月ほどしてから保育所が罰金を廃止しても、上昇した新たな遅刻率はそのままだったのだ。お金を払うことで、迎えの時間に遅れないという道徳的義務がいったん蝕まれると、かつての責任感を回復させるのは難しかった。[33]

これら三つの事例――核廃棄物処理場の用地選定、慈善事業の寄付金集め、保育所への迎えの遅刻――から明らかになるのは、非市場的な状況にお金を導入すると、人々の態度が変わり、道徳的・市民的責任が締め出されかねないということだ。市場関係の腐食作用は、ときとして価格効果を圧倒するほど強力である。危険な施設を受け入れてもらう、慈善資金を集めるために戸別訪問をしてもらう、迎えの時間を守ってもらうといったことのために金銭的インセンティブを提供しても、人々のそうしようとする意志は弱まりこそすれ、強まることはなかったのだ。

市場によって非市場的規範が締め出される傾向を懸念するのはなぜだろうか。それには二つの理由がある。一つは財政的な理由、もう一つは倫理的な理由だ。経済的観点からすると、市民としての美徳や公共心といった社会規範はとてもお買い得だ。社会規範によって促される社会的に有益な行動をほかの方法で買おうとすれば、非常に高くつく。コミュニティーに核廃棄物を受け入れてもらうために金銭インセンティブに頼らざるをえないとすれば、住民の持つ市民としての義務感を当てにできる場合とくらべ、かなり多くのお金を払わなくてはならないはずだ。慈善のための寄付金を集めるのに生徒を雇わざるをえないとすれば、公共心が無料で達成するのと同じ結果を得るには、一〇パーセントを超える手数料を払わなければならないだろう。

だが、道徳的・市民的規範を、人々をやる気にさせるための費用効率のいい手段として見るだけでは、規範の本質的な価値を見落とすことになる（それは、現金の贈り物に着せられる汚名を、経済効率を阻害するが、道徳的観点からは評価不能の社会的事実として扱うようなものだ）。お金の力だけに頼って住民に核廃棄物処理場を受け入れてもらおうとすれば、高くつくばかりではない。腐敗を招くことにもなるのだ。それは説得と、次のような点を熟慮したうえでの同意を省いてしまう。つまり、その施設がもたらすリスクおよび、より大きなコミュニティーにとっての施設の必要性だ。同じように、寄付の日の寄付集めのために生徒にお金を払えば、資金調達のコストが高くなるだけではない。生徒の公共心を侮辱し、道徳教育・市民教育を歪めることになるのだ。

商品化効果

いまでは多くの経済学者が、市場は、それが支配する善や社会的慣行の性格を変えることを認識している。この数年で、非市場的規範を腐敗させる市場の作用を最初に強調した一人が、国際通貨基金上級アドバイザーのイギリス人経済学者、フレッド・ハーシュだ。一九七六年——ゲイリー・ベッカーが影響力の大きな『人間行動への経済学的アプローチ』を出版した年であり、マーガレット・サッチャーが首相に選出される三年前——に上梓した著作でハーシュは、市場を通じて供給されようとほかの方法で供給されようと善の価値は変わらないという仮定に、異論を唱えた。

ハーシュは、主流派経済学は自分の言う「商品化効果」を見落としてきたと主張する。この言葉によってハーシュが意味しているのは、「商業的条件とは別の基準——非公式な交換、相互の義務、利他心や愛情、奉仕や義務の精神——ではなく、もっぱらあるいは主として商業的条件に基づいて製品を供給することによる、製品あるいは活動の性格への影響」である。「ほとんどつねに隠れている共通の前提は、商品化のプロセスは製品に影響しないということだ」。ハーシュによれば、この間違った前提は、当時勃興しつつあった「経済帝国主義」において大きな位置を占めていたという。ベッカーをはじめとする人々による、経済分析を社会生活・政治生活という隣接した領域へ拡張しようとする試みも、そこに含まれる。(34)

ハーシュはちょうど二年後に四七歳で亡くなったため、主流派経済学に対する批判を詳述する機会はなかった。その後数十年で、ハーシュの著書は、社会生活の商品化の拡大やそれを推進する経済学の論理を認めない人々のあいだで、ちょっとした古典となった。わわれわれが検討した三つの経験的事例は、市場的なインセンティブとメカニズムの導入は人々の態度を変え、非市場的価値を締め出すというハーシュの見解を支持している。最近では、実験志向のほかの経済学者たちが、商品化効果のさらなる証拠を発見している。

たとえば、増えつづける行動経済学者の一人であるダン・アリエリーは、一連の実験を通じて次のことを明らかにした。何かをやってもらうためにお金を払っても、無料でやってくれるよう頼む場合ほどの努力を引き出せないことがあるのだ。善行の場合はなおさらである。アリエリーは自分の発見を例証する現実のエピソードを語っている。全米退職者協会はある弁護士団体に、一時間あたり三〇ドルという割引料金で、貧しい退職者の法律相談に乗ってくれるかどうかをたずねた。弁護士団体は断った。そこで退職者協会は、貧しい退職者の法律相談に無料で乗ってくれるかどうかをたずねた。今度は弁護士団体も承諾した。市場取引ではなく慈善活動への取り組みを要請されていることがはっきりすると、弁護士たちは思いやりをもって対応したのである[35]。

社会心理学におけるますます多くの研究が、この商品化効果の説明となりうる成果を上げている。これらの研究は、内因的動機（たとえば道徳的信念や目の前の課題への関心）と外因的動機（お金をはじめとする有形の報酬）の違いを強調する。本質的に価値があると思う活動に携わっている人々に金銭の提供を申し出ると、彼らの内因的な関心や責任を「締め出す」ことによって、動機を弱めることになりかねない[36]。標準的な経済理論では、あらゆる動機づけはその性質や源にかかわらず好ましいものと解釈され、累積するものとみなされている。しかし、こうした見解はお金の腐食作用を見落としている。

こうした締め出し現象は、経済学に大きな影響を与える。社会生活のさまざまな場面で市場メカニズムや市場の論理を利用することに疑問を投げかける。たとえば、教育、医療、職場、任意団体、市民生活といった、内因的動機や道徳的責任が重要となる局面で、成果を向上させるために金銭的インセンティブを使うといったことだ。ブルーノ・フライ（スイスの核廃棄物処理場の立地に関する研究報告書の執筆者）と経済学者のレト・イェーゲンは、その影響を次のようにまとめている。「こうした『締め出し効果』が、経済学における最も重要な例外の一つであることはほぼ間違いない。なぜなら、金銭的インセンティブを増やせば供給も増えるという、最も基本的な経済『法則』の逆を意味しているからだ。この締め出し効果が働くなら、金銭的インセンティブを増やすと、供給は増えるのではなく減ることになる[37]」

血液を売りに出す

おそらく、市場が非市場的規範を締め出すことの例証として最も有名なのは、イギリスの社会学者リチャード・ティトマスによる献血についての古典的研究だろう。一九七〇年の『贈与関係論』において、ティトマスは血液を集めるためにイギリスで使われているシステムとアメリカのシステムを比較した。イギリスでは輸血用の血液はすべて無報酬の自発的献血者でまかなわれているのに対し、アメリカでは一部は献血で、一部は商業的な血液バンクが、概して貧しい人たちから買い取る血液でまかなわれていた。こうした人たちは、お金をもらうために自分の意志で血を売る。ティトマスはイギリス式システムに賛成で、人間の血液を市場で売買される商品として扱うことには反対だった。

ティトマスは大量のデータを提示して、経済的・実際的観点だけからしても、血液を集めるイギリス式システムのほうがアメリカ式よりもうまくいっていることを示した。市場の効率性が想定されていたにもかかわらず、アメリカ式は慢性的な血液不足、無駄な廃棄、高コスト、汚染血液の危険を招くとティトマスは主張した。[38]だがティトマスはまた、血液の売買に反対する倫理的議論をも提起した。

血液の商品化に反対するティトマスの倫理的議論は、すでに確認した市場に対する二つの異論――公正と腐敗――の格好の実例を提供してくれる。ティトマスの議論の一部は、血液の市場は貧しい人々を食い物にするというものだ（公正の観点からの異論）。ティトマスは、営利を目的とするアメリカの血液バンクは、すぐに現金がほしいスラムの住人から供給のほとんどを得ていると述べた。血液を商品化すれば「貧しい人々、技術を持たない人々、失業者、黒人、その他の所得の低い人々によって供給される」血液が増えることになる。「大量血液供給者という新たな被搾取階級が出現しつつある」とティトマスは書いた。「貧しい人々から富める人々への血液再分配は、アメリカ式血液バンクシステムの優性効果の一つらしい」[39]

だが、ティトマスにはさらに異論がある。血液を市場の商品にすると、人々の献血への義務感が蝕まれ、利他精神が損なわれ、社会生活の積極的特性である「贈与関係」が崩壊してしまうというのだ（腐敗の観点からの異論）。ティトマスはアメリカを調査して、「近年の自発的献血の減少」を嘆き、その原因は商業的な血液バンクの台頭にあるとした。「血液を商品にして利益を得ることによって、自発的な献血者を追い払ってきたのだ」。ティトマスによれば、人々が血液を普通に売買される商品とみなしはじめると、献血に対する道徳的責任を感じにくくなるという。ここでティトマスが指摘しているのは、市場関係が非市場的規範におよぼす締め出し効果だ（彼がこの言葉を使ったわけではないとしても）。血液の売買が広まると、無償で献血しようという意欲が奪われてしまうのだ。[40]

ティトマスは献血の意欲の減退だけでなく、より広範な道徳的影響をも懸念していた。他人に与えようとする精神の衰えは、血液の質と量に悪影響をおよぼしたばかりか、不毛な道徳的・社会的生活を助長したのだ。「人間活動の一つの領域で利他精神が衰えれば、ほかの領域でも、態度、動機、人間関係に同じような変化が生じることになる」[41]

市場を土台とするシステムは、献血したい人が献血するのを妨げはしないものの、そのシステムを覆う市場価値は、与えるという規範を腐敗させる効果を持つ。「社会制度、とりわけ医療や福祉のシステムを体系化し、構造化する方法次第で、人間に備わる利他性は促進されたり阻害されたりする。そうしたシステムは融和を後押ししたり、反目を助長したりする。また『贈与というテーマ』――他人への寛容というテーマ――を社会集団や世代のあいだに広めることもできる」。ティトマスはこう懸念した。やがて、市場主導の社会は利他主義にきわめて冷淡になり、与えるという個人の自由を侵害していると言われるまでになりかねないと。「血液と献血者の関係の商品化は、利他精神の発現を抑え、コミュニティー精神を蝕む」と、彼は結論している。(42)

ティトマスの著書は多くの論争を引き起こした。批判者のなかに、当時の傑出したアメリカ人経済学者の一人であるケネス・アローがいた。アローはミルトン・フリードマンのような自由市場の擁護者ではなかった。彼の初期の研究は、医療市場の不完全性を分析したものだ。だが、ティトマスによる経済学と市場的思考への批判には強く異論を唱えた。(43)そうするなかで、アローは市場信仰についての二つの基本教義に訴えた――それは、経済学者がしばしば主張するものの、その正しさを証明することはめったにない、人間の本性と道徳生活に関する二つの仮定である。

市場信仰をめぐる二つの基本教義

第一の教義は、ある活動の商品化はその活動を変えないというものだ。この前提のもとでは、お金が何かを腐敗させたり、市場関係が非市場的規範を締め出したりすることは決してない。これが事実なら、市場を生活のあらゆる側面に広げようという主張に反対するのは難しい。以前は取引されなかった善が取引できるようになっても、何の害もないのだ。その善を売買したい人はそうすることによって効用を増やせるし、その善には値段がつけられないと思う人は売買をやめる自由がある。この論理にしたがえば、市場での取引を認めれば幸福になれる人がいる一方で、不幸になる人は誰もいないことになる――売買されるものが人間の血液であっても。アローは次のように説明する。「経済学者は一般に、市場の創造は個人の選択の幅を広げるので、より高い利得へつながるのが当然だと考えている。したがって、自発的な献血者のシステムに売血の可能性を加えたところで、個人の選択の範囲が広がっただけにすぎない。与えることに満足を覚えると言うなら、与えればいいのだし、その権利が損なわれることはいっさいないのだ」(44)

この論法は、血液市場をつくったからといって血液の価値や意味が変わることはないという考え方に大きく依存している。血液は血液であり、献血であろうと売血であろうと、人命を支えるという目的に資するのだ。もちろん、ここで問題になっている善は血液だけではなく、利他精神からの献血という行為でもある。ティトマスは、献血を促す寛大な精神に独立した道徳的価値を結びつけている。ところがアローは、市場の導入によってこの行為さえダメージを受けかねないという点を疑問視している。「血液市場をつくることが、なぜ献血に具体化された利他精神を弱めることになるのだろうか[45]」

その答えは、血液の商品化は献血の意味を変えるということだ。考えてみよう。血液が日常的に売買される世界で、最寄りの赤十字に一パイント（約〇・四七リットル）の献血をすることは、依然として寛大な行為と言えるだろうか。それとも、売血という儲かる仕事を貧しい人から取り上げる道義に反した振る舞いだろうか。献血運動に貢献したい場合、みずから献血をするほうがよいのだろうか、それとも五〇ドルを寄付し、お金を必要とするホームレスからさらに一パイントの血液を買うのに使ってもらうほうがよいのだろうか。利他主義者でありたいと願う人がどうしようかと迷うのも、無理はないかもしれない。

アローの批判に見られる、市場信仰に関する第二の教義は、倫理的行為は倹約が必要なものだということだ。その考え方はこうだ。利他精神、寛大さ、連帯、市民的義務などに頼りすぎるべきでないのは、こうした道徳感情は使えば枯渇する希少資源だからである。市場は利己心に依存しているため、供給にかぎりのある美徳を使わずにすむようにしてくれる。したがって、たとえば、血液の供給を一般の人々の寛大さに頼ると、それ以外の社会的・慈善的目的にまわす寛大さは減ってしまうことになる。しかし、価格システムを利用して血液の供給を生み出せば、本当に必要なときに人々の利他的衝動は弱まっていないため、それを利用できるはずだ。アローはこう書いている。「多くの経済学者と同じく、私は倫理を利己心の代わりとすることに頼りすぎたくない。一般的に言って、倫理的行為を要求するのは、価格システムが破綻する場合にかぎるのが最善だと思う……利他的動機という希少資源を向こう見ずに使い果たしてしまうことは望ましくない」(46)

この経済学者的な美徳観が正しいとすれば、あらゆる生活領域に市場を拡大するさらなる根拠が与えられることは容易にわかる。そこには、昔から非市場的価値が支配してきた生活領域も含まれる。利他主義、寛容、市民的美徳の供給量が、化石燃料のようにもともと決まっているとすれば、われわれはそれを節約すべきだ。使えば使うほど、残りの量は減っていく。そうした仮定のもとでは、市場への依存を強め、道徳への依存を弱めることが、希少資源を保全する方法なのだ。

愛情の節約

こうした考え方をよく知られた形で述べたのは、ケンブリッジ大学の経済学者でジョン・メイナード・ケインズのかつての弟子でもあったデニス・H・ロバートソン卿だ。一九五四年のコロンビア大学創立二〇〇年記念講演でのことである。ロバートソンの演題はこんな問いかけだった。「経済学者は何を節約できるか」。ロバートソンが示そうとしたの

は、経済学者は人間の「攻撃本能と取得本能」に応えながらも、ある道徳的使命に貢献しているということだった。(47)

ロバートソンはまず次のように認めた。経済学は、現状では獲得の欲望に関する学問なので、崇高な人間的動機は扱わない。利他主義、博愛、寛容、連帯、市民の義務といったより高級な美徳を説くのは「俗人であれ聖職者であれ説教者の役割です」「説教者の仕事を扱いやすい規模に縮小するのをできるかぎり助けるのが、経済学者に与えられた、より地味で、往々にして不愉快な役目なのです(48)」

経済学者はどうやってその役目を果たすのだろうか。利他主義や道徳的配慮ではなく、利己心を頼みとする政策を可能な場合はつねに推進することによって、供給の乏しい美徳を社会が浪費せずにすむようにするのだ。ロバートソンはこう結論している。「われわれ経済学者がきちんと仕事をすれば、この世で最も貴重なもの、すなわち〈愛〉というあの希少資源の……節約に大きく貢献できると思います(49)」

経済学にどっぷり浸かっているわけではない者にとって、高潔な美徳についてのこうした考え方は、奇妙で、こじつけとすら思える。われわれの愛や善意の容量は、使ったからといって減るものではなく、実践することによって拡大するという可能性は無視されているのだ。愛し合う二人について考えてみよう。愛を蓄えておきたいと願い、生涯にわたってたがいにほとんど何も求めないとしたら、二人はうまくいくだろうか。二人の愛は、たがいに求めれば求めるほど、深まりこそすれ冷めはしないのではないだろうか。本当に必要な場合に備えて愛を保存しておくために、二人はもっと打算的に向き合うほうがよいのだろうか。

社会的連帯や市民的美徳についても、似たような疑問が提起できる。市民的美徳を温存すべく、市民にこう告げるべきだろうか。公共善のための犠牲を求める必要が国家に生じるまでは、買い物にでも行っていてほしいと。それとも、市民的美徳や公共心は使わないと衰えてしまうものだろうか。倫理学者の多くは後者の見解をとってきた。アリストテレスは、美徳は実践を通じて育まれると教えた。「われわれは、正しく行動することによって正しくなる。節度をもって行動することによって節度を身につける。勇敢に行動することによって勇敢になる」(50)

ルソーも同じような考えだった。国家が国民に多くを要求すればするほど、国家に対する国民の貢献は大きくなるというのだ。「秩序ある都市では、誰もが集会に駆けつける」。悪い政府のもとでは、公的生活に参画する者はいない。というのも「そこで起こっていることに関心がなく」「家政のことで頭がいっぱいだからだ」。市民的美徳は、活発な市民的行動によって築かれるのであり、食いつぶされるのではない。使わなければ、実質的に失われるのだとルソーは言う。「公共サービスが国民の主要な仕事でなくなり、国民が体ではなくお金によって奉仕するようになるや、国家の崩壊は遠くない将来に迫っている」(51)

ロバートソンは、気楽な思いつき程度に自分の見解を披露している。だが、愛や寛容は使えば枯渇する希少資源だという考え方は、経済学者がはっきり賛成していなくても、彼らの道徳的想像力をしっかりと捉えつづけている。需要と供給の法則とは違い、正式な教科書に載るような原理ではない。実証した人もいない。それはむしろ、多くの経済学者が依然として認めている格言、一つの民衆知のようなものなのだ。

ロバートソンの講義からほぼ半世紀後、当時ハーバード大学学長を務めていた経済学者のローレンス・サマーズは、ハーバード・メモリアル・チャーチの朝の礼拝で話をするよう頼まれた。サマーズの選んだテーマはこうだ。「経済学が道徳問題の考察に寄与できる」ものは何か。経済学は「実際的意義においてはもちろん、道徳的意義においても、真価が認められることがあまりにも少なすぎる」と彼は述べた。[52]

サマーズによると、経済学者は「個人――また個人のニーズ、好み、選択、みずから下す判断――を大いに尊重する」という。つづいて彼は、共通善とは主観的な選好の総和であるという通例の功利主義的説明をした。「多くの経済分析の基礎をなすのは、善とは多数の個人による自分自身の福利の評価の集合であり」独立した道徳理論に基づいて、個人の選好を離れて「評価できるものではないという考えだ」。

サマーズは、この考え方を説明するため、搾取的労働によってつくられる製品のボイコットを呼びかけていた学生たちにこう問いかけた。「われわれは誰でも、この惑星上の実に多くの人々の労働条件と彼らが受け取る微々たる報酬を嘆かわしく思う。にもかかわらず、次のような懸念に一定の道徳的な力があるのは間違いない。労働者が自発的に仕事に就いているかぎり、最善の選択をして働いているのだから、彼らがその仕事を選んだことになる。個人の一連の選択の幅を狭めることは、尊敬の行為だろうか、慈善の行為だろうか、気づかいの行為とすら言えるだろうか」

サマーズは、市場は利己心と貪欲さに支えられていると批判する人々への回答で講演を締めくくった。「誰もが心のなかに利他心を持っているが、それにはかぎりがある。私のような経済学者は、利他心とは貴重で希少な善であり、節約して使う必要があると考えている。個人が利己的であることによって人々の欲求が満たされるシステムを考案して利他心を保存し、家族、友人、そして、この世界において市場が解決できない多くの社会問題のために残しておくほうがはるかによいのだ」

ここで、ロバートソンの格言がふたたび主張されたわけだ。サマーズのバージョンは、アローのものよりさらに厳格であることに注意してほしい。社会・経済生活において利他心を向こう見ずに消費してしまうと、ほかの公共的目的に使える利他心の供給が枯渇するだけではない。家族や友人に残してある分まで減ってしまうのだ。

こうした経済学者的美徳観は、市場信仰をあおり、本来ふさわしくない場所にまで市場を広げてしまう。しかし、その比喩は誤解を招くおそれがある。利他心、寛容、連帯、市民精神は、使うと減るようなものではない。鍛えることによって発達し、強靱になる筋肉のようなものなのだ。市場主導の社会の欠点の一つは、こうした美徳を衰弱させてしまうことだ。公共生活を再建するために、われわれはもっと精力的に美徳を鍛える必要がある。

第4章 生と死を扱う市場

ニューハンプシャー州ティルトンのウォルマート副店長だったマイケル・ライス（四八歳）は、顧客が車にテレビを運ぶのを手伝っている最中に心臓発作を起こして倒れ、一週間後に亡くなった。支払われた死亡保険金は約三〇万ドルだった。ところが、そのお金は妻と二人の子供には渡らなかった。ウォルマートに渡ったのだ。ウォルマートはライスの命に保険をかけ、みずからを受取人に指定していたのである。(1)

未亡人のヴィッキ・ライスは、ウォルマートの「棚ぼた」を知って激怒した。一体全体、夫の死によって会社が儲けるなどということがあるのだろうか。彼女の夫は会社のために長時間働き、ときには一週間八〇時間労働をこなしたこともあった。「会社は夫を酷使していました」とライス夫人は語る。「そのうえ、ぬけぬけと三〇万ドルを懐に入れようというのでしょうか？　不道徳にもほどがあります」(2)

ライス夫人によると、ウォルマートが夫に保険をかけているとは、彼女も夫本人もまったく知らなかったという。この保険のことを知ると、彼女はウォルマートを連邦裁判所に訴え、保険金は会社ではなく家族に支払われるべきだと主張した。彼女の弁護士は、会社は従業員の死で利益を得てはならないと論じた。「ウォルマートのような巨大企業が従業員の命で賭けをするとは、まったくもって言語道断です」(3)

ウォルマートの広報担当者は、副店長ばかりか保安係まで含め、数十万人という従業員に生命保険をかけていることを認めた。だが、これは死から利益を得るということではないと反論した。「わが社は同僚の死から利益を得ているわけではありません。従業員には相当な投資をしているため、彼らが生きつづけてくれたほうが」得になるというのだ。この広報担当者によれば、マイケル・ライスのケースでは、保険金はありがたい「棚ぼた」などではなく、彼のトレーニングにかかったコストと、今回のことで後任を配置するのにかかったコストの埋め合わせなのだという。「彼はさまざまなトレーニングを受けていますし、コストをかけたおかげで二倍の経験を積んだのです」(4)

用務員保険

企業が最高経営責任者（CEO）や経営幹部に生命保険をかけるのは、ずいぶん前から一般的になっている。彼らが死んだ場合に、代役を立てる多額のコストを埋め合わせるためだ。保険業界の用語で言えば、会社にはCEOに関して法で認められた「被保険利益」がある。しかし、一般社員の命にまで保険をかけるようになったのは比較的最近のことだ。こうした商品は、保険業界では「用務員保険」、あるいは「死んだ農夫保険」と呼ばれている。最近まで、これはほとんどの州で違法だった。企業は一般社員の生命に関して被保険利益を有していないとみなされていたからだ。ところが一九八〇年代に、保険業界はロビー活動によって大半の州議会に保険法を緩和させることに成功し、CEOから郵便仕分け係にいたるまで、従業員全員の命に企業が保険をかけられるようになったのである。(5)

一九九〇年代までに、主だった企業は会社所有型生命保険（COLI）に膨大な金額を投じ、数十億ドル規模の死亡先物産業が登場することとなった。従業員に保険をかけている企業には、AT&T、ダウ・ケミカル、ネスレUSA、ピツニーボウズ、プロクター・アンド・ギャンブル（P&G）、ウォルマート、ウォルト・ディズニー、そしてスーパーマーケットチェーンのウィン・ディクシーなどがある。税制優遇措置を受けられるため、企業はこの病的な投資に魅せられた。一般的な終身保険と同じく、死亡給付金は非課税だったし、この保険が生む年間投資収益にも税金はかからなかった。(6)

ほとんどの従業員は、会社が自分の首に賞金を懸けているとは知らなかった。大半の州では、企業が従業員に保険をかける際、本人に通知したり本人の許可を取ったりする必要がなかった。そのうえほとんどのCOLIは、従業員が辞めても、引退しても、解雇されても失効しなかった。したがって、企業は退職して数年後に元従業員が死んだ場合にも給付金を受け取れた。企業は社会保障庁を通じて元従業員の死亡記録を追跡していた。州によっては、従業員の子供や配偶者にまで生命保険をかけて、死亡給付金を受け取ることさえ可能だった。(7)

用務員保険をとりわけ気に入ったのは、バンク・オブ・アメリカやJPモルガン・チェースといった大手銀行だった。一九九〇年代の末には、従業員ばかりか、預金者やクレジットカード保有者の命に生命保険をかけることを検討した銀行もあった。(8)

成長著しい用務員保険ビジネスが世間の耳目を集めたのは、二〇〇二年の『ウォールストリート・ジャーナル』紙の連載がきっかけだった。記事によると、一九九二年に二九歳の男性がエイズで死亡した際、彼が短期間働いていた楽器店を所有する企業は三三万九〇〇〇ドルの死亡給付金を手にした。一方、遺族は一銭も受け取らなかった。別の記事では、テキサス州のコンビニエンスストアで二〇歳の店員が強盗に射殺された事件が報じられた。店舗を所有していた企業は、その若者の未亡人と子供に六万ドルを支払い、将来のあらゆる訴訟について和解した。だが、会社が二五万ドルの死亡保険金を受け取っていたことはいっさい伏せていた。連載では「9・11の同時多発テロ後、真っ先に死亡保険金が支払われたのが犠牲者の遺族ではなく、その雇用主だったケースがいくつかあった」という、ほとんど知られていないが気の滅入るような事実も報じられた。[9]

二〇〇〇年代初めには、膨大な数の従業員にCOLIがかけられるようになり、生命保険の全契約高の二五〜三〇パーセントを占めるまでになった。二〇〇六年に連邦議会は、従業員の同意を取りつけることと、会社所有型保険の対象を給与額で上位三分の一の従業員に制限する法律を制定して、用務員保険に歯止めをかけようとした。しかし、この慣行はつづけられた。二〇〇八年までに、アメリカの銀行だけで、従業員にかけている生命保険の額は一二二〇億ドルに達した。アメリカ実業界に用務員保険が広まったせいで、生命保険の意味と目的が変わりはじめた。『ウォールストリート・ジャーナル』紙の連載は次のように締めくくられている。「これは結局、生命保険が遺族のためのセーフティーネットから企業財務の戦略にいかにして変質したかという、ほとんど知られていない物語なのだ」[10]

企業が従業員の死で儲けることは許されるべきだろうか。保険業界のなかにさえ、こうしたやり方を不快に思う人もいる。アメリカ屈指の年金・投資サービス企業である全米教職員退職年金・保険基金（TIAA‐CREF）の元会長兼CEOのジョン・H・ビッグズは、「私に言わせれば、いつ見ても吐き気がしそうな保険だった」と手厳しい。[11] しかし、正確にはこの保険のどこがいけないのだろうか。

一番わかりやすい反対意見は実際的なものだ。企業が従業員の死にお金を賭けるのを認めたところで、職場の安全にはほとんど役立たない。それどころか資金繰りが苦しい企業にとって、従業員の死によって多額のお金が手に入ることは、健康や安全のための措置を省く歪んだインセンティブとなる。もちろん、まともな企業であればこんなインセンティブに基づいて公然と行動することなどない。故意に従業員の死を早めるのは犯罪だ。従業員に生命保険をかけることを企業に認めたからといって、従業員を殺す許可を与えたわけではない。

だが、用務員保険に「吐き気がする」と言う人々は、悪辣な企業が命にかかわる危険を職場に放置したり、危難から目を背けたりといったリスクだけではなく、道徳的な見地から反対しているのではないだろうか。この道徳的な異論とは何だろうか、また、それには説得力があるのだろうか。

もしかすると、同意がないことに関係があるかもしれない。知らないうちに、あるいは許可もしていないのに、雇用主に生命保険をかけられていたとわかったら、どんな気持ちがするだろう。利用されたと感じるかもしれない。だが、苦情を言う根拠はあるだろうか。保険をかけられたところで何の害もないとすれば、なぜ、雇用主は保険についてあなたに知らせたり、あなたの同意を取りつけたりする道徳的義務を負うのだろうか。

しょせん、用務員保険は二者――保険に加入する（と同時に受取人になる）企業と保険を売る保険会社――のあいだの自発的な取引だ。従業員はその取引の当事者ではない。キーコープという金融サービス会社の広報担当者はにべもなくこう述べる。「従業員が保険料を支払わない以上、契約の詳細を彼らに開示する理由はありません」[12]

州によってはそうは考えず、従業員に保険をかける前に本人の同意を取りつけるよう企業に義務づけている。従業員に許可を求める際、企業は申し訳程度の死亡保険金を提供し、その気にさせようとするのが一般的だ。一九九〇年代に約三五万人の従業員に生命保険をかけていたウォルマートは、保険への加入に同意した者には、無償で五〇〇〇ドルの死亡保険金を支払うと持ちかけた。ほとんどの従業員はこの申し出を受け入れたが、自分の死後に家族が受け取る五〇〇〇ドルと、会社が受け取る多額の保険金との大きな差には気づいていなかった。[13]

しかし、同意の欠如だけが、用務員保険に対する道徳的な異論ではない。こうした仕組みに従業員が同意したとしても、道徳的に不快な何かが残る。一つには、その種の保険に具現される企業の従業員への態度だ。従業員は生きているより死んだほうが価値があるという条件をつくりだすのは、従業員をモノとみなすことだ。会社にとっての価値が労働にある人々としてではなく、商品先物取引の対象として扱っているのだ。さらに、COLIは生命保険の目的を歪めているという異論もある。[14]かつて家族にとっての安心の源だったものが、いまや企業にとっての節税策になっている。企業が財やサービスの生産ではなく、従業員の死亡に莫大な資金を投入することを、なぜ税制によって奨励しなければならないのかは理解に苦しむ。

バイアティカル――命を賭けろ

これらの反論を吟味するため、道徳的に難しい問題をはらむ、生命保険のもう一つの利用法について考えてみよう。それが始まったのは一九八〇年代から九〇年代にかけてのことで、エイズの流行がきっかけだった。生命保険買い取り《バイアティカル》産業というのがその呼称だ。それは、エイズ患者をはじめ末期疾患と診断された人々の生命保険の市場だった。仕組みはこうだ。一〇万ドルの生命保険に入っている人が医師から余命一年と告げられたとする。いまや医療費として、あるいは残された短い人生をただ豊かに生きるために、彼にはお金が必要だとしよう。病に冒されたこの人物から、ある投資家がたとえば五万ドルという割引価格で保険証券を買い取り、毎年の保険料は代わって支払おうと申し出る。原契約者が死亡すると、投資家は一〇万ドルの死亡保険金を受け取る。[15]

一見、すべての当事者にとって申し分のない取引のように思える。死期が近い原契約者は必要な現金を手にするし、投資家は大儲けできる――ただし、その人が予定どおり死んでくれれば。だが、リスクもある。バイアティカル投資では、死亡時に一定の支払い額（この場合は一〇万ドル）が保証されるものの、収益率は患者の生存期間によって異なる。

予定どおり一年で死亡すれば、一〇万ドルの保険証券を五万ドルで買い取った投資家はほぼ倍儲けだ。言うならば、年間収益率一〇〇パーセントである（ただしそこから保険料と、取引を仲介した業者への手数料が引かれる）。もし患者が二年間生きれば、投資家は同じ額を受け取るのに倍の期間待たなければならないから、年間収益率は半分になる（計算に入れていない保険料の支払いを差し引けば、収益率はさらに下がる）。患者が奇跡的に回復し、その後何年間も生きるようなことになれば、投資家の儲けはなくなる。

もちろん、どんな投資にもリスクはつきものだ。しかしバイアティカルの場合、その金融リスクによって、ほかの大半の投資には存在しない道徳的な難題が生じる。投資家は、保険証券を買い取った相手が早く死ぬよう願わなくてはならない。相手が長く生き延びるほど収益率は下がるのだ。

言うまでもなく、バイアティカル業界はみずからのビジネスの残酷な面を目立たせまいと苦心した。バイアティカルの仲介業者は、末期患者が最期の日々を尊厳を保ちつつ快適に過ごす資力を提供することが自分たちの使命だと語った（「バイアティカル」という言葉はラテン語の「旅」、具体的には古代ローマの高官が旅立つ際に準備した金銭と食糧に由来する）。しかし、投資家が被保険者の速《すみ》やかな死に金銭的利害を持つことは否定できない。「巨額の収益を得られたこともあれば、患者が予想より長生きして悲惨な話になったこともあります」と、フロリダ州フォート・ローダーデールでバイアティカル企業の社長を務めるウィリアム・スコット・ペイジは語った。「そこがバイアティカル契約の面白いところです。誰かの死を予測する精密科学などないのです」[16]

こうした「悲惨な話」のなかには訴訟に発展したものもある。不満を抱いた投資家が、予想どおりすぐに「満期」にならない生命保険を売りつけたとして仲介業者を訴えたのだ。

一九九〇年代半ばに抗HIV薬が発見され、何万ものエイズ患者が生きながらえたために、バイアティカル業界の計算はすっかり狂ってしまった。あるバイアティカル企業の幹部は、寿命を延ばす薬のマイナス面をこう説明した。「期待余命が一二カ月から二四カ月に延びると、収益はがくんと減ってしまいます」。一九九六年、画期的な抗レトロウイルス薬が登場したため、サンフランシスコのバイアティカル企業、ディグニティー・パートナーズの株価は一四・五〇ドルから一・三八ドルに暴落した。同社はまもなく倒産した。[17]

一九九八年、『ニューヨークタイムズ』紙にミシガン州のある怒れる投資家の記事が載った。彼はその五年前、当時重態だったニューヨークのエイズ患者、ケンダル・モリソンの保険証券を買い取った。ところが、投資家にとっては実に残念なことに、新薬のおかげでモリソンの健康状態は以前のように安定したのだ。モリソンはこう語る。「誰かが私の死を望んでいると思ったことなど、以前はありませんでした。彼らは絶えずフェデックスを送りつけ、[18]電話をかけてきました。まるで『まだ生きているのか？』と言われているみたいでした」

エイズの診断が死の宣告でなくなると、バイアティカル企業はガンをはじめとする末期疾患にまで事業を広げようとした。バイアティカル企業の事業者団体である米国バイアティカル協会のウィリアム・ケリー事務局長は、エイズ市場が落ち目になったことにもくじけず、死亡先物取引について楽観的な見方を示した。「エイズ患者の数にくらべると、ガン患者、心血管疾患の重症患者、その他の末期患者の数は膨大です(19)」

用務員保険とは異なり、バイアティカル・ビジネスは明白な社会的善に貢献している。末期患者に最期の日々を過ごす資金を融通しているのだ。さらに、被保険者の同意は最初から取りつけられている(場合によっては、重態患者には保険証券を適正な価格で売るべく交渉する力が残っていないかもしれないが)。バイアティカルの道徳的な問題は、同意がないことではない。買い取った保険証券の契約者の速やかな死に投資家の根本的な利益がかかっている賭けだということだ。

結果として人の死を賭けることになる投資はバイアティカルにかぎらない、という声もあるかもしれない。生命保険も人の死を商品化している。だが、そこには違いがある。生命保険の場合、私に保険を売る会社は私が負けるほうに賭けるのではなく、勝つほうに賭けるのだ。私が長生きすればするほど、会社が手にするお金は増える。バイアティカルの場合、金銭的利害関係は逆転する。会社からすれば、私の死は早ければ早いほどよいのだ。原注*

なぜ、どこかである投資家が、私の死を願っているかどうかを気にする必要があるのだろうか。その人物が願いを叶えるために行動を起こしたり、のべつまくなしに電話で体調をたずねてきたりしなければ、気にしなくてもいいのではないか。もしかすると、薄気味悪いというだけの話で、道徳的に許されないことではないのかもしれない。あるいは道徳的な問題は、現実に私におよぶ害ではなく、投資家の人格におよぶ腐食作用にあるとも考えられる。あなたは、ある人々が早く死ぬほうに賭けることで生計を立てたいなどと思うだろうか。

自由市場の信奉者でさえ、次のような見方の帰結をすべて受け入れることには、さすがに躊躇《ちゅうちょ》するのではないだろうか。つまり、人が死ぬほうに賭けるのは一つのビジネスにすぎないという見方だ。こう考えてみればいい。バイアティカル事業が生命保険と道徳的に同等だとすれば、その利益のためにロビー活動をする権利も同等であるべきだ。保険業界に（シートベルト着用義務法や禁煙政策を通じて）寿命を延ばす利益のためにロビー活動をする権利があるなら、バイアティカル業界にも（エイズやガンの研究に対する国家助成

原注＊終身年金や恩給は、死亡するまで毎月一定額を支払う仕組みなので、生命保険よりバイアティカルに近い。年金企業は、受取人が早く死ぬことで金銭的利益を得る。しかし、年金のリスクプールはバイアティカル投資よりも大きく、匿名性が高いのが普通なので、早死の「根本的利益」は減少する。さらに、年金を販売している会社は生命保険も販売していることが多いため、長生きのリスクは相殺される傾向にある。

金の削減を通じて）死を早める利益のために ロビー活動をする権利があるはずだ。私の知るかぎり、バイアティカル業界がそうしたロビー活動を行なったことはない。しかし、エイズやガンの犠牲者が早く死ぬ可能性に投資することが道徳的に許されるなら、その目的に資する公共政策を促進することが道徳的に間違っているのはなぜだろうか。

ウォーレン・チザムというバイアティカル投資家がいる。保守派のテキサス州議員で、「有名な同性愛撲滅論者」だ。テキサス州でソドミー［訳注：肛門性交や同性間の性交など］への刑事罰を先頭に立って復活させ、性教育に反対し、エイズ感染者を援助する事業には反対票を投じた。一九九四年、チザムはエイズ患者六人の生命保険を二〇万ドルで買い取ったと誇らしげに公表した。チザムは『ヒューストンポスト』紙にこう語っている。「このギャンブルの利回りは、最低でも一七パーセント、場合によってはそれをかなり上回るはずです。連中が一ヵ月で死ねば、投資は大成功です[20]」

このテキサス州議員は個人的な利益のために政策に賛成票を投じたとして、批判する者もいた。だが、こうした非難は的外れだ。彼の信念のほうがお金に先行していたのであり、その逆ではないからだ。これは昔ながらの利益相反ではなかった。実際にはさらにひどい何か、道徳的に歪んだ「社会を意識した投資」だったのだ。

バイアティカル投資の残忍な側面にほくそえんでいるチザムの厚顔無恥ぶりは例外だった。悪意に突き動かされているバイアティカル投資家はほとんどいなかった。大半の人々はエイズ患者が健やかに長生きするよう願っていた――自分の投資ポートフォリオを構成する患者を除いて。

人の死によって生計を立てているのは、バイアティカル投資家だけではない。検死官、葬儀屋、墓掘り人などもそうだが、彼らを道徳的に非難する者はいない。数年前、『ニューヨークタイムズ』紙に、ミシガン州デトロイトに住むマイク・トマスという三四歳の男性の記事が載った。トマスは郡の死体保管所で働く「死体回収者」だ。亡くなった人々の亡骸《なきがら》を回収し、死体保管所に運ぶのが彼の仕事である。報酬はいわば頭数ごとに支払われる。回収する死体一体につき一四ドルだ。デトロイトの殺人発生率が高いおかげで、彼はこの陰気な仕事で一年間に約一万四〇〇〇ドルを稼げる。しかし、犯罪が減るとトマスにとっては大変なことになる。「こんなことを聞けばおかしいと思うだろうけど、僕は誰かが死ぬのをじりじりして待っているんだ。誰か死んでくれと願っている。そういうものだよ。こうやって子供たちを食わせているんだから」(21)

死体回収人への報酬を歩合制にすれば経済的かもしれないが、そこには道徳的なコストが伴う。労働者に、同胞である人間の死に対する金銭的利害を与えれば、彼の倫理観、またわれわれの倫理観は麻痺しがちになる。この点では、死体回収業はバイアティカル事業に似ているが、道徳的には違いがある。死体回収人は人の死によって生計を立てているが、特定の人物に早く死んでほしいと願う必要はない。どんな死でもいいのである。

デスプール

バイアティカルにより近いのが死亡賭博《デスプール》だ。一九九〇年代、バイアティカル業界が成長しだしたのとほぼ同時期に、インターネット上で人気を博した死にまつわるギャンブルである。これは、スーパーボウルの勝者をめぐる昔ながらの職場の賭け《オフィスプール》のインターネット版だが、フットボールの試合の勝利チームを選ぶ代わりに、その年にどの有名人が死ぬかを予想して競うところが異なる。(22)

Ghoul Pool、Dead Pool、Celebrity Death Pool といった名称のさまざまなウェブサイトが、この病的なゲームを提供している。なかでも人気の高い Stiffs.com は、一九九三年に初めてゲームを開催し、一九九六年にインターネットに移行した。参加者は一五ドルの参加料を払い、年末までに亡くなりそうだと思う有名人のリストを提出する。最も正確な予想をした参加者は賞金として三〇〇〇ドルを、第二位は五〇〇ドルをもらえる。Stiffs.com は一年間で一〇〇〇人以上もの参加者を集める。(23)

プレイヤーは真剣で、死亡者候補を安易に選んだりはしない。芸能誌やタブロイド紙を読みあさって、衰弱しつつあるスターのニュースを探しているのだ。現在［訳注：二〇一二年］、賭けの対象として人気が高いのは、女優のザ・ザ・ガボール（九四歳）、キリスト教伝道師のビリー・グラハム（九三歳）、フィデル・カストロ（八五歳）だ。ほかには、カーク・ダグラス、マーガレット・サッチャー［訳注：二〇一三年四月八日没］、ナンシー・レーガン、モハメド・アリ、最高裁判事のルース・ベイダー・ギンズバーグ、スティーヴン・ホーキング、アレサ・フランクリン、アリエル・シャロン［訳注：二〇一四年一月一一日没］といった面々もよく選ばれる。高齢で衰えの見える人物がリストを占めているので、不慮の死を遂げたダイアナ妃やジョン・デンヴァーなど、大穴を的中させた参加者に特別ポイントが与えられたゲームもあった。[24]

デスプールはインターネットより古い。ウォール街のトレーダーのあいだでは、数十年にわたって人気があるとされる。クリント・イーストウッド主演の『ダーティハリー5（原題「The Dead Pool」）』（一九八八）にもデスプールが出てくる。死亡者候補リストに載っている有名人が不可解にも次々と殺されていくという話だった。だが、インターネットと一九九〇年代の市場礼賛があいまって、このおぞましいゲームは新たな脚光を浴びることになった。[25]

有名人がいつ死ぬかに賭けるのはほんのお遊びだ。それで生計を立てている者はいない。しかし、デスプールはバイアティカルや用務員保険が投げかけたのと同じ道徳的問題を引き起こす。ダーティハリーの話はひとまず脇に置こう。この映画では、参加者が不正を働き、自分がリストに入れた有名人を殺そうとするのだ。他人の命にお金を賭け、その死によって儲けるのにいけない点があるだろうか。たしかに、何かしら落ち着かない気分にはなる。しかし、ギャンブラーが誰の死も早めていないとすれば、文句を言われる筋合いはあるまい。赤の他人が、ザ・ザ・ガボールやモハメド・アリの死に賭けたからといって、二人の健康が悪化するだろうか。死にそうな有名人リストの先頭にくるというのは、いくぶん屈辱的ではあるだろう。しかし、このゲームの道徳的な俗悪さは主として、それが表現し、促進する死への姿勢にあるのではないかと思う。

この姿勢は軽薄さと妄執が不健全に入り交じったものだ——人の死を凝視しつつも、それをおもちゃにしているのだから。デスプールの参加者は、ただ賭けをしているのではない。文化を分かち合っているのだ。彼らは時間と労力を費やして、自分が賭けた人々の平均余命を調べる。有名人の死に異常なほど夢中になる。デスプールのウェブサイトは有名人の病気のニュースや情報が満載で、この病的な陶酔に拍車をかけている。有名人が死ぬとパソコンや携帯にメールが届く〈有名人死亡通知〉なるサービスを受けることさえできる。デスプールに参加すると「テレビの見方もすっかり変わり、ニュースを追うようになります」と、Stiffs.com管理人のケリー・バクストは語る。(26)

バイアティカルと同じく、デスプールが道徳的な不安を呼ぶのは死亡率を取引するからだ。しかし、バイアティカルとは異なり、社会的に有益な目的に資することはない。間違いなく一種のギャンブルであり、利益と娯楽の源なのだ。悪趣味とはいえ、デスプールは現代で最も嘆かわしい道徳的問題とは言えない。罪のレベルでいえば、ちょっとした悪習にすぎない。だが、これが興味深いのは、一つの極端な事例として、市場主導の時代における保険の道徳的な運命についてであることを明らかにするからだ。

生命保険はつねに、一つで二つの機能を担ってきた。おたがいの安全のためにリスクを共同で負担することと、死に備えて不快な賭けをすることだ。この二つの側面が不安定に組み合わさって共存している。道徳規範と法的規制がなければ、賭けという側面が、そもそも生命保険を正当化する社会的目的を圧倒してしまうおそれがある。社会的目的が失われたりあいまいになったりすれば、保険、投資、ギャンブルのあいだのもろい境界が崩れてしまう。生命保険は、遺族に安心を与える制度からただの金融商品に、最後には死を対象にしたギャンブルに落ちぶれる。このギャンブルは、ゲームのプレイヤーに楽しみと利益をもたらす以外、何の役にも立たない。デスプールは取るに足らないもののように思えるが、実は生命保険と双子をなす邪悪な片割れだ——欠点を補う社会的善をなすことのない賭けなのである。

一九八〇年代から九〇年代にかけての用務員保険、バイアティカル、デスプールの出現は、二〇世紀末における生と死の商品化のエピソードとして見ることができる。二一世紀初めの一〇年間で、この傾向はますます顕著になった。だが、話を現在に進める前に、生命保険が当初から招いてきた道徳的不安を振り返ってみるのがいいだろう。

生命保険の道徳の簡単な歴史

われわれは普通、保険とギャンブルはリスクへの異なる対応法だと考えている。保険がリスクを軽減する手段であるのに対し、ギャンブルはリスクを招き寄せるものだ。保険は思慮深さを示すが、ギャンブルは投機である。しかし、二つの活動のあいだの境界線は絶えず揺れ動いてきたのである[27]。

歴史的に見ると、命に保険をかけることとそれを賭けの対象にすることの密接なつながりのために、多くの人は生命保険に道徳的な嫌悪感を抱いていた。生命保険は殺人のインセンティブを生んだだけではなく、人間の命に市場価格をつける過ちも犯した。何世紀にもわたり、生命保険はほとんどのヨーロッパ諸国で禁止されていた。一八世紀にフランスのある法学者がこう書いている。「人間の命は商取引の対象ではない。死が投機の源になるのはおぞましいことだ」。一九世紀も半ばになるまでは、多くのヨーロッパ諸国に生命保険会社は存在しなかった。日本では、最初の生命保険会社が登場したのは一八八一年のことだった。道徳的な正当性に欠けるため「一九世紀の半ばから末《すえ》になるまで、ほとんどの国で生命保険は発達しなかった[28]」。

例外はイギリスだった。一七世紀の末、船主、仲介業者、保険業者が、海上保険の中心地となるロンドンのロイズ・コーヒーハウスに集まりはじめた。ある者は、自分の船と船荷の安全な帰還に保険をかけるようになった。またある者は、賭けの対象という以外には何の利害関係もない他人の命や出来事に賭けるようになった。海で沈没すればひと儲けと、所有もしていない船に「保険」をかける者も少なくなかった。保険ビジネスとギャンブルの区別はあいまいで、保険業者は賭けの胴元のような活動をしていた。[29]

イギリスの法律では保険にもギャンブルにも制約はなかった。もっとも、この両者は事実上区別できなかったのだが。一八世紀に保険の「加入者」が賭けの対象としたのは、選挙結果、議会の解散、二人のイギリス貴族が殺される可能性、ナポレオンの死もしくは逮捕、女王は即位五〇周年祝典の数カ月前に生きているか、といったことだった。[30]投機的ギャンブル――いわゆる保険の賭博部門――の対象としてほかに人気があったのは、包囲攻撃や軍事行動の帰結、政治家ロバート・ウォルポールの「たっぷり保険をかけられた命」、ジョージ二世は戦いから生還するかなどだ。一七一五年八月にフランス国王ルイ一四世が病に倒れた際、駐仏英国大使は太陽王が一〇月まで生き延びられないほうに賭けた（大使はこの賭けに勝った）。「世間の目にさらされている男女が、こうしたギャンブル保険の対象となるのが普通」だったことから、インターネットを使った現代のデスプールの原型と言える。[31]

とりわけおぞましい生保賭博の一つが、八〇〇〇人のドイツ人難民の事例だ。彼らは一七六五年にイギリスに連れてこられ、食糧も住まいも与えられずにロンドン郊外に打ち捨てられた。ロイズの投機家と保険業者は、一週間以内に何人の難民が死ぬか賭けた。[32]たいていの人間は、こうした賭けを道徳的に不快なものとみなす。しかし市場の論理の観点からすると、どこが好ましくないのかはっきりしない。ギャンブラーが難民を苦境に陥れた張本人ではないとすれば、いつ死ぬかに賭けて何がいけないのだろう。賭けの当事者は双方とも幸福になる。さもなければ、そもそも彼らは賭けをしなかったはずだと、市場の論理は断定する。難民はおそらくは賭けのことは知らないだろうし、賭けの結果で状況がさらに悪化することもない。少なくともこれが、自由な生命保険市場を擁護する経済の論理だ。

死の賭けがあるまじきものだとすれば、その理由は市場の論理を超えた、そうした賭けに表れている非人間的な態度にあるに違いない。ギャンブラー自身にとって、死や苦しみに対する傲慢とも言える無関心は愚劣な人格のしるしだ。社会全体にとって、こうした態度、またそれを促す制度は品格を損ねて腐敗を助長するものだ。商品化をめぐる別の事例で見たように、道徳規範の腐敗や締め出しは、それだけでは市場を拒否する十分な根拠とはならないかもしれない。しかし見知らぬ他人の命で賭けをすることが、金儲けと卑しい娯楽でしかなく、社会的善には役立たないとすれば、こうした行為の腐敗を招く特質はそれを制限する有力な理由になる。

イギリスで死への賭けが盛んになったせいで、その評判の悪い慣行に対する一般市民の嫌悪感はますます強まった。賭けを制限すべき理由はほかにもあった。生命保険は、一家の大黒柱が家族を窮乏から救うための思慮深い備えだという見方が増えてはいたが、ギャンブルとのかかわりが道徳的な汚点となっていた。生命保険が道徳的に正当なビジネスとなるためには、投機から解放される必要があったのだ。

それがようやく実現したのは、一七七四年の生命保険法（またの名を賭博法）の制定によってだった。この法律は、見知らぬ他人の命で賭博をすることを禁じ、生命保険をかけられるのは、かけられる人物について「被保険利益」を有する者にかぎるとした。制限のない生命保険市場が「有害なギャンブル」につながってしまったことから、議会は「保険をかける者が被保険者の生死に利害関係を有する場合を除き」生命保険を全面的に禁止した。歴史家のジェフリー・クラークはこう書いている。「端的に言えば、賭博法は人間の生命が商品に変えられる範囲を制限したのだ[33]」

アメリカでは、生命保険の道徳的な正当性はなかなか浸透しなかった。しっかり定着したのは一九世紀も末になってからだった。多くの保険会社は一八世紀に設立されていたが、販売していたのは大半が火災保険と海上保険だった。生命保険は「猛烈な文化的抵抗」に遭った。ヴィヴィアナ・ゼリザーはこう書いている。「死を市場に出すことが、生命の尊厳と、そのかけがえのなさを支える価値観の体系を傷つけたのだ[34]」

一八五〇年代になると生命保険ビジネスが成長しはじめた。とはいえそれも、遺族を守るという目的を強調し、商業的な面を目立たないようにしてようやくのことだった。「一九世紀末まで、生命保険は経済用語を努めて避けつつ、宗教的象徴で化粧し、金銭的利益よりも道徳的価値を宣伝した。生命保険は有利な投資ではなく、利他的で無私の贈り物として販売された[35]」

時を経るにつれ、生命保険の取扱業者は、投資手段として保険を売ることを恥じなくなった。業界が拡大するにしたがい、生命保険の意味と目的が変わってしまったのだ。かつては未亡人や遺児を守る慈悲深い制度として慎重に販売されていたものが、貯蓄や投資の道具になり、普通の商取引の一部になった。「被保険利益」の定義は、家族および召使いから拡大され、ビジネスパートナーと主要な従業員を含むまでになった。企業は幹部に保険をかけられるようになった（用務員や平社員にはかけられなかったが）。一九世紀末には、生命保険への商業的アプローチによって「完全な営利目的で命に保険をかけることが促され」、被保険利益は「経済的利益以外には何のつながりもない赤の他人」にまで認められるようになった[36]。

目立たなくなったとはいえ、死の商品化への道徳的なためらいは依然として残っていた。ゼリザーの指摘によれば、こうしたためらいを物語る一つの指標は、生命保険の代理業者が必要だったことだという。保険会社は、人が進んで生命保険に加入しようとしないことに早くから気づいていた。生命保険が世間に受け入れられるようになっても、「死を普通の商取引に変えられなかった」のだ。したがって、顧客を探し、本能的な抵抗感を取り除き、商品の利点を納得させる者が必要だった。[37]

死を扱う商取引の気まずさは、保険のセールスマンが昔から一段低く見られている理由でもある。それは、彼らの仕事が死のすぐ近くにあるということだけではない。その点は医師も聖職者も同じだが、こちらは死との関連性によって貶められてはいない。生命保険の代理業者が汚名を着せられるのは、彼らが「死の『セールスマン』であり、人々の最悪の悲劇を糧にしてけっこうな暮らしを営んでいる」からだ。こうした汚名は二〇世紀になってもそのままだった。この仕事を立派な職業にしようという努力にもかかわらず、生命保険の代理業者は「死を商売として」扱うことに対する嫌悪感を打ち消せなかった。[38]

被保険利益の要件によって、生命保険をかけられるのは、被保険者の命に関して——家族的なものであれ金銭的なものであれ——重要な利害関係を持つ人々にかぎられていた。そのおかげで、生命保険とギャンブルは別物となった。金儲けのためだけに赤の他人の命に賭けることは、もはやできないのだ。しかし、この区別は見かけほどしっかりしてはいなかった。というのも、いったん（被保険利益に基づいて）生命保険をかければ、第三者に売却することも含め、保険を好きなように扱ってよいという判決が下ったからだ。こうしたいわゆる「譲渡」の教説では、生命保険はほかのものと変わらない財産だとされていた。[39]

一九一一年、連邦最高裁判所は、生命保険証券を売る、すなわち「譲渡する」権利を認めた。オリヴァー・ウェンデル・ホームズ・ジュニア判事は、判決文のなかで問題を認めた。人々に自分の生命保険証券を第三者に売る権利を与えれば、被保険利益の要件が損なわれてしまう。つまり、投機家は市場にふたたび参入できることになる。「保険契約者が利害関係のない人物にかける生命保険は純粋な賭けであり、その人物を死に至らしめることに対する邪悪な反利益を保険契約者に与える」(40)

これは、数十年後にバイアティカルをめぐって持ち上がったのとまったく同じ問題だ。エイズに感染したニューヨーク市民のケンダル・モリソンが、第三者に売却した保険証券のことを思い出してみよう。保険証券を買った投資家にとって、それはモリソンがあとどれくらい生きるかという純粋な賭けだった。モリソンがすぐに死ななかったため、投資家は「死に至らしめることに対する邪悪な反利益」を持つことになった。これが、電話とフェデックスによるあの問い合わせ攻撃の真相なのだ。

ホームズは、被保険利益を要求する本質的な意味は、生命保険が死の賭け、つまり「有害なギャンブル」に堕落するのを防ぐことにあると認めた。だがそれは、投機家を呼び戻す生命保険の二次市場を阻止する十分な理由にはならないと考えた。そして「現在、生命保険は投資および自己強制的貯蓄として最も広く認められたものの一つである。合理的な安全性があるかぎり、生命保険に財産の一般的な性格を付与することが望ましい」と結論づけた[41]。

一〇〇年後、ホームズが向き合ったジレンマはさらに深くなっている。保険、投資、ギャンブルを隔てていた境界線はほぼ消えてしまった。一九九〇年代の用務員保険、バイアティカル、デスプールは始まりにすぎなかった。こんにち、生と死の市場は、かつてそれを抑制していた社会的目的と道徳規範を追い越してしまったのだ。

テロの先物市場

娯楽を超えた役割を果たすデスプールがあるとしてみよう。映画スターの死に賭けるのではなく、外国のどの指導者が暗殺されるか、あるいは権力の座から引きずり降ろされるかに賭けたり、次のテロ攻撃はどこで起こるかに賭けたりできるウェブサイトを想像してほしい。そしてこの賭けの結果が、政府が国家の安全を守るのに利用できる有益な情報をもたらすとしてみよう。二〇〇三年、アメリカ国防総省（ペンタゴン）のある部局がこうしたウェブサイトを提案した。同省はこれを政策分析市場と呼んだが、メディアは「テロの先物市場」と呼んだ[42]。

このウェブサイトを創案したのは国防高等研究計画局（DARPA）だった。戦争や情報収集のための革新的技術の開発に取り組む機関である。そのアイデアは、さまざまなシナリオをめぐる先物契約を投資家に売買させようというものだった。当初のシナリオは中東に関係しており、サンプルには次のようなものがあった。パレスチナの指導者ヤセル・アラファトは暗殺されるか、ヨルダン国王アブドゥラー二世は打倒されるか、イスラエルは生物テロ攻撃の標的になるか、など。北朝鮮は核攻撃を行なうかといった、中東と無関係なサンプルもあった。[43]

トレーダーは自分の予測に自己資金を賭けなければならないから、大きく賭けようという者は最高の情報の持ち主だと推定できる。先物市場が原油、株、大豆の価格をうまく予測しているのであれば、その予測能力を次回のテロ攻撃の予測に使わない手はないはずだ。

この賭博サイトのことを知ると、議会は激怒した。民主党議員も共和党議員も同じようにこの先物市場を非難したため、国防総省はそそくさと案を撤回した。非難の集中砲火を浴びた理由は、一つには、この仕組みがうまく働くかどうか疑わしいことにあった。だが理由の大半は、不幸な出来事への賭けを政府が主催するという展望が、道徳的な嫌悪感を招いたことだった。アメリカ政府が、テロや死に賭けて儲けるよう人々をそそのかすなど、もってのほかだというわけだ。[44]

「他国が賭博場を設け、そこに人々が集い……アメリカの政府要人が暗殺されるかどうかに賭けるなどということが想像できるでしょうか？」と、バイロン・ドーガン上院議員（民主党、ノースダコタ州選出）は問うた。ロン・ワイデン上院議員（民主党、オレゴン州選出）も同調し、「不快」だとしてこの計画の撤回を求めた。「残虐行為やテロを対象とする国営賭博場などというアイデアはばかげているし、グロテスクです」。トム・ダシュル上院多数党院内総務（民主党、サウスダコタ州選出）は、この計画を「無責任で許しがたい」と難じ、「死を取引しようと大真面目に提案する者がいるとは信じられない」とつけくわえた。バーバラ・ボクサー上院議員（民主党、カリフォルニア州選出）は「この計画はひどく病的です」と述べた。[45]

国防総省は道徳的な議論には答えなかった。かわりに、声明を出してこの計画の原理を説明し、先物取引は商品価格の予測だけでなく、選挙結果やハリウッド映画の興行成績の予測にも有効だったと主張した。「研究によれば、市場とは、拡散した情報、さらには隠れた情報をきわめて効率的、効果的、タイムリーに収集するものである。先物市場が選挙結果などの予測に役立つのはみずから立証するところであり、しばしば専門家の意見より正確である」[46]

経済学者を主とする多くの学者が、この見解に賛同した。ある者は「お粗末な広報活動のせいで、潜在的重要性を持つ情報分析ツールが粉砕されるのを見るのは悲しいことだ」と書いた。抗議の嵐のために、この計画の長所は正しく評価されていなかった。スタンフォード大学の二人の経済学者は、『ワシントンポスト』紙でこう述べた。「金融市場は信じがたいほど強力な情報収集装置であり、従来の手法よりもすぐれた予測をすることが多い」。彼らはアイオワ電子市場を例に挙げた。これはオンラインの先物市場で、数度の大統領選挙の結果を世論調査よりも正確に予測したのだ。別の例としてはオレンジジュースの先物市場があった。[47]「濃縮オレンジジュースの先物市場は、気象局よりも正確にフロリダの天気を予測する」

従来の情報収集法よりも予測市場のほうがすぐれている点の一つに、市場は官僚や政治家の圧力による情報の歪みの影響を受けないということがある。情報を握っている中堅の専門家が直接市場にアクセスし、自分の信じるものにお金を賭けることができる。それによって、上層部が握りつぶし、日の目を見ることがなかった情報が明らかになる可能性がある。イラク戦争前、CIAが圧力をかけられ、サダム・フセインが大量破壊兵器を保有しているという結論を下したのを思い出してほしい。独立した賭博サイトはこの点について、大量破壊兵器の存在を「絶対確実」だと断言したCIA長官ジョージ・テネットよりもずっと懐疑的だった。[48]

だが、テロの先物ウェブサイトの擁護論は、市場の力をめぐるより大きく広範な主張に支えられていた。隆盛を極める市場勝利主義を背景に、この計画の擁護者は、金融の時代とともに現れた市場信仰の新たな教えを明瞭に表現した。いわく、市場は財を生み、割り当てるのに最も効率的な仕組みであるばかりでなく、情報を収集し、未来を予測する最高の方法でもあるのだ。DARPAの先物市場の長所は、「頑迷な諜報集団を突いたり叩いたりして、自由市場の予測能力に目覚めさせるところにある」。われわれは「決定論者が長年知っていたこと、すなわち出来事が起こる確率は、人々がみずからの意志で賭けるものによって測定できるということ」に目を開かされる。[49]

自由市場は効率的なだけでなく予知能力を持っているという主張は注目に値する。すべての経済学者がそれに賛成しているわけではない。先物市場は小麦価格の予測には役立つが、テロ攻撃のようにめったにない出来事の予測は苦手だと言う者もいる。情報収集に関しては、専門家の市場のほうが一般市民に開放されている市場よりうまく機能すると主張する者もいる。DARPAの計画は、より具体的な理由で疑問視されてもいる。こうした市場はテロリストに操作されやすいのではないだろうか。テロリストは攻撃から利益を得るべく「インサイダー取引」に走るかもしれないし、テロ先物を空売りして計画を隠すかもしれない。さらに、たとえば人々は次のことを知っていても、ヨルダン国王が暗殺されることに賭けるだろうか。すなわち、アメリカ政府は集めた情報を利用してヨルダン国王暗殺を防ぎ、結果的に暗殺への賭けを失敗させてしまうはずだと。[50]

実際的な面はさておき、道徳的な反論、つまり政府が主催する死亡・災害賭博は不快だという意見はどうなるだろうか。実際面での難題がクリアできて、従来の諜報機関よりも暗殺やテロ攻撃を正確に予測するテロ先物市場が設計されたとしよう。死や災害に賭け、それで儲けることの道徳的な不快感は、そうした市場を否定するに足る理由となるだろうか。

政府が有名人のデスプールを主催しようと言っているのであれば、答えははっきりしている。それは社会的善をいっさい実現しないのだから、他人の死や不幸を何とも思わない冷淡さや、もっとひどいことに、それらに対する残忍な執着を促すことに何の利点もない。この種の賭博は内輪でやるとしても相当に心ないことだ。死を対象にした冷酷な賭けは、思いやりの心や良識を腐敗させるのだから、政府はそれを促進するのではなく、やめさせるべきである。

テロの先物市場が道徳的に複雑なものとなるのは、デスプールとは違い、それが善をなすとされているからだ。この先物市場がうまく機能するなら、そこから貴重な情報がもたらされる。この点はバイアティカルと似ている。どちらも、道徳的ジレンマは同じ構造をしている。他人の死や不幸を願う動機を投資家に与えるという道徳的コストを払ってでも、死にゆく人の医療費を融通する、テロ攻撃を妨害するといった価値ある目的を促進すべきだろうか？

「もちろん」という意見もある。DARPAプロジェクトの考案に手を貸したある経済学者はこう答えている。「情報収集の名のもとに、人は嘘をつき、騙し、盗み、殺しを働きます。その種のことにくらべれば、われわれの提案はいたって穏健なものでした。ある人々からお金を集め、誰が正解かをもとに、ほかの人々にそのお金を与えようとしていたにすぎないのです」[51]

だが、この答えはあまりにも安易だ。市場が規範を締め出すことを無視している。上院議員や論説委員がテロの先物市場を「非道」、「不愉快」、「グロテスク」と非難した際に指していたのは、誰かの死に賭け、利益を手にするためにその人物の死を願う道徳的な醜さである。われわれの社会には、こうしたことがすでに起こっている場所があるとはいえ、それを日常的に行なう機関を政府が主催するのは道徳的な腐敗である。

もしかすると、切迫した状況下であれば、これは支払うに値する道徳的代償なのかもしれない。腐敗の観点からの議論は、必ずしも決定的なものではない。だがこうした議論は、市場の信奉者が見逃しがちな道徳的考察にわれわれの目を向けさせる。国をテロ攻撃から守るには、テロの先物市場が唯一の、あるいは最善の方法だと納得したのであれば、そうした市場が促す堕落した道徳観とともに生きることをわれわれは選ぶかもしれない。しかし、それは悪魔の取引であり、その不快感を失わずにいることが大切なはずだ。

死を扱う市場が普及し、定着すると、道徳的に恥ずべきことという感覚を保ちつづけるのは難しい。一八世紀のイギリスと同じく、生命保険が投機の道具になりつつある時代に、このことは心に留めておきたい。こんにちではもはや、見知らぬ他人の命への賭けはほかに類のない室内ゲームではなく、一大産業なのだ。

寿命を延ばすエイズ薬は健康にとっては天恵だが、バイアティカル業界にとっては呪いだった。投資家は、予想どおりの早さで「満期」にならなかった保険証券の保険料を払いつづける羽目に陥った。業界を存続させるために、バイアティカルの仲介業者は、もっと確実な死を見つけなければならなかった。ガン患者をはじめとする末期患者に目を向けたのち、彼らは大胆なアイデアを思いついた。ビジネスの相手を病人だけにかぎることはない。保険証券をお金に換えたい健康な高齢者から証券を買い取ればいいのだ。

アラン・バーガーはこの新業界の草分け的存在だ。一九九〇年代初め、彼は企業に用務員保険を売っていた。議会が用務員保険の税制優遇措置を削減したときは、バイアティカル業界に移ることを検討した。ところがここで、健康で裕福な高齢者のほうがもっと大きく有望な市場だとひらめいたのだ。「雷に打たれたみたいでした」と、バーガーは『ウォールストリート・ジャーナル』紙に語っている。[52]

二〇〇〇年、彼は六五歳以上の健康な人々から保険証券を買い取り、それを投資家に売りはじめた。ビジネスの仕組みはバイアティカルと同じだが、余命が長く、たいてい保険価額が大きい(普通は一〇〇万ドル以上)という違いがある。投資家は保険証券が不要になった人々からそれを買い取り、保険料を支払い、原契約者が死んだら保険金を受け取る。

バイアティカルに着せられたような汚名を避けるため、この新しいビジネスは「ライフセトルメント」産業と自称している。バーガーの経営するコヴェントリーファーストは、業界で最も成功している企業の一つだ(53)。

ライフセトルメント業界はみずからを「生命保険の自由市場」と表現している。以前は、生命保険がもはやほしくなくなった、あるいは不要になったら、契約を失効させるか、場合によっては解約して雀《すずめ》の涙ほどの返戻金《へんれいきん》を受け取るしかなかった。それがいまや、不要な証券を投資家に売ればもっと多くのお金を手にできるようになったのだ(54)。

これは当事者全員にとって悪くない取引のように思われる。高齢者は不要な生命保険証券を売却してそれなりの金額を受け取り、投資家はその証券が満期になったら利益を得る。ところが、生命保険の二次市場は数々の論争と訴訟を引き起こした。

ある論争は保険業の経済学が発端となっている。保険会社はライフセトルメントが気に入らない。保険料を設定する際、死ぬ前に保険を失効させる人が一定数いるというのが彼らの長年の前提だった。子供が成長し、配偶者も生活の心配がなくなると、保険契約者は保険料を払うのをやめ、保険を失効させることが多い。実際、生命保険のほぼ四〇パーセントで、結果として死亡保険金が支払われていない。ところが、自分の保険証書を投資家に売る人が増えると、失効する証書の数は減り、保険会社が（保険料を支払いつづけ、最後に保険金を回収する投資家に）支払わなければならない死亡保険金の額も増えてしまう(55)。

別の論争は、命で賭けをすることの道徳的な気まずさにかかわっている。バイアティカル同様、ライフセトルメントの投資利益率はその人がいつ死ぬかに左右される。二〇一〇年、『ウォールストリート・ジャーナル』紙は、テキサス州のライフセトルメント企業であるライフ・パートナーズ・ホールディングスが、投資家に売った保険証券の原契約者の余命を故意に低く見積もっていたと報じた。一例を挙げると、余命があと二年から四年だと言って、アイダホ州に住む七九歳の牧場主の生命保険証券を投資家に二〇〇万ドルで売った。それから五年、八四歳になった牧場主はまだまだ元気で、トレッドミルで走り、バーベルを挙げ、薪《まき》を割っていた。「私は健康そのものだ」と牧場主は話す。「がっかりする投資家がずいぶん出るだろうね」(56)

『ウォールストリート・ジャーナル』紙は、がっかりさせる投資対象がこの牧場主だけではないことを突き止めた。ライフ・パートナーズが仲介した契約の九五パーセントで、被保険者は同社が予測した寿命になってもまだ生きていた。過度に楽観的な死亡率を予測したのはネヴァダ州リノの医師で、同社に雇われていた。この記事が掲載されてまもなく、ライフ・パートナーズは、不審な寿命予測の件でテキサス州証券取引所と証券取引委員会の捜査を受けた。(57)

二〇一〇年には、テキサス州当局によって別のライフセトルメント企業が閉鎖された。余命について投資家を欺いたためだった。同州フォートワース在住の引退した警察官、シャロン・ブレイディーは、見知らぬ高齢者の命に投資すれば年一六パーセントの利回りが期待できると勧誘された。「彼らは冊子を取り出して、写真とそこに写っている人たちの年齢を教えてくれました。医師も一緒で、その人たち一人ひとりの病状と、彼らの余命を説明してくれました」とブレイディーは語った。「誰かが死ぬよう願うのはよくないことですが、彼らが死ねば儲かるのです。結局は彼らがいつ死ぬかに賭けていることになります」(58)

「ちょっと不思議に思いました。自分が払ったお金でそんな多額の利益が得られるなんて」と、ブレイディーは言った。不安にさせられる提案だったが、金銭面では魅力的だった。彼女と夫は五万ドル投資したが、死亡率予測はいわば眉唾《まゆつば》ものだとわかったときには後の祭りだった。「どうやらみんな、医師が言っていた余命の倍は長生きしたようです」

さらに議論を呼ぶこのビジネスの特徴は、売るべき保険証券を見つけるための創意あふれる方法にある。二〇〇〇年代半ばには、生命保険の二次市場はすっかり一大ビジネスになっていた。ヘッジファンドやクレディ・スイス、ドイツ銀行といった金融機関は、巨額を費やして裕福な高齢者から生命保険を買い取っていた。こうした保険証券への需要が増加するにつれ、保険に入っていない高齢者にお金を払って巨額の保険に加入させ、その証券を投機家に転売する業者も現れた。このような保険は投機家主導型、あるいはスピンライフ型の保険と呼ばれた。(59)

二〇〇六年、『ニューヨークタイムズ』紙は、スピンライフ型保険の契約高が年間一三〇億ドルに達すると見積もった。新しいビジネスに人を募ろうとする狂乱ぶりを次のように描写している。「この取引があまりに魅力的なので、高齢者はありとあらゆる方法で誘い込まれる。フロリダ州では、希望する高齢者を募って投資家が無料クルーズを主催し、船上で健康診断を行ない、生命保険の申し込みを受け付けた」[60]

ミネソタ州では、八二歳の男性が別々の七社で総額一億二〇〇〇万ドルもの生命保険に加入し、それを投機家に転売してかなりの利益を受け取った。保険会社は非難の声を上げた。生命保険を純粋な投機対象とするのは、家族を経済的に破綻させないためという根本的な目的に反するし、スピンライフ型証券は真っ当な顧客の生命保険コストを吊り上げるというのだ。[61]

多くのスピンライフ型保険が裁判に持ち込まれた。投機家には被保険利益がないとして、保険会社が死亡保険金の支払いを拒否したケースもあった。ライフセトルメント企業側は、業界最大手のＡＩＧ（アメリカン・インターナショナル・グループ）を含め、多くの保険会社がスピンライフ型保険ビジネスとその高額な保険料で儲けたというのに、保険金を支払うときだけ文句を言うと主張した。仲介業者が、投機家に転売する生命保険を買い取るために募集した高齢者に訴えられた訴訟もあった。[62]

スピンライフ型保険の不幸な顧客の一人に、テレビのトークショーの司会者を務めるラリー・キングがいる。彼は自分の命に保険を二本かけてすぐに売った。額面金額は合計一五〇〇万ドルだった。その手間に対してキングには一四〇万ドルが支払われたが、裁判で彼は、歩合、手数料、課税について仲介業者に騙されたと申し立てた。また、現時点で自分の死によって金銭的利益を得る人物を探し当てられないとも訴えた。「保険の保有者がウォール街のヘッジファンドなのか、それともマフィアのボスなのかわからないのです」と、キングの弁護士は述べた。(63)

保険会社とライフセトルメント業界の闘いは、アメリカ各州の議会でも繰り広げられた。二〇〇七年、ゴールドマン・サックス、クレディ・スイス、UBS、ベア・スターンズなどの銀行は共同で、生命保険機関投資家協会を設立した。ライフセトルメント産業を振興し、制約を課そうとする動きに反対するロビー活動を行なうのが目的だ。同協会のミッションは、「寿命・死亡関連市場」向けに「斬新な資本市場の手法」を創造することである。(64)これは、死の賭けの市場を上品に言い換えた表現だった。

二〇〇九年までに、大半の州がスピンライフ型、あるいは「他人を起因とする生命保険(STOLI)」と呼ばれるようになった保険を禁止する法律を定めていた。だがこうした州でも、投機家に促されたのではなく自分の意志で生命保険に加入した病人や高齢者から、仲介業者が保険証券を買い取ることは依然として認められていた。さらなる規制を避けるために、ライフセトルメント業界は「他人が所有する生命保険」(業界はこれを支た。

持)[65]と「他人を起因とする生命保険」(いまではこれに反対)を原則的に区別しようとし

道徳的な観点からすれば、両者に大した違いはない。高齢者をそそのかして生命保険を買い取り、すぐに転売して利益を手にする投機家はきわめて下品な存在に思える。それが、生命保険を正当化する目的——一家の大黒柱や主要幹部の死による金銭的打撃から家族や会社を守る——に反するのは間違いない。だが、ライフセトルメントはどれもこの品のなさを共有している。他人の命で投機をすることには、原契約者が誰であれ、道徳的に問題がある。

フロリダ州で開かれた保険に関する聴聞会の証言で、ライフセトルメント業界のスポークスマンであるダグ・ヘッドは、人々が自分の生命保険を投機家に売ることを認めるのは「財産権を擁護し、競争と自由市場の経済の勝利を示すものです」と主張した。正当な被保険利益のある人が保険証券を購入したとすれば、その人は最高値をつけた人に保険を売る自由を持つのが当然だ。「『他人が所有する生命保険』は、保険の加入者が公開市場で保険証券を売るという基本的財産権の自然な帰結です」。ヘッドは、他人を起因とする、あるいは他人が主導した保険は話が違うと主張した。それが違法なのは、保険を主導した投機家には被保険利益がないからである。[66]

この主張は説得力に欠ける。いずれのケースも、最終的に保険証券を保有することになる投機家には、死ぬことで保険金の支払いを履行させる高齢者に関する被保険利益がない。いずれのケースでも、他人の早死にに対する金銭的利害関係が発生する。ヘッドが言うように、私が自分自身の命にかけられた保険を売買する基本的権利を有しているとすれば、その権利の行使は、自分の意志によろうが他人の勧めによろうがかまわないはずだ。ライフセトルメントの美点が、私がすでに所有している保険証券の「金銭的価値を明るみに出す」ことだとすれば、スピンライフ型保険証券の美点は、私の晩年の金銭的価値を明るみに出すことなのだ。いずれにせよ、見知らぬ他人が私の死に対して利害関係を持ち、私はその立場に身を置くことによっていくばくかのお金を受け取るのである。

死亡債

成長をつづける死の賭けの市場が完全に成熟するまで、あと一歩を残すのみとなった。その一歩とは、ウォール街による証券化だ。二〇〇九年、『ニューヨークタイムズ』紙は、ウォール街の投資銀行がライフセトルメントを買い取り、パッケージ化して債券にした商品を年金基金や大口投資家へ転売する予定だと報じた。この債券は、原契約者の死亡によって満期となる死亡保険金を収益源にしている。ウォール街は、過去数十年にわたって住宅ローンで行なっていたことを、今度は死で行なおうとしていたのだ(67)。

同紙によれば「ゴールドマン・サックスはライフセトルメントの売買可能なインデックスを開発した。これによって投資家は、人々が予想より長生きするか、それとも予定より早死にするかに賭けられるようになる」という。クレディ・スイスは「ウォール街の企業がサブプライム証券で行なったように、膨大な数の生命保険証券を買い取り、パッケージにして転売するための金融組立ライン」をつくっている。アメリカに存在する生命保険証券の総額が二六兆ドルもあるうえ、ライフセトルメントの取引が拡大をつづけていることを考えると、死の市場は新たな金融市場への希望を与えてくれる。それは、住宅ローン証券市場の崩壊で失われた収益を取り戻してくれるのではないだろうか。(68)

一部の格付け機関はまだ疑っているものの、少なくとも、ライフセトルメントで構成された債券はリスクを最小化できると考えている人はいる。住宅ローン証券がアメリカ各地の住宅ローンをひとまとめにしたように、ライフセトルメントによって裏づけられた債券は、「白血病、肺ガン、心臓疾患、乳ガン、糖尿病、アルツハイマー病といったさまざまな病気」の患者の保険証券をひとまとめにする。多種多様な病気のポートフォリオによって裏づけられた債券なら投資家は安心だ。というのも、このうちどれか一つの病気の治療法が発見されても債券価格が暴落する心配はないからだ。(69)

複雑な金融取引によって、二〇〇八年の金融危機の発生に一役買った保険大手のＡＩＧも興味を示している。保険会社として、同社はライフセトルメントに反対し、法廷で闘った。ところが、現在市場に出回っているライフセトルメント保険四五〇億ドル分のうち一八〇億ドル分をこっそり買い取っており、証券化して販売しようとしているのだ。(70)

すると、死亡債の道徳的な位置づけはどうなるだろう。ある意味で、その基盤となる死の賭けと似たところがある。人間の命にお金を賭け、その死から利益を得るのが道徳的に好ましくないとすれば、死亡債はこれまで検討してきたさまざまな慣行——用務員保険、バイアティカル、デスプール、純粋に投機的なすべての生命保険売買——と同じ欠陥を抱えている。死亡債の匿名性と抽象性が、われわれの道徳観への腐食作用をある程度減じているという見方もあるかもしれない。生命保険が巨大なパッケージに組み込まれ、切り刻まれて年金基金や大学基金に販売されれば、どの投資家も特定の個人の死に根本的な利害関係を持つことはない。国家の保健政策、環境基準、よりよい食生活、運動習慣などによって健康状態が改善され、寿命が延びれば、死亡債の価格が下がるのは確かだ。だが、その可能性の逆に賭けるほうが、エイズにかかったニューヨーク市民やアイダホ州の牧場主が死ぬのを待ちわびたりするよりは、まだ罪がなさそうだ。果たしてそうだろうか？

ときとして、われわれは道徳的に腐敗している市場慣行と共存する道を選ぶ。それがもたらす社会的な善のためだ。生命保険はこの類の妥協の産物として始まった。不慮の死による金銭的リスクから家族や企業を守るため、社会はしぶしぶながらも、二〇〇年をかけてこんな結論に達した。ある人物の命について被保険利益を有する人々が、その死で賭けをするのを認めるべきだと。ところが、投機の誘惑を抑えるのは難しかった。

生と死を扱う現代の巨大市場が証明しているように、保険をギャンブルから解放しようと必死で闘った努力は無に帰した。ウォール街が死亡債の取引に向けて準備を進めている現在、ロンドンのロイズ・コーヒーハウスの自由奔放な道徳世界を振り返ってみよう。いまになってその規模を考えると、他人の死や不幸に対する彼らの賭けは、何と古風で趣《おもむき》があったことだろう。

第5章

命名権

ミネアポリスでの少年時代、私は熱烈な野球ファンだった。わがミネソタ・ツインズがホームゲームを戦った本拠地は、メトロポリタンスタジアム。私が一二歳だった一九六五年、この球場で最高の席は三ドル、外野席は一・五ドルだった。その年、ツインズはワールドシリーズに出場した。私は父と観戦した第七戦のチケットの半券をいまでも持っている。父と私はホームプレートと三塁のあいだの三列目に座った。チケットの値段は八ドルだった。ドジャースの名投手、サンディー・コーファックスがツインズを抑え込んでドジャースを優勝に導くのを、私は胸ふさがれる思いで見つめていた。

当時のツインズのスター選手はハーモン・キルブルーだった。球史に名を残す偉大なホームラン打者で、いまでは野球殿堂入りしている。キャリアの頂点にあったとき、彼の年俸は一二万ドルだった。まだフリーエージェント制度はなく、選手の権利は、選手生命の終わりまで球団が握っていた時代だ。つまり、選手には俸給について交渉する力はほとんどなかった。選手は所属する球団のために野球をするか、まったくしないかのどちらかを選ぶしかなかった（この制度は一九七五年に変更された）(1)。

それ以降、野球ビジネスは大きく変わった。現在のミネソタ・ツインズのスター選手、ジョー・マウアーは最近、一億八四〇〇万ドルで八年契約を結んだ。年間二三〇〇万ドルだから、マウアーは一試合で（実際には七回までで）キルブルーの一シーズンあたりの俸給よりも大金を稼ぐことになる(2)。

当然ながら、チケットの値段は大幅に上がった。ツインズの試合のボックス席はいまや七二ドルで、本拠地で一番安い席は一一ドルだ。これでも、ツインズのチケットは安いほうである。ニューヨーク・ヤンキースが設定する料金は、ボックス席が二六〇ドル、視界の悪い外野席が一二ドルだ。私の少年時代の球場では聞いたこともなかった企業用スイート［訳注：ラウンジなどのついた観覧席］や豪華なスカイボックス［訳注：高い位置にあるガラス張りの観覧席］はさらに高価で、球団の懐を大いに潤《うるお》している(3)。

野球のほかの面もまた、変わった。もっとも、ここで指名打者制について考えようというわけではない。このルール変更はアメリカンリーグで投手が打席に立つ必要をなくすものので、激しい論争を呼んだ。私の念頭にある野球の変化とは、現代の社会生活において、市場、商業主義、経済的思考のますます大きくなる役割を反映した変化のことだ。一九世紀後半に誕生して以来、プロ野球は多かれ少なかれビジネスでありつづけた。だが、過去三〇年で、現代的な市場の狂騒がわれわれの国民的娯楽に大きな影響を与えたのである。

売られるサイン

スポーツ関連グッズ産業について考えてみよう。野球選手たちは長年、熱心な少年ファンに追いかけられ、サインをせがまれてきた。気のいい選手なら、試合前にベンチ付近で、あるいは試合後にスタジアムを出るとき、スコアカードやボールにサインしてくれたものだ。サインをねだる少年たちの無邪気なもみ合いは、いまでは仲介業者と販売業者、そしてチーム自身が牛耳《ぎゅうじ》る一〇億ドル規模のグッズ産業に取って代わられている。

私にとって、サイン目当ての遠征で最も思い出深いのは、一五歳だった一九六八年のものだ。当時、わが家はすでにミネアポリスからロサンジェルスに引っ越していた。その年の冬、私はカリフォルニア州ラ・コスタで開かれたチャリティーゴルフ大会の期間中、コース脇に張りついていた。野球史に名を残す名選手たちが大会に参加しており、その大半が、ホールの合間に快《こころよ》くサインしてくれた。私には、野球ボールや消えないマーカーペンを持っていくという先見の明が欠けていた。手にしていたのは、ありふれた5×3サイズ（一二五ミリ×七五ミリ）のカードの束だけだった。ペンでサインしてくれた選手もいれば、ゴルフスコア記入用の小さな鉛筆でサインしてくれた選手もいた。それでも、私は宝の山のようなサインのコレクションを手にし、少年時代の憧れのヒーローばかりか、往年の伝説的名選手とほんのつかのまでも会えた興奮を胸に、コースを後にした。会えた選手のなかには、サンディー・コーファックス、ウィリー・メイズ、ミッキー・マントル、ジョー・ディマジオ、ボブ・フェラー、ジャッキー・ロビンソン、それに、そう、ハーモン・キルブルーもいた！

そうしたサインを売ろうなどとは夢にも思わなかったし、そもそも、市場でどんな値がつくかなどと考えたことすらなかった。私はそれらを、ベースボールカードのコレクションとともに、いまでも持っている。だが、一九八〇年代に入って、スポーツ選手のサインやゆかりの品が市場で扱われる商品とみなされるようになり、売買に携わるコレクター、仲介業者、販売業者の数はうなぎ上りとなった(4)。

野球のスター選手たちは、ステータスに応じた料金でサインしはじめた。一九八六年には、殿堂入りした投手のボブ・フェラーが、コレクター向けの催しでサインを一つ二ドルで売った。三年後、ジョー・ディマジオは二〇ドルで、ウィリー・メイズは一〇ドルから一二ドルで、テッド・ウィリアムズは一五ドルでサインした（フェラーのサインの値段は一九九〇年代には一〇ドルに上がっていた）。彼らのような引退した大選手が活躍したのは俸給が莫大な金額になる前の時代だから、たまの機会に余禄を得たからといって、責めるのは酷だ。だが、現役選手もサイン売買業に参入した。ロジャー・クレメンスは、ボストン・レッドソックスのスター投手だったとき、サイン一つにつき八・五〇ドルを受け取った。ドジャースの投手、オーレル・ハーシュハイザーをはじめ、そういうやり方に反発した選手もいた。野球の伝統を尊ぶ人々は有料のサインを嘆き、ベーブ・ルースはいつでも無料でサインしたものだと往時を懐かしんだ。[5]

だが、当時のグッズ市場はまだ揺籃期にすぎなかった。一九九〇年に『スポーツ・イラストレイテッド』誌は、サインを求める昔ながらの慣行がいかに変わりつつあるかを記事にした。「新種のサインコレクター」は、「礼儀知らずで、しつこく、金目当て」で、ホテル、レストラン、はては選手の自宅にまで押しかけてサインをせがむ。「サインを求めるのは、かつては選手をヒーローと崇める子供だけだった。だが、いまでは、コレクター、小売業者、投資家までが参入し、選手を追いかける……小売業者はしばしばお金で雇った子供たちと組んで――ディケンズの『オリヴァー・ツイスト』に登場する窃盗団の親分フェイギンと配下の少年たちに似ていなくもない――サインを集めるや、くるりと向き直ってそれを売る。投資家がサインを買うのは、バード、ジョーダン、マッティングリー、ホセ・カンセコといった選手の直筆が、美術品や歴史的価値のある遺物と同じく、時とともに値を上げると踏んでいるからだ」[6]

一九九〇年代になると、仲介業者が野球選手に報酬を支払い、何千個ものボール、バット、ユニフォームなどの品々にサインさせるようになった。そうやって大量生産されたグッズを、小売業者が、カタログ会社、ケーブルテレビ、小売店を通じて売った。ミッキー・マントルは一九九二年に、二万個のボールへのサインとイベント等への出演により、二七五万ドルを稼いだと言われる。ヤンキースでの現役時代に稼いだ総額よりも多いことになる。(7)

だが、最も価値があるのは試合で使われた用具だ。グッズ熱が高まったのは、マーク・マグワイアが一シーズンのホームラン記録を塗り替えた一九九八年のことだった。マグワイアが記録を打ち立てた七〇号のホームランボールをキャッチしたファンが、それをオークションにかけて三〇〇万ドルで売ったのだ。これは、それまでに売られた最も高価なスポーツグッズとなった。(8)

野球にまつわる記念品を商品にする風潮は、ファンと野球の関係も、ファン同士の関係も変えた。マグワイアが従来の記録を破るシーズン六二号ホームランを打った際、ホームランボールを拾った人はそれを売らずに、すぐにマグワイアに返した。「マグワイアさん、これはあなたのものだと思います」と、ティム・フォーネリスはボールを差し出して言った。(9)

この寛容な振る舞いには、ボールの市場価値ゆえに、さまざまなコメントが怒濤《どとう》のように寄せられた。大半は称賛だったが、なかには批判もあった。パートタイムのグラウンド整備員だった二二歳のフォーネリスは、ディズニーワールドのパレードで称えられ、デイヴィッド・レターマンの人気トーク番組に出演し、ホワイトハウスに招かれてクリントン大統領と会った。小学校に出向き、正しい行ないについて子供たちに話した。だが、それだけ賛美されたにもかかわらず、フォーネリスは『タイム』誌の個人財務コラムニストに軽卒だと叱責された。このコラムニストによれば、ボールを返すというフォーネリスの判断は「誰もが犯す個人財務上の罪」の一例だという。いったん「ミットでつかんだら、ボールはその人のもの」だ。マグワイアに返すのは、「日常的なお金の問題に関して、われわれの多くを重大な過ちへと誘う考え方」の典型だそうだ。[10]

さて、市場が規範をどう変えるかを示す別の例を考えてみよう。記録達成の際に使われたボールがひとたび市場で取引できる商品とみなされると、そのボールをバッターに返すのは、もはや良識ある何気ない振る舞いではなくなる。寛容な英雄的行為か、浪費家の愚行かのどちらかになってしまうのだ。

三年後、バリー・ボンズが一シーズンに七三本のホームランを打ち、マグワイアの記録を破った。七三号のホームランボールをめぐる争いによって、スタンドでは醜悪な光景が繰り広げられ、法廷では長い論争がつづいた。ボールをキャッチしたファンは、それをひったくろうとする人の群れによって地面に倒されてしまった。ボールは彼のグローブから転げ落ち、近くに立っていた別のファンに拾われた。ボールの正当な持ち主は自分だと双方が主張した。論争は数カ月におよぶ法廷闘争に発展し、最終的に、六人の弁護士と、法廷の任命を受けた法学教授の委員団が参加した公判で、野球のボールの所有権が定義されることになった。裁判官が下した判決は、原告二人はボールを売却して売上を折半すべしというものだった。ボールは四五万ドルで売れた(11)。

こんにち、グッズ売買は当たり前のように野球の一部となっている。折れたバットや使用ずみボールといったメジャーリーグの試合の残骸でさえ、貪欲なバイヤーに売られている。間違いなく試合で使われた用具であることをコレクターと投資家に保証するため、いまではMLBのどの試合でも、最低一名の公式「認証人」が必ず任務に当たる。認証人は高度な技術でつくられたホログラムのステッカーを武器に、ボール、バット、ベース、ユニフォーム、ラインナップカードといった用具類を記録して本物であることを認証する。それらの用具類は、一〇億ドル規模の野球グッズ市場に出されることになっているのだ(12)。

二〇一一年にデレク・ジーターが打った三〇〇〇本目の安打は、グッズ業界にとっても大当たりとなった。このヤンキースの名遊撃手は、あるコレクターとの契約により、大記録となる安打を打った翌日、合計一〇〇〇点ほどの記念のボール、写真、バットにサインした。サインボールには六九九・九九ドル、バットには一〇九九・九九ドルの値がつけられた。彼が歩いた地面さえも売りに出された。ジーターが通算三〇〇〇安打を達成した試合が終わると、グラウンド整備員が、バッターボックスとジーターが立ったショートの守備位置から五ガロン（約二〇リットル）の土を集めた。聖なる土を詰めたバケツは密封されて認証人のホログラムがつけられ、スプーン一杯ずつ、ファンやコレクターに販売された。旧ヤンキースタジアムが解体されたときも、土が集められ、売られた。あるグッズ会社は、ヤンキースタジアムの本物の土を一〇〇〇万ドル相当以上売ったとしている。(13)

あまり感心できない所業を金儲けの種にしようとする選手もいた。史上最高の打撃王でありながら野球賭博のため球界から永久追放されたピート・ローズは、追放に関連するグッズ販売用のウェブサイトを開設している。二九九ドルに加え送料と手数料を支払えば、「野球賭博をしてすみません」という謝罪の言葉が刻まれたローズのサインボールが買える。五〇〇ドル出せば、球界からの永久追放を通告する文書のコピーにサインしたものを、ローズが送ってくれる。(14)

さらに妙なものを売ろうとした選手もいる。二〇〇二年、アリゾナ・ダイヤモンドバックスの外野手、ルイス・ゴンザレスは、伝えられるところでは慈善のために、嚙み終わったチューインガムを一万ドルでオンラインのオークションにかけた。シアトル・マリナーズの投手、ジェフ・ネルソンはひじの手術を受けたあと、ひじから摘出した骨の破片をｅＢａｙで売りに出した。入札額が二万三六〇〇ドルに達したところで、ｅＢａｙは人体の一部の販売を禁じる規則を根拠として、そのオークションを停止した（手術に認証人が立ち会ったかどうかは、ニュースでは報じられなかった）。(15)

名前は大事

売り物にされているのは、選手のサインやグッズだけではない。球場の名前もそうだ。ヤンキースタジアムやフェンウェイパーク［訳注：ボストン・レッドソックスの本拠地］のように、歴史的名称をいまだに掲げている球場もいくつかあるものの、現在、メジャーリーグ球団の大半が命名権を最高入札者に売っている。銀行、エネルギー企業、航空会社、テクノロジー企業をはじめとする法人は、プロスポーツで使われる球場や競技場を自社の名で飾って知名度を高めるためなら、喜んで大金をはたく。[16]

シカゴ・ホワイトソックスは八一年間にわたり、チームの初期のオーナーの名前を冠したコミスキーパークを本拠地としていた。それがいまでは、携帯電話会社の名前をつけたUSセルラーフィールドという広々とした球場で試合をしている。サンディエゴ・パドレスの本拠地は、ペット用品会社の名前をつけたペトコパークだ。わが懐かしのミネソタ・ツインズの現在の本拠地は、ターゲットフィールドである。スポンサーはミネアポリスに本社を置く巨大小売企業だ。同社の名前は近くにあるバスケットボールアリーナ（ターゲットセンター）にもつけられており、そこはミネソタ・ティンバーウルヴズの本拠地となっている。二〇〇六年末、スポーツ界でも指折りの高額な命名権契約により、金融サービス企業のシティグループは四億ドルを支払って、ニューヨーク・メッツの新球場の名称を向こう二〇年間シティフィールドとすることで合意した。メッツがこの球場で初めて試合をした二〇〇九年には、金融危機がこのスポンサー契約に暗い影を投げかけていた。いまやこの契約には、納税者負担によるシティグループへの救済資金が流れているとする批判の声が上がったのだ。(17)

フットボール競技場も、磁石のように企業スポンサーを引きつけている。ニューイングランド・ペイトリオッツはジレットスタジアムで、ワシントン・レッドスキンズはフェデックスフィールドで試合をしている。メルセデス・ベンツは最近、ニューオーリンズ・セインツの本拠地であるスーパードームの命名権を購入した。二〇一一年現在、ナショナル・フットボール・リーグ（NFL）の三二チームのうち二二チームが、企業スポンサーの名前を冠したスタジアムを使っている。(18)

スタジアムの命名権の販売はいまでは当たり前になってしまったため、こうした行為の流行がごく最近の出来事であることをつい忘れてしまう。それが行なわれるようになったのは、野球選手がサインを売りはじめたのとだいたい同じ時期だった。一九八八年に命名権契約を結んだスタジアムは三カ所だけで、契約総額は二五〇〇万ドルにすぎなかった。二〇〇四年には六六の契約が成立し、総額は三六億ドルに達した。これは、プロの野球、フットボール、バスケットボール、アイスホッケーで使われるすべてのスタジアムと競技場の半数を超えている。二〇一〇年までに一〇〇社以上が、アメリカ国内のプロスポーツ向けのスタジアムや競技場に名前をつけるためにお金を払った。二〇一一年にはマスターカードが、北京オリンピックで使われたバスケットボール用競技場の命名権を買い取った。[19]企業の命名権は、スタジアムの入り口に掲げられる看板におよぶだけではない。フィールド上のプレーを説明するのにアナウンサーが使う言葉にまで広がりつつあるのだ。ある銀行がアリゾナ・ダイヤモンドバックスの球場をバンクワン・ボールパークと命名する権利を買った際、契約によって、ダイヤモンドバックスのアナウンサーは味方のホームランを「バンクワン・ブラスト〔訳注：ブラストは「ホームラン」の意〕」と呼ぶことになっていた。ホームランに企業のスポンサーがついている球団は、まだごく少数だ。しかし、投手交代の命名権を売った球団はいくつかある。監督が投手を交代させるためにマウンドに向かうとき、アナウンサーはその動きを「ブルペンへのAT&Tコール」と紹介するよう、契約で義務づけられているのだ。[20]

ホームベースへの滑り込みにさえ、いまでは企業スポンサーがつく。生命保険会社のニューヨーク・ライフ・インシュアランス・カンパニーは、選手がベースに無事に滑り込むたびに宣伝のスイッチが入るよう、メジャーリーグの一〇球団と契約している。たとえば、ランナーがホームに生還したと審判が判定するたびに、会社のロゴがテレビ画面に映り、実況放送のアナウンサーは「セーフです。安全と安心。ニューヨーク・ライフ」と言わなくてはいけない。これは回と回のあいだに放送されるコマーシャルのメッセージではない。試合そのものをアナウンスする企業スポンサー的手法なのだ。ニューヨーク・ライフの副社長兼宣伝部長はこう語る。「このメッセージは、野球のプレーに無理なく溶け込みます。ひいきの選手が無事に生還できるよう応援しているファンのみなさまに、アメリカ最大の相互保険会社ならご自身も安全《セーフ》だということを思い出していただくのにぴったりです」[21]二〇一一年、メリーランド州のマイナーリーグ球団であるヘイガーズタウン・サンズは、球界最後のフロンティアに企業スポンサーを受け入れた。ミス・ユーティリティーという地元の公共事業会社に、選手の打席の命名権を売ったのだ。チーム随一の打者でメジャーリーグ入りが期待されるブライス・ハーパーの打席になると、チームのアナウンサーがこう告げる。「さあ、バッターはブライス・ハーパー。この打席の提供はミス・ユーティリティーです。掘る前に八一一にお電話をお忘れなく」。この場違いな宣伝文句は何の役に立つというのだろう？ 工事会社の考えでは、地下の配管や配線を傷つけるおそれのある建設現場で働く野球ファンに訴える手段らしい。この会社のマーケティング部長はこう説明した。「ブライス・ハーパーが打席で足場を掘る前に、ファンに向けて広告をアナウンスする。これは、掘削工事の前に必ずミス・ユーティリティーにご連絡いただくよう観客のみなさまにお願いするのに、うってつけの方法です」[22]

これまでのところ、選手の命名権を売ったメジャーリーグ球団はない。だが、二〇〇四年にメジャーリーグは、ベース上の広告を売り出そうとした。メジャーリーグの幹部はコロンビア映画との宣伝契約で、各球団が六月の三日間、近日公開の映画『スパイダーマン2』のロゴを一、二、三塁のベースにつけることに同意した。ホームベースには何もつけないという条件だった。一般市民からの激しい反対にあって、この新手のプロダクトプレイスメント〔訳注：映画などに商品を登場させる広告手法〕は中止された。商業主義にまみれた試合のなかでも、どうやらベースはまだ聖域であるようだ。(23)

スカイボックス

アメリカ人の生活に見られる行事のなかで、野球、フットボール、バスケットボール、アイスホッケーほど、社会の一体感と市民の誇りの源となるものはない。東はニューヨークのヤンキースタジアムから、西はサンフランシスコのキャンドルスティックパークまで、スタジアムはわれわれの市民宗教の大聖堂であり、さまざまな職種と階層の人々が、失望と期待、ののしりと祈りからなる儀式に集う公共の場だ。(24)

だが、プロスポーツは市民的アイデンティティーの源であるだけではない。ビジネスでもあるのだ。ここ数十年、スポーツの世界ではお金がコミュニティーを締め出してきた。命名権と企業スポンサー契約がホームチームの応援体験を台無しにしたと言っては大げさかもしれない。それでも、市民にとって象徴的な施設の名称を変えれば、その意味も変わってしまう。だからこそ、デトロイト・タイガースのファンは、チーム名を冠したタイガースタジアムが銀行名を冠したコメリカパークに取って代わられたのを嘆いたのだ。同じ理由から、デンヴァー・ブロンコスのファンは、土地への愛着を呼び起こすマイル・ハイ・スタジアムという慣れ親しんだ名称が、投資信託会社を示すインヴェスコフィールドに取って代わられたことに、憤然としたのである。(25)

もちろん、スタジアムは主として、さまざまなスポーツ競技を見るために人々が集う場所だ。球場や競技場に足を運ぶファンの第一の目的は、市民的体験ではない。デイヴィッド・オルティーズが九回裏にホームランを打ったり、トム・ブレイディーが試合終了直前にタッチダウンパスを出したりするのを見に行くのだ。だが、その場の公共性——みなが一緒に同じ体験をし、少なくとも数時間は、地元への愛着と市民の誇りを共有する——のおかげで、市民としてのあり方を学べる。スタジアムが象徴的施設というより広告掲示板に近くなるにつれて、その公共性は失われていく。だとすれば、おそらく、そこで育まれる社会の絆と市民感情も失われていくだろう。

スポーツが教えてくれる市民としてのあり方をさらに大きく損なうのが、企業の命名権の隆盛に伴うあるトレンド、すなわち豪華なスカイボックスの激増である。一九六〇年代半ばに私がミネソタ・ツインズの試合を見に行った頃は、最も高い席と安い席の料金差は二ドルだった。実際、二〇世紀の大半の期間、球場は企業幹部が労働者と並んで座り、ホットドッグやビールを買うために誰もが同じ列に並び、雨が降れば金持ちも貧しい人も等しく濡れる場所だった。ところが、ここ数十年で事態は変わった。フィールドをはるか下に見下ろすスカイボックス・スイートの登場によって、富裕階級や特権階級と、下のスタンドにいる庶民が隔てられてしまったのだ。

豪華なボックス席が初めてお目見えしたのは、一九六五年、超現代的なヒューストン・アストロドームでのことだった。とはいえスカイボックスの流行の先駆けとなったのは、ダラス・カウボーイズが一九七〇年代にテキサススタジアムに設けたラグジュアリースイートである。企業は数十万ドルを支払い、一般客の頭上のしゃれた観覧席で企業幹部や得意先を接待した。一九八〇年代には十指に余るチームがカウボーイズの後を追い、空にそびえるガラス張りの特別室で裕福なファンをもてなした。一九八〇年代末には、スカイボックスへの出費として企業が申告できる税控除の減額が議会で可決されたものの、空調完備の特別席への需要に歯止めをかけるにはいたらなかった。

ラグジュアリースイートからの収入は球団にとって棚ぼたの利益となり、一九九〇年代のスタジアム建設ブームを後押しした。だが、スカイボックスが、スポーツを通じた階級間の交流という側面をぶち壊したと批判する人もいる。ジャーナリストのジョナサン・コーンはこう書いてる。「スカイボックスは、その表面的な居心地のよさにもかかわらず、アメリカの社会生活の本質的欠陥を物語っている。つまり、エリートが一般大衆とのあいだに垣根をつくることに熱心で、躍起にさえなることだ……プロスポーツはかつて階級不安の解毒剤だったのに、その病に深刻なまでに冒されてしまった」。『ニューズウィーク』誌に寄稿しているフランク・デフォードによれば、大衆スポーツの最も魅力的な要素は、つねにその「本質的民主主義にあった……競技場は、われわれみなが集い、ともに興奮できる民衆のための大規模な集会場であり、二〇世紀の村落広場だった」。ところが、近年の豪華なボックス席は「名士を大衆からあまりに隔てているため、アメリカのスポーツの殿堂は、最も階層化された座席の配置を誇るようになったと言うのが妥当である」。テキサスのある新聞は、スカイボックスを「ゲイティッド・コミュニティー〔訳注：安全のために周囲をゲートとフェンスで囲んだ住宅地〕のスポーツ版」と呼び、裕福な利用者が「みずからを一般大衆から隔離」できる席だとした[26]。

そうした不満の声にもかかわらず、スカイボックスはいまやほとんどのプロスポーツ・スタジアムばかりか、大学の競技場でもありふれたものになっている。スイートやクラブシートといった特別席は、座席総数に占める割合の低さにもかかわらず、メジャーリーグのチームによっては、チケット収入の四〇パーセント近くを稼ぎ出している。二〇〇九年に開場した新ヤンキースタジアムは、旧スタジアムにくらべて座席数が三〇〇〇席少ないが、ラグジュアリースイートの数は三倍になっている。ボストン・レッドソックスの本拠地、フェンウェイパークの四〇室のスイートはシーズン料金が最高で三五万ドルだが、順番待ちのリストができている。[27]

スポーツ事業でトップレベルにある大学も、スカイボックスからの収入には抵抗できなかった。一九九六年までに、三〇校余りの大学のスタジアムに高級ボックス席ができていた。二〇一一年には、ノートルダム大学を除き、フットボールの強豪校の大半がスタジアムにその種の席を設けていた。連邦の税法では、大学スタジアムのスカイボックスには特別優遇措置が適用され、ラグジュアリースイートを利用すると、費用の八〇パーセントが大学への寄付金という名目で控除される。[28]

スカイボックスの倫理をめぐる最も新しい議論は、アメリカ最大の大学スタジアムを擁するミシガン大学で起こった。ビッグハウスの異名を持つミシガンスタジアムは、一九七五年以来、フットボールのホームゲームのたびに一〇万人を超える観客を集めてきた。二〇〇七年、大学の理事会は同校の顔であるスタジアムについて、スカイボックスの新設も含む二億二六〇〇万ドルの改修案を検討したが、卒業生の一部から抵抗に遭った。ある卒業生はこう主張した。「大学フットボールの美点は、ことにミシガン大学の場合、すばらしい公共の場だという点です。自動車工場の労働者も億万長者も、一緒になってわれらがチームを応援できる場なのです[29]」

「ビッグハウスを救え」というグループが、理事にラグジュアリースイート案を撤回させることを目指して嘆願を集めた。一二五年にわたり「黄色と青のユニフォームを応援するファンは、肩を並べてともに立ち上がり、ともに震え、ともに声援を送り、ともに勝ってきた」と反対派は述べた。「豪華な個室は、そうした伝統に真っ向から対立し、ミシガンファンを収入で分け、あらゆる年齢と階層のミシガンファンがともに試合を体験することで共有する団結、興奮、仲間意識を損ねる。ミシガンスタジアムに豪華な個室をつくるという発想そのものが、ミシガン大学が掲げる平等主義の理想に反している」[30]

反対運動は実を結ばなかった。理事会は五対三で、ミシガンスタジアムに八一室のラグジュアリースイートを新設することを承認した。改修を終えたスタジアムが二〇一〇年に開場したとき、定員一六人のスイートの料金は、一シーズンあたり駐車料込みで最高八万五〇〇〇ドルだった。[31]

マネーボール

ここ数十年のグッズ市場、命名権、スカイボックスの隆盛は、現代の市場主導型社会の反映だ。スポーツ界における市場的思考のもう一つの例が、野球《ベースボール》から「マネーボール」への最近の転換に見られる。「マネーボール」という言葉は、マイケル・ルイスが金融界の発想を野球の話に持ち込んで書いた二〇〇三年のベストセラー、『マネー・ボール』——

奇跡のチームをつくった男』から生まれた。ルイスはこの著書で、オークランド・アスレチックスが、市場規模の小ささと高額なスター選手を雇う資金力のなさにもかかわらず、いかにして俸給総額が三倍以上の金満チーム、ニューヨーク・ヤンキースと同じだけの勝ち星をあげたかを描いている。

ゼネラルマネジャーのビリー・ビーン率いるアスレチックスは、技術が過小評価されている選手を統計分析によって見抜き、野球の一般的通念に反する戦略を用いて、実力あるチームをつくりあげた。たとえば、勝つためには、打率や長打率よりも出塁率の高さがものを言うことを発見した。そこで、俸給の高額な強打者ほどの知名度はないが、フォアボールでの出塁が多い選手を雇った。また、盗塁が勝利につながると長年みなされてきたにもかかわらず、盗塁の試みは得点の機会を増やすどころか減らしがちであることにも気づいた。そのため、最も足の速い選手にさえ、盗塁しないよう指導した。

ビーンの戦略は、少なくとも一時的には功を奏した。二〇〇二年にルイスがアスレチックスを追いかけた際、アスレチックスはアメリカンリーグの西地区で優勝した。プレーオフでは敗退したものの、アスレチックスの物語は弱者が強者に挑むお話として痛快だ。資金不足の弱小チームが、現代の計量経済学の機知と技を駆使して、ヤンキースのような資金の豊富な強豪チームと渡り合う。ルイスに言わせれば、この物語は、市場の非効率性を利用すれば、抜け目ない投資者が見返りを得られるという実例でもある。クオンツトレーダーという新たな種族がウォール街に持ち込んだもの——コンピューターによる分析を駆使して、勘や個人的経験に頼るベテランより優位に立つ能力——を、ビリー・ビーンは野球に持ち込んだのだ。(32)

二〇一一年にハリウッドで映画化された『マネーボール』では、ブラッド・ピットがビリー・ビーン役を演じた。この映画に、私は心を動かされなかった。最初はその理由がわからなかった。ブラッド・ピットはいつもながら魅力的で、カリスマ的だった。それなのに、なぜ、作品としてはつまらないのだろう？　一つには、スター選手に光を当てなかったからだろう。実力ある若手先発投手三人と、オールスターゲームに出場した遊撃手のミゲル・テハダというスターたちではなく、フォアボールで出塁する能力をビーンに買われて契約した地味な選手たちが話の中心だった。だが本当の理由は、おそらく、数量的手法とより効率的な価格決定のメカニズムの勝利に、立ち上がって拍手する気になれないからだ。選手たち以上に、それらが映画『マネーボール』の主人公だった。(33)

実は私の知り合いにも、価格効率の力を信じる人物が少なくとも一人いる。友人で同僚でもあるローレンス・サマーズ（前述したとおり、朝の礼拝で利他心の節約を唱えた経済学者）だ。二〇〇四年、ハーバード大学学長だったサマーズはある講演で、「過去三〇年間ないし四〇年間に起きた重要な知的革命を実地に示した例」として『マネーボール』に言及した。その知的革命とは、社会科学、ことに経済学が「実際的な学問の一形式」として台頭してきたことだ。「非常に賢明な球団のゼネラルマネジャーが経済学博士を雇用」し、勝てるチームに必要な野球の技能と戦略をどうやって見つけたかを、サマーズは説明した。ビーンの成功に、サマーズはより大きな真実を見た。マネーボール的な野球の手法が、人生のほかの面でも教訓となることだ。「野球にとっての真実は、より幅広い人間の営みにとっても真実なのです」

　サマーズの見るところ、科学的でマネーボール的な手法の知恵は、ほかのどんな分野で幅を利かせるようになったのだろうか。環境規制の分野では「熱心な活動家と法律家」が「費用便益分析に長《た》けた人たち」に取って代わられつつあった。大統領選の選挙運動は、かつては若く頭脳明晰な弁護士が主な担い手だったが、「頭脳明晰な経済学者とMBAホルダー」のほうが必要とされるようになった。そしてウォール街では、コンピューターに精通した数量分析の達人が口達者に取って代わり、新手の複雑な金融派生商品《デリバティブ》を考案するようになった。サマーズの述懐によれば、「過去三〇年で、投資銀行業界の主導権は、顧客とゴルフを楽しんだ後の商談が得意な人たちから、デリバティブの価格づけに関する数学的な超難問を解くのが得意な人たちへと移った」のだ。[34]

　金融危機のわずか四年前のこうした言葉に、市場勝利主義信仰すなわちマネーボール信仰がはっきりと見てとれる。

　その後の展開からわかるように、この信仰は、経済にもオークランド・アスレチックスにも、よい結果をもたらさなかった。アスレチックスがプレーオフに進出したのは二〇〇六年が最後で、それ以降は一シーズンも優勝していない。公平を期すために言うと、これはマネーボールの失敗ではなく拡大のせいだ。ルイスの著書も一因となって、出塁率が高い選手との契約の価値がほかのチームにもわかってしまった。そこにはより潤沢な資金を持つチームも含まれていた。二〇〇四年には、富裕なチームが俸給をつり上げたせいで、そうした選手はもはや掘り出し物ではなくなっていた。打席で粘りを発揮し、フォアボールで出塁することの多い選手の俸給に、勝利への貢献度が反映されるようになった。ビーンが利用した市場の非効率性は、消え去ってしまったのだ。(35)

マネーボールは、少なくとも長い目で見れば、弱小チームのための戦略ではないことが明らかになった。富裕なチームも統計の専門家を雇い、彼らの推薦する選手に貧乏なチームより高い値をつけることができる。俸給総額の大きさでは球界で指折りのボストン・レッドソックスは、二〇〇四年と二〇〇七年に、マネーボールの使徒であるオーナーとゼネラルマネジャーのもと、ワールドシリーズで優勝した。ルイスの著書が出版されてから数年で、メジャーリーグ球団の勝率の決め手として、お金の重要性は低くなるどころか高まったのである。(36)

これは経済理論に基づく予測と矛盾しない。野球の才能が効率よく値踏みされれば、選手の俸給に最もお金をかけられるチームが最も強くなることが予想できる。だが、ここでもっと大きな疑問が生じる。マネーボールは、経済学的な意味では野球をより効率的にした。だが、野球をよりよくしただろうか？　どうも、そうではなさそうだ。

試合の進め方にマネーボールがもたらした変化を考えてみるといい。打席にいる時間が延び、フォアボールによる出塁が増え、投球数が増え、ピッチャー交代が増え、バットが自由に振られる回数が減り、走路上での思い切ったプレーが減り、バントと盗塁が減った。これでは、よくなったとはとても言えない。九回裏、同点、満塁という打席が長引いたとしても、それは昔ながらの野球の醍醐味を味わうひとときになりうる。だが、時間のかかる打席とフォアボールによる出塁だらけの試合は、退屈な見世物になるのが落ちだ。マネーボールが野球を台無しにしたわけではないにしても、近年、ほかの世界にも見られる市場の侵入の例と同じく、競技の価値を減じてしまった。

さまざまな財や活動に関して、私が本書で一貫して言おうとしてきたポイントが、ここに表れている。つまり、市場の効率性を増すこと自体は美徳ではないということだ。真の問題は、あれやこれやの市場メカニズムを導入することによって、野球の善が増すのか減じるのかにある。これは野球だけでなく、われわれが生きる社会についても問うに値する問題なのだ。

ここに広告をどうぞ

市場と商業主義がはびこる場所は、スポーツ界だけではない。過去二〇年間に、広告はおなじみの媒体――新聞、雑誌、ラジオ、テレビ――の枠を越えて、生活の隅々を占拠するにいたった。

二〇〇〇年、巨大な「ピザハット」のロゴが描かれたロシアのロケットが、広告を宇宙へ運んだ。だが、一九九〇年代以降に広告が新たに侵入した場所のほとんどは、間違いなく日常的な空間だった。食料品店では、ハリウッド映画やネットワークテレビの新番組を宣伝するステッカーが、リンゴやバナナに貼られはじめた。CBSの秋の番組ラインアップの広告をつけた卵が、生鮮食料品コーナーにお目見えした。広告は容器ではなく、卵の一個一個につけられていた。レーザーエッチングの新技術により、会社のロゴと宣伝文句を（ごく浅く、だが消えないように）殻に刻めるようになったおかげだ。[37]

戦略的に設置されたビデオ画面によって、広告主は、日常生活のなかのごく短い時間にも人々の注意を引きつけられるようになった。それは、大忙しで心ここにあらずといった人でさえ、じっと待つしかない時間である。たとえば、エレベーターに乗って目指す階に着くのを待つとき、ATMで現金が出てくるのを待つとき、ガソリンスタンドで満タンになるのを待つとき、さらには、レストランやバーをはじめとする公共の場でトイレを使っているときまで。[38]

かつてはトイレの広告といえば、個室や手洗い場の壁に見られた怪しげなステッカーや落書きであり、売春婦や売春あっせん業者の電話番号を知らせるものだった。ところが一九九〇年代になると、トイレに一般的な広告が現れはじめた。『アドヴァタイジングエイジ』誌の記事によると、「ソニー、ユニリーバ、任天堂といったマーケターのほか、大手酒造会社やテレビ局などが、売春婦や変人を押しのけると、パンツを下げ、ジッパーを開けた人々の目の前に自社の広告を出した」。デオドラント剤、自動車、レコーディングアーティスト、ビデオゲームの巧みな広告が、トイレの個室や小便器の壁の見慣れた光景となった。二〇〇四年には、若く裕福で否応なく「囚われの観衆」となる人々を狙ったトイレ広告は、五〇〇〇万ドル規模のビジネスとなっていた。トイレ広告業界には独自の同業者組合があり、最近、一四回目の年次総会がラスヴェガスで開催された[39]。

広告主がトイレの壁のスペースを買いはじめたころ、広告は書物のなかにも進出しつつあった。有料のプロダクトプレイスメントは長年、映画とテレビ番組の十八番だった。ところが二〇〇一年、イギリスの小説家、フェイ・ウェルドンが、イタリアの宝飾品会社のブルガリから依頼を受けて本を書いたのだ。額は明らかにしていないものの、ウェルドンは報酬と引き換えに作中で最低一二回、ブルガリの宝飾品に言及することに同意した。内容にふさわしく『ブルガリ・コネクション』と題されたその小説の出版元は、イギリスではハーパーコリンズ、アメリカではグローヴ／アトランティックだった。ウェルドンは、求められた回数より多い三四回、ブルガリの名を作中に登場させた[40]。

一部の作家は、企業が小説のスポンサーになるという発想に憤りをあらわにし、書籍編集者に対し、ウェルドンの作品を書評で取り上げないよう強く求めた。ある批評家は、プロダクトプレイスメントは「物語に対する読者の信頼を損ねる」と語った。別の批評家は、商品名を織り込んだ散文の不自然さを指摘した。たとえば、こんなくだりである。「『手のなかにあるブルガリのネックレス一つは、藪《やぶ》のなかの二つ分の値打ちがあるわ』とドリスは言った」とか、「二人は情熱をすべて出し切ると、しばし幸せそうに身を寄せ合った。そして、彼女はその日のランチタイムにブルガリで彼と会った[41]」。

著作中のプロダクトプレイスメントは広まっていないものの、読書用のデジタル機器と電子出版の出現によって、読書という行為と広告の距離は縮まりそうだ。二〇一一年に、アマゾンは人気の読書用端末、キンドルの二つのバージョンを販売しはじめた。「特価提供品の案内とスポンサーつきスクリーンセイバー」がつくモデルと、つかないモデルだ。特価提供品の案内つきのモデルは標準モデルよりも四〇ドル安いが、スクリーンセイバー上とホームページ下部に次々と広告が映し出される[42]。

空の旅も、ますます商業主義に侵されつつある。本書の第1章で、航空会社が、空港での行列を利益を得る好機に変えたことを述べた。追加料金を払えば、手荷物検査で短い列に並んで早く搭乗できる特権を手にできるようにしたのだ。だが、それだけではない。行列から解放されて飛行機に搭乗し、座席に落ち着くと、今度は自分が広告に取り囲まれていることに気づくはずだ。数年前、USエアウェイズは座席の背についた折りたたみテーブル、ナプキン、そして信じがたいことに、エチケット袋への広告の販売を始めた。格安航空会社のスピリット・エアラインズとライアンエアーも、頭上の荷物入れに広告をベタベタと貼りつけた。デルタ航空は最近、離陸前の機内安全ビデオの冒頭に乗用車のリンカーンのコマーシャルを流そうとした。コマーシャルに気を取られた乗客が安全放送を見なくなるとの苦情を受けて、デルタ航空はリンカーンの広告をビデオの最後に移した。(43)

近頃では、作家や航空会社でなくても企業がスポンサーになってくれる。自分の車を走る広告掲示板にする気さえあれば、自動車を持っているだけでいいのだ。栄養ドリンク、携帯電話会社、洗濯用洗剤、地元の配管資材店などのロゴや宣伝文句を印刷したビニール素材で車を覆えば、広告代理店から一ヵ月に最高九〇〇ドルが支払われる。契約には二、三の常識的な制限が伴う。たとえば、コカ・コーラ社の製品の広告をつけているなら、運転中にペプシを飲んでいるところを見つかってはいけない。広告主の見積もりでは、広告をまとった車で町や道路を走れば、一日に七万人もの人が広告のメッセージを目にすることになる。(44)

家を広告板にすることもできる。二〇一一年、カリフォルニア州のアズーキーという小さな広告会社が、自宅が差し押さえ寸前だったり、住宅ローンの返済に四苦八苦していたりする住宅保有者に耳よりな提案をした。自宅の外側（屋根は除く）全体にペンキで派手な色の広告を描かせてくれれば、広告が掲示されているあいだはアズーキーが毎月ローンを支払おうというのだ。この広告会社のウェブサイトにはこうある。「派手な色とご近所の視線が気にならなければ、以下の申し込み欄に入力してください」。アズーキーには住宅保有者からの申し込みが殺到した。一〇軒の家にペンキで広告を描く予定だったこの会社に、二カ月足らずで二万二〇〇〇件の申し込みが寄せられたのだ。(45)

車や家を持っていなくても、近頃の広告の大流行を利用してお金を手にする方法はまだある。自分の体を広告板にするのだ。私が知るかぎり、この広告手法を始めたのは、サンフランシスコにある家族経営の小さなメキシコ料理レストラン、カーサ・サンチェスだ。一九九八年に、オーナー一家は、レストランのロゴ――ソンブレロをかぶって巨大なトウモロコシにまたがる男の子――の入れ墨を体に入れてくれる人に、生涯、無料で昼食を提供すると申し出た。サンチェス一家は、こんな申し出を受け入れる人はいたとしてもごくわずかだろうと考えていた。これが大間違いだった。数カ月もすると、四〇人以上がカーサ・サンチェスの入れ墨をこれ見よがしにさらし、サンフランシスコの通りを闊歩した。そして、昼時にはしょっちゅうカーサ・サンチェスに立ち寄り、無料のブリトーを注文した。

オーナーは宣伝の成功に気をよくしたものの、もしも、入れ墨を入れた人全員が向こう五〇年のあいだ毎日、昼食を食べにやってくれば、五八〇万ドル相当のブリトーを提供しなくてはならないと気づき、青くなった。(46)

数年後、ロンドンの広告代理店が人間の額《ひたい》を広告スペースとして貸しはじめた。カーサ・サンチェスの宣伝とは異なり、永久的ではない消せる入れ墨が使われた。だが、入れるのはもっと目立つ場所だった。代理店は、一時間につき四・二〇ポンド（六・八三ドル）で企業のロゴを額に掲げてもいいという大学生を募集した。スポンサー候補のある企業はこのアイデアを称賛し、額の広告は「サンドイッチマンの広告板の延長だが、それよりも少しばかり有機的《オーガニック》だ」と述べた。(47)

ほかの広告会社もさまざまな形の身体広告を発案した。ニュージーランド航空は三〇人を「頭の広告塔」として雇った。広告塔となる人たちは頭髪をそり、後頭部に消せる入れ墨で「変化が必要？　それなら、ニュージーランドへ行こう」と記した。この頭の広告を二週間、人目にさらして得る報酬は、ニュージーランドまでの往復航空券（一二〇〇ドル相当）または現金七七七ドル（ニュージーランド航空が使用するボーイング777にちなむ）だった。(48)

最も極端な身体広告は、ユタ州に住む三〇歳のある女性によるものだ。彼女は、自分の額に商業広告を出す権利をオークションに出品したのだ。シングルマザーのカリ・スミスは、一一歳の息子が学校の授業についていけなかったため、教育費を必要としていた。二〇〇五年にオンラインのオークションで、一万ドル出してくれる広告主がいれば、宣伝のために自分の額に永久的な入れ墨を入れると申し出た。あるオンラインカジノがその料金で話に乗った。彫り師はやめるよう説いたが、スミスは応じず、額にカジノのウェブサイトのアドレスを彫り込ませた。[49]

商業主義の何が悪いのか?

一九九〇年代から二〇〇〇年代前半にかけての命名権と広告の爆発的流行に対して、多くの人が嫌悪感を持ち、警戒心さえ抱いた。そうした懸念が読み取れる新聞の見出しは枚挙にいとまがない。「広告の集中砲火から逃げ隠れできる場所はない」(ロサンジェルスタイムズ)、「広告の猛攻撃」(ロンドンのサンデータイムズ)、「広告は無限なり」(ワシントンポスト)、「いまや目に入るあらゆる場所に広告が見える」(ニューヨークタイムズ)、「ここにも、そこにも、どこにでも広告がある」(USAトゥデー)。

批評家や活動家は「俗悪な商業的価値観」と「広告と商業主義の堕落」を公然と非難した。彼らは商業主義を「心、精神、そして国中のコミュニティーを荒廃させる害悪」と呼んだ。広告を「一種の環境汚染」だとする声もあった。ある買い物客は、食料品店の果物に映画の広告ステッカーがついているのがなぜ嫌なのかを問われ、「私のリンゴを広告でよごしてほしくないからです」と答えた。広告会社の幹部でさえこう言ったとされた。

「不可侵なものがいまだにあるのかどうか、定かではありません」[50]

そうした懸念の道徳的な力は、否定しがたい。それでも、過去二〇年間にわれわれが目にしてきた広告の蔓延の何がまずいのかを、公的言説において一般的な言葉だけを使って説明するのは容易ではない。

たしかに、わがもの顔で侵入してくる広告は、長年にわたって文化人の苦言の的だった。一九一四年にジャーナリストのウォルター・リップマンは「景観を損ね、フェンスを覆い、街を塗りつぶし、夜通しウインクを投げかける偽りの喧噪」を嘆いた。広告はいたるところにあると感じられた。東の空は「チューインガム、北の空は歯ブラシと下着、西の空はウイスキー、南の空はペチコートで飾られて、天空全体がおそろしく尻軽な女たちでギラギラしている」[51]。

リップマンがアメリカの中西部や南部の道路を通っていれば、懸念が現実であることをその目で確かめられただろう。何千という納屋が鮮やかな色に塗られ、嚙みタバコの広告が描かれているのを見たはずだ。「嚙みタバコならメイルパウチ。ご自分のために最高級品を奮発しましょう」。一八九〇年代から、メイルパウチ・タバコ社のやり手経営者たちは、交通量の多い道路沿いに納屋を持つ農家に一ドルから一〇ドルの謝礼を払って（さらに、無料でペンキを塗って）、納屋を広告板に変えた。こうした納屋広告は屋外広告の最初期の例であり、住宅に広告を描く昨今の試みの先駆けだった。[52]

　そうした先例はあるものの、ここ二〇年の商業主義には独特の無分別ぶりが見て取れる。それは、すべてを売り物にする世界の象徴なのだ。こうした世界に不安を感じている人も多いし、それはもっともなことだ。だが、いったい、そうした世界の何が悪いのだろうか。「何も悪くない」と言う人もいる。家であれ納屋であれ、スタジアムであれトイレであれ、上腕であれ額であれ、広告や企業スポンサーに売られるスペースが売り主に属し、かつ自由意志で販売されるかぎり、反対する権利は誰にもない。それが私のリンゴや飛行機や球団なら、私には命名権や広告スペースを好きなように売る自由があるはずだ。これが、自由な広告市場の擁護論である。

　ほかの事例で見てきたとおり、こうした自由放任論は二種類の異論を招く。一つは強制と不公正にかかわるもの、もう一つは腐敗と堕落にかかわるものだ。

　第一の異論は、選択の自由の原則を容認しつつ、市場における選択のあらゆる事例が本当に自由意志によるものかどうかを問う。差し押さえの危機に直面した住宅所有者が、ペンキを使って自宅にけばけばしい広告を描くことを承諾したとしても、それは本当に自由な選択ではなく、実質的には強制に等しい。子供の薬を買うためにどうしてもお金の必要な父親が、額に商品広告の入れ墨を入れることを承諾しても、その選択は完全な自由意志によるものとは言えないだろう。強制にかかわる異論によれば、市場関係が自由だとみなされるのは、売買の背景となる条件が平等で、差し迫った経済上の必要に迫られた人がいないときにかぎられる。

現代の政治論争のほとんどは、こうした二つの観点から行なわれる——自由な市場を支持する人々と、市場における選択が自由なのは、それが平等な立場でなされ、社会的共同の基本条件が公正なときにかぎられると主張する人々のあいだで。

だが、どちらの立場も、市場的思考や市場関係が人間のあらゆる活動に侵入してくる世界の何が問題なのかを説明してはくれない。こうした状況の何が不安をかき立てるのかを説明するには、腐敗や堕落といった道徳的な語彙を使う必要がある。そして、腐敗や堕落について語るのは、善き生という概念に少なくとも暗に訴えることなのだ。

商業主義を批判する人が用いる言葉を考えてみよう。「退廃」、「冒瀆」、「下品」、「汚染」、「神聖さ」の喪失。これは精神性のこもった言葉であり、より高級な生き方やあり方を指し示している。それは、強制や不公正ではなく、ある種の態度、慣行、善の堕落にかかわっている。商業主義に対する道徳的な批判は、私が腐敗の異論と呼んだものの一例だ。

命名権と広告によって、腐敗は二つのレベルで進む可能性がある。場合によっては、ある慣行の商業化そのものが堕落となる。たとえば、企業スポンサーの入れ墨広告を額に入れて歩き回るのは、たとえ身体の一部を売るという選択が自由意志に基づいていたとしても、みずからを貶める行為だ。

あるいは、これぞ命名権とでも言うしかない事例について考えてみよう。二〇〇一年、男児の出産を控えた夫婦が、息子の名前をeBayとYahoo!のオークションに出品した。二人が期待していたのは、どこかの企業が息子の命名権を買い、その見返りとして愛情豊かな両親に、成長する家族にふさわしい快適な家や施設の資金を提供してくれることだった。だが結局、五〇万ドルという希望価格に応じる企業はなかったため、夫婦はあきらめて、子供に普通の名前をつけた（ゼインと命名した）(53)。

さて、子供の命名権を企業に売るのが間違っているのは、子供の同意がないからだという意見があるかもしれない（強制という観点からの異論）。だがそれは、子供の命名権の売買が好ましくない主要な理由ではない。そもそも、子供は通常、自分で名前をつけるわけではない。ほとんどの人は親に与えられた名前を使い、それを強制とは思っていない。企業のブランドのついた子供に関して強制が問題となる唯一の理由は、そうした名前（たとえばウォルマート・ウィルソン、ペプシ・ピーターソン、ジャンバ・ジュース・ジョーンズなど）で生きていくのは、たとえ本人が同意したとしても、人格を貶めるということなのだ。

商業主義のすべてが腐敗を招くわけではない。なかには、昔からスタジアムのスコアボードを飾り、外野の壁にまでつけられてきた看板のように、ふさわしいものもある。だが、企業スポンサーの戯《ざ》れ言《ごと》が放送席に侵入し、ピッチャー交代や二塁への滑り込みのたびにしゃしゃり出てくるとすれば、話は別だ。これはむしろ、小説中のプロダクトプレイスメントに近い。最近、ラジオやテレビの野球中継を聴いたことがある人なら、意味がおわかりだろう。スポンサー企業のキャッチフレーズがひっきりなしにアナウンサーの口から発せられて試合に割り込み、本来なら選手のプレー一つひとつを説明するはずの、創意に富んだ本物の語りが台無しにされているのだ。

したがって、広告にふさわしい場所とふさわしくない場所を決めるには、一方で所有権について、他方で公正さについて論じるだけでは不十分なのだ。われわれはまた、社会的慣行の意味と、それらが体現する善について論じなければならない。そして、その慣行が商業化によって堕落するかどうかを、それぞれのケースごとに問わなければならない。

さらに考えるべきことがある。広告自体は腐敗していないにもかかわらず、社会生活全体の商業化を促してしまう場合があるのだ。ここで、環境汚染と対比してみるのがいいだろう。二酸化炭素の排出は、それ自体が間違っているわけではない。われわれは呼吸のたびにそうしている。にもかかわらず、二酸化炭素の過剰な排出は環境を破壊することがある。同じように、ほかの場所でなら問題のない広告の領域の拡大も、小説の舞台にまでおよぶとなると、やがては、企業スポンサーと大量消費主義に支配される社会、あらゆるものがマスターカードやマクドナルド「の提供でお送りします」という社会が到来しかねない。これもまた一種の堕落である。

自分のリンゴを広告ステッカーで「よごして」ほしくないと言った買い物客を思い出してみよう。厳密に言えば、これは誇張である。ステッカーが果物をよごすことはない（傷をつけなければの話だが）。リンゴやバナナの味が変わるわけではない。バナナにはチキータの商標を示すステッカーがかなり以前から貼られているが、苦情を言う人はほとんどいなかった。だとすれば、映画やテレビ番組を宣伝するステッカーに不満を言うのはおかしくないだろうか。いや、そうとはかぎらない。買い物客が反発している対象は、おそらく、このリンゴにつけられたこの広告ではなく、日常生活への商業広告の侵入なのだ。「よごされて」いるのはリンゴではなく、われわれが暮らす普通の世界、市場価値と商業感覚にますます支配されつつある世界なのである。

広告による腐敗の影響が食料品売り場よりもさらにひどいのは、公共の領域だ。そうした場所にまで、命名権や企業スポンサー契約が浸透しつつあるのだ。これは「自治体マーケティング」と呼ばれ、商業主義を市民生活の中心へと持ち込むおそれがある。過去二〇年にわたり、財政が逼迫《ひっぱく》した市や州は、公共の浜辺、公園、地下鉄、学校、文化施設に広告を出す権利を売ることによって、収支を合わせようとしてきたのである。

自治体マーケティング

こうした風潮が出てきたのは一九九〇年代のことだった。スタジアムの命名権取引がメジャーリーグ球団のオーナーに利益をもたらすことがわかると、政府の役人は自治体のサービスや施設に企業スポンサーをつけようとするようになった。

ビーチレスキューと飲料販売権

一九九八年夏、ニュージャージー州シーサイドハイツの公共海水浴場で一日を過ごそうとやってきた人たちは、スキッピー・ピーナッツバターの容器の絵柄が五〇〇〇個、見渡すかぎりの砂浜を覆っているのを目にした。これは、砂に広告を型押しできる新発明の特殊な機械の仕業だった。スキッピー社が町に料金を支払って、足元の砂浜に広告を出したのだ。[54]

北米大陸の反対側のカリフォルニア州オレンジ郡では、いまやシボレーによって海浜救助隊《ビーチレスキュー》が提供されていた。ゼネラルモーターズが二五〇万ドルのスポンサー契約を結び、新車のピックアップトラックとシボレー・ブレイザーを計四二台、郡の救助隊に寄贈したのだ。この車両には「オレンジ郡公式海浜保安車」なる広告がついていた。契約によって、シボレーは写真撮影のためにビーチを無料で利用する権利をも手にした。隣のロサンジェルス郡では、公式海浜保安車はフォード・レンジャーズ、救助隊員の水着のスポンサーは

スピード社だった。(55)

一九九九年、コカ・コーラは六〇〇万ドルを支払ってカリフォルニア州ハンティントンビーチの公式飲料となった。この契約によって同社は、市のビーチ、公園、市所有の施設で、ソフトドリンク、ジュース、ミネラルウォーターを独占的に販売する権利を得たうえ、ハンティントンビーチの愛称である「サーフシティー」のロゴを広告に使用できることになった。

全米で一〇あまりの市が、同様の契約を清涼飲料メーカーと結んでいる。サンディエゴではペプシが六七〇万ドルで独占的飲料販売権を獲得した。サンディエゴは複数のスポンサー契約を結んでおり、携帯電話事業会社のベライゾンを市の「公式ワイヤレスパートナー」とし、カルディアック・サイエンスという企業を除細動器の公式サプライヤーとしている。(56)

ニューヨークシティーでは、マイケル・ブルームバーグ市長が自治体マーケティングを強力に推進し、二〇〇三年に、同市初の最高マーケティング責任者を任命した。この人物の最初の大仕事は、飲料会社スナップルとのあいだで結んだ一億六六〇〇万ドルの五年契約だった。この契約により同社は、市内の公立学校でジュースとミネラルウォーターを、市の所有する六〇〇〇の施設でお茶、ミネラルウォーター、チョコレート飲料を独占的に販売する権利を得た。ビッグアップル［訳注：ニューヨークシティーの愛称］が身売りしてビッグスナップルになったと批判する人もいた。しかし、自治体マーケティングはビジネスとして急成長しており、一九九四年にはわずか一〇〇〇万ドルにすぎなかった取引額が、二〇〇二年には一億七五〇〇万ドルに拡大したのである。[57]

地下鉄駅と自然遊歩道

一部の公共施設には命名権契約がなかなか普及しなかった。二〇〇一年、マサチューセッツ湾交通局はボストンの地下鉄の由緒ある四駅の命名権を売ろうとしたが、関心を寄せる企業はなかった。ところが、最近になって、いくつかの市が地下鉄駅の命名権の販売に成功した。二〇〇九年にニューヨーク州都市交通局（MTA）は、古さでも乗降客数でもブルックリン屈指の駅の二〇年間にわたる命名権を、バークレイズ銀行に四〇〇万ドルで売った。ロンドンに本店を置く同銀行が命名権をほしがった理由は、この駅が、やはりバークレイズの名を冠する競技場の最寄り駅だからだ。MTAは命名権の販売に加えて、駅に広告を掲示したり、地下鉄車両全体を広告でくるんだり、駅の柱、回転式改札、床を広告で覆ったりする権利も大々的に売り出した。ニューヨークの地下鉄が地下の広告から得る収入は、一九九七年の三八〇〇万ドルから二〇〇八年には一億二五〇〇万ドルへと増加した。[58]

二〇一〇年、フィラデルフィア交通局は、電話会社のAT&Tにパティソン駅の改称権を売った。この駅名は、一九世紀のペンシルヴェニア州知事の名にちなんだものだ。AT&Tは交通局に三四〇万ドルを支払い、契約をまとめた広告代理店にさらに二〇〇万ドルを支払った。AT&T駅と改称されたこの駅は、フィラデルフィアのスポーツチームが本拠地とする複数のスタジアムの最寄り駅としてよく知られている。スタジアムのほうには、銀行と金融サービス会社の名がつけられている。シチズンズ・バンク・パーク（野球のフィラデルフィア・フィリーズ）、ウェルズ・ファーゴ・センター（バスケットボールのフィラデルフィア・セブンティシクサーズとアイスホッケーのフィラデルフィア・フライヤーズ）、リンカーン・ファイナンシャル・フィールド（フットボールのフィラデルフィア・イーグルス）という具合だ。ある市民諮問委員会の元代表は駅名の販売に反対して、こう述べた。「交通は公共サービスであり、名称によって、周囲の道路や地区との大切な関係がつくられます」。だが、ある当局者の返答によれば、交通局にはお金が必要であり、名称の販売は「顧客と納税者のコスト負担を助けることになります」というのだ。(59)

公園、遊歩道、自然保護区に企業スポンサーをつけようとした市や州もあった。二〇〇三年、マサチューセッツ州議会は州の公園、森林、保養地の計六〇〇カ所について、命名権の販売が可能かどうかを検討することを議決した。『ボストン・グローブ』紙は、ソローのウォールデン池［訳注：H・D・ソロー著『森の生活』の舞台］が「ウォルマート池」になるかもしれないとする社説を出した。マサチューセッツ州は計画を取りやめた。だが最近、いくつもの有名企業が、スポンサー契約を結んで全米の州立公園に商標を掲げている。(60) 高級アウトドア衣料メーカーのザ・ノース・フェイスは、ヴァージニア州とメリーランド州で、公園の遊歩道の標識にロゴを表示している。コカ・コーラはカリフォルニアのある州立公園で、山火事の後の森林再生計画への支援と引き換えに、ロゴの掲示を許可されている。ネスレの商標「ジューシージュース」は、複数のニューヨーク州立公園で標識に表示されている。同社がそれらの公園に遊び場をつくったからだ。ライバルのジュース会社であるオドワラは植林計画に出資し、見返りとして全米各地の州立公園でブランドの認知度を高めている。ロサンジェルスでは二〇一〇年に、市立公園での広告を売る試みが反対派に阻止された。実現していれば、ヨギ・ベア［訳注：日本では「クマゴロー」として親しまれたテレビアニメのキャラクター］の映画の広告が公園の建物、ピクニック用テーブル、ゴミ箱につけられるはずだった。(61)

二〇一一年にはフロリダ州議会で、州立自然遊歩道の命名権と歩道沿いの商業広告の販売を許可する法案が提出された。自転車、ハイキング、カヌーなどに使われる緑地帯に対する州の予算は近年、削られており、一部の議員は資金不足を補うのに広告が一役買うと考えたのだ。ガヴァメント・ソリューションズ・グループという会社が州立公園と企業スポンサーとの契約を仲介している。同社の最高経営責任者、シャリ・ボイヤーは、州立公園は理想的な広告の場だと指摘する。彼女の説明によれば、州立公園を訪れる人たちは高収入の「優秀な消費者」だ。そのうえ、公園という場所は気を散らすもののない「とても静かなマーケティング環境」にある。(62)「人々に訴えるのにはもってこいの場所です。人々は正常な精神状態にありますから」

パトカーと消火栓

二〇〇〇年代前半、財政が逼迫した多くの市や町が夢のような申し出に惹きつけられた。ノースカロライナ州のある会社が、新車のパトカーを年間一ドルで提供すると申し出たのだ。警光灯と後部座席の鉄格子もついたフル装備の車両だ。この申し出にはちょっとした条件がついていた。(63)ナスカーレースの出場車のように、広告と企業のロゴでパトカーをすっぽり覆うというのだ。

警察署や自治体の幹部のなかには、普通なら一台二万八〇〇〇ドルほどするパトカーの値段とくらべれば、広告は安いものだと見る人もいた。二八州の一六〇あまりの自治体が契約を結んだ。パトカーの提供を申し出たガヴァメント・アクィジションズという会社は、関心を示した自治体と契約を結んでから、地元企業と全国的な企業に広告スペースを売り込んだ。広告は趣味のよいものでなければならず、アルコール、タバコ、銃器、賭博の広告は引き受けないことを同社は強調した。同社のウェブサイトには、想定される例として、警察車両のボンネットがマクドマルドのシンボルである金色のM形アーチに覆われている写真が掲載されている。顧客にはドクターペッパー、自動車部品会社のナパ・オートパーツ、ペッパーソースのタバスコ、アメリカ郵便公社、アメリカ陸軍、潤滑油のバルボリンなどが名を連ねた。ガヴァメント・アクィジションズが将来の広告主として交渉を計画していたのは、銀行、ケーブルテレビ会社、自動車販売店、警備会社、ラジオ局、テレビ局だった。(64)

広告をまとった警察車両が登場するかもしれないという見通しに、賛否両論が巻き起こった。新聞の論説委員と一部の警察当局者は、いくつかの見地からこのアイデアに異議を唱えた。警察がパトカーのスポンサーを優遇する危険性を懸念する意見もあった。警察がマクドナルドや、ダンキンドーナツや、地元の金物店によって提供されると、法の執行の威厳と権威が貶められるという意見もあった。また、この計画が自治体そのもののイメージを傷つけ、必要不可欠なサービスへの資金投入に対する一般市民の意欲に水を差すという主張もあった。コラムニストのレナード・ピッツ・ジュニアはこう書いた。「社会の秩序ある運営のために決して欠かせないもの、社会の尊厳にとってきわめて本質的なものは、それゆえに昔から、みなが共同で公共善のために雇って装備を整えた人員だけに託されてきた。法の執行はそうした任務の一つだ。少なくとも、かつてはそうだった」(65)

契約支持派も、警察に商品の宣伝をさせることへの違和感は認めた。だが、財政難の時代には、広告をつけたパトカーが助けてくれるほうが、まったく助けてくれないよりも市民にとってありがたいはずだと主張した。「［企業の］マークをつけて走るパトカーを見たら、市民は笑うかもしれません」と、ある警察署長は言った。「それでも、その車が緊急時に駆けつければ、来てくれて本当によかったと感じるでしょう」。オマハのある市会議員も、当初はこのアイデアが気に入らなかったが、節約できる金額に気持ちが動かされたと述べた。そして、こんなたとえ話を持ち出した。「スタジアムには、フェンスにも通路にも広告があるし、市民ホールもそうです。悪趣味でないかぎりは、パトカーの広告も同じことでしょう」(66)

スタジアムの命名権や企業スポンサー契約には、道徳的な伝染力か、少なくとも影響力があることが明らかになった。パトカーをめぐる論争が起こったときには、すでに人々の精神は命名権や企業スポンサーに慣らされ、商業的な慣行がさらに市民生活に侵入してくるのを予期していたのだ。

だが、ノースカロライナ州のこの会社は結局、パトカーを一台も納入しなかった。全国的広告主に対する参入への反対運動をはじめ、市民の反発に直面して計画を断念したらしく、その後、廃業した。だが、パトカーに広告をつけるというアイデアは消えていなかった。イギリスでは、営利企業をスポンサーとするパトカーが一九九〇年代に登場した。内務省が公布した新たな条例により、警察が年間予算の最大一パーセントまでをスポンサー契約によって得ることが許可されたためだ。ある警察当局者はこう語る。「最近まで、それは禁断の領域でした。いまや何でも手に入ります」。一九九六年には、ハロッズ百貨店がパトカー一台をロンドンの特別警察官［訳注：非常時などに出動するボランティアの警察官］に進呈した。車体には、ハロッズ独特の書体で「この車はハロッズが提供しています」と書かれていた。(67)

パトカーの広告は、その後アメリカでも登場した。もっとも、ナスカーレースの出場車のようなスタイルではなかったが。二〇〇六年にマサチューセッツ州リトルトンの警察署が導入したパトカーには、地元の食料品店チェーン、ダンランズ・スーパーマーケットの控えめな広告が三カ所につけられていた。広告はバンパー用ステッカーの特大版といった外見で、トランクと左右両方の後部フェンダーに取りつけられた。広告と引き換えに、このスーパーは町に年間一万二〇〇〇ドルを支払った。車一台のリース料がまかなえる金額だ。(68)

私の知るかぎり、消防車の広告スペースを売り出そうとした者は、まだいない。だが、二〇一〇年にケンタッキーフライドチキン（KFC）はインディアナポリス消防局とスポンサー契約を結び、新メニューの「激辛《ファイアリー》」グリルド・チキン・ウィングの宣伝に乗り出した。契約には、インディアナポリス消防隊との写真撮影と、KFCのロゴ（シンボルであるカーネル・サンダースの顔を含む）を市のレクリエーションセンターの消火器につけることが含まれていた。インディアナ州の別の町では、KFCは同様の宣伝をするために、

ロゴを消火栓に貼る権利を買った。(69)

刑務所と学校

広告は、市民的権威と公共目的の中核をなす二種類の施設、刑務所と学校にまで侵入している。二〇一一年、ニューヨーク州バッファローのエリー郡刑務所は、逮捕直後の被告に向けた広告を高品位テレビの画面に流しはじめた。そうした視聴者をターゲットとするのは、どんな広告主だろうか? 保証業者［訳注：保釈金を貸したり、手数料をとって保証人になったりする業者］と被告側弁護士だ。コマーシャル料金は一年契約で週四〇ドル。そうしたコマーシャルが、規則や面会時間に関する刑務所からの案内とともに流される。家族や友人が被収容者との面会を待つロビーでも、広告が画面に映し出される。郡政府は広告収入の三分の一を受け取り、そのおかげで郡の財政は年間八〇〇〇ドルから一万五〇〇〇ドルの増収となる。(70)

この広告はたちまち売り切れた。手配を請け負った広告会社の代表、アンソニー・N・ディーナは、こんな利点を説いた。「人は刑務所にいるとき、何を望むでしょうか? そこを出ることです。有罪判決は望みません。保釈を望みます。それから、弁護士も希望します」。広告と視聴者の組み合わせは完璧だったわけだ。ディーナは『バッファローニューズ』紙にこう語っている。「広告を発信するなら、相手がまさに決断を必要とするときにしたいものです。これはまさにそのケースです。究極の『囚われの視聴者』ということです」[71]

チャンネル・ワンが広告メッセージを流す相手は、また別の種類の囚われの視聴者だ。アメリカ全土の教室で広告を見せられる何百万人ものティーンエイジャーである。コマーシャルのスポンサーが提供する一二分間のテレビニュース番組、『チャンネル・ワン・ニューズ』は、一九八九年に起業家のクリス・ホイットルによって始められたものだ。ホイットルは学校に無料のテレビ、ビデオ機器、衛星リンクを提供する代わりに、毎日学校で番組を放送し、二分間のコマーシャルも含めて生徒たちに必ず見せるという契約を結んだ。ニューヨーク州は学校へのチャンネル・ワンの導入を禁止したものの、大部分の州は禁止しなかったため、二〇〇〇年には一万二〇〇〇校で八〇〇万人の生徒がチャンネル・ワンを視聴していた。アメリカのティーンエイジャーの四〇パーセント以上が視聴者となったおかげで、ペプシ、スニッカーズ、クレアラシル、ゲータレード、リーボック、タコベル、アメリカ陸軍といった広告主に対し、チャンネル・ワンは三〇秒間のスポットＣＭ一本でおよそ二〇万ドルという高額な料金（ネットワークテレビの広告料金に匹敵する額）を請求できた。[72]

チャンネル・ワンの幹部はその財政的成功について、若年層向けマーケティングの会議で一九九四年にこう解説した。「広告主に対する最大のセールスポイントは、子供たちに二分間のコマーシャルの視聴を強制していることです。広告主が手にするのは、トイレにも行けない、チャンネルも変えられない、裏庭でどなる母親の声も聞こえない、ゲーム機で遊ぶこともできない、ヘッドフォンもつけられないという状態にある子供の集団なのです[73]」

ホイットルは数年前にチャンネル・ワンを売却し、現在はニューヨーク州で営利目的の私立学校を開校しようとしている。彼が以前経営していた会社には、もはやかつてほどの影響力はない。二〇〇〇年代前半のピーク時以来、チャンネル・ワンは契約校のおよそ三分の一と大手広告主の多くを失った。それでも、教室でのコマーシャルというタブーを破ることには成功した。こんにち公立学校には、広告、企業スポンサー契約、プロダクトプレイスメントに加え、命名権さえもがあふれているのだ[74]。

教室における商業主義の存在は、まったく新しい事態というわけではない。一九二〇年代には、アイヴォリーソープが石鹸彫刻《ソープカーヴィング》コンテスト用に、学校に石鹸を寄贈した。企業のロゴをスコアボードにつけたり、高校の卒業記念アルバムに広告を載せたりするのは、昔からよくあることだった。だが、一九九〇年代に入り、企業が学校にかかわる度合いは劇的に増した。企業は無料のビデオ、ポスター、「学習キット」を山のように教師に提供した。こうした提供品は、企業イメージを向上させ、子供たちの心に商標名を刻み込もうとの意図でつくられていた。企業はそれらを「協賛教材」と称した。生徒はハーシーチョコレートやマクドナルドが提供する教材で栄養について学んだり、エクソンが制作したビデオでアラスカの石油流出の影響について勉強したりした。プロクター・アンド・ギャンブルが提供した環境学習カリキュラムでは、紙おむつがなぜ地球にやさしいかが説明された。[75]二〇〇九年には、世界最大の児童書出版社であるスコラスティックが、エネルギー産業に関する無料教材を、小学四年生を教える六万六〇〇〇人の教師に配布した。「エネルギー合衆国」と題されたこのカリキュラムに出資したのはアメリカ石炭財団だった。業界をスポンサーとするこの授業プランでは、石炭の利点が強調される一方で、炭鉱事故、有毒廃棄物、温室効果ガスをはじめとする環境への影響については触れられていない。偏ったカリキュラムへの批判が広がっていることが報道されると、スコラスティックは企業をスポンサーとする出版の事業規模を縮小すると発表した。[76]

企業のスポンサーによる無料教材だからといって、すべてがイデオロギー的な課題を推進するわけではない。ブランドを売り込むだけのものもある。よく知られた事例で、キャンベルスープ・カンパニーは、科学的方法の学習を目的とした無料の科学キットを学校に送付した。生徒は（キットに含まれる）穴あきスプーンを使って、同社のプレーゴという商標のスパゲッティ用ソースが、ライバルブランドのラグーのソースよりも濃厚であることを証明する方法を学んだ。ゼネラルミルズは、「ガッシャーズ：地球の不思議」と題した火山に関する科学教材を教師に送った。キットのなかには、同社のキャンディーで、噛むと柔らかい中身が「噴出《ガッシュ》」する「フルーツガッシャーズ」の無料サンプルが入っていた。教師用の解説書では、生徒はガッシャーズをかじり、その効果を地熱噴火と比較することとされていた。トゥツィロール〔訳注：チョコレート味の棒状飴で、一八九六年以来のロングセラー〕のキットでは、三年生向けに、トゥツィロールを数えて計算練習をする方法が紹介されていた。作文の宿題としては、家族にトゥツィロールにまつわる思い出を取材するよう勧められていた。(77)

学校での広告宣伝の急増は、子供たちの購買力と、子供たちが家計支出に与える影響の高まりを受けてのものだ。一九八三年にアメリカ企業が子供向け広告に使った費用は一億ドルだった。二〇〇五年にはその額が一六八億ドルになった。子供たちは一日の大半を学校で過ごすため、企業はあの手この手で校内の生徒に広告を届けようとする。一方で、教育予算が不十分なため、公立学校はそうした企業を歓迎せざるをえなくなっている。(78)

二〇〇一年、ニュージャージー州のある小学校が、アメリカで初めて企業スポンサーに命名権を売った公立学校となった。地元のスーパーマーケットから一〇万ドルの寄付を受ける見返りに、この小学校は体育館を「ショップライト・オブ・ブルックローン・センター」と改称した。その後、いくつもの命名権契約が結ばれた。なかでも高額だったのは高校のフットボール場で、一〇万ドルから一〇〇万ドルの値がついた。二〇〇六年には、フィラデルフィアの新設公立高校が高い目標を掲げた。販売できる命名権の料金表を以下のように公表したのだ。舞台芸術ホールが一〇〇万ドル、体育館が七五万ドル、科学実験室が五万ドル、そして、学校そのものの名称が五〇〇万ドル。マイクロソフトが一〇万ドルを寄付して、この学校のビジターセンターに名前をつけた。それほど高額でない命名権もある。マサチューセッツ州ニューベリーポートのある高校は、校長室の命名権を一万ドルで売り出した(79)。

多くの学区がなりふり構わない宣伝活動を展開している——考えられるかぎりあらゆる場所で。二〇一一年、コロラド州のある学区は通知表の広告スペースを売り出した。その数年前、フロリダ州のある小学校が出した通知表には、マクドナルドの宣伝用カバーがかけられ、そこにはロナルド・マクドナルドのイラストと金色のM形アーチのロゴが描かれていた。この広告は、実は「通知表インセンティブ」計画の一環であり、成績がAとBだけの子供や、欠席日数が三日未満の子供には、マクドナルドの「ハッピーミール」が無料で提供される予定だった。地元住民が反対した結果、この宣伝活動は中止された(80)。

二〇一一年までに、七つの州がスクールバスの側面への広告掲載を認めている。スクールバスでの広告は、一九九〇年代にコロラド州で始まった。コロラド州の学校は、校内での広告もいち早く承認した。コロラドスプリングスでは、マウンテンデューの広告が学校の廊下に花を添え、バーガーキングの広告がスクールバスの側面を飾った。最近では、ミネソタ州やペンシルヴェニア州をはじめとするいくつかの州で、広告主は学校から許可を得て、巨大な「スーパーグラフィックス［訳注：高層ビルの壁面を覆う巨大広告］」広告を壁や床に出し、ロッカー、ロッカールームのベンチ、カフェテリアのテーブルを収縮包装している。[81]

学校にはびこる商業化は、二つの面で腐敗を招く。第一に、企業が提供する教材の大半は偏見と歪曲だらけで、内容が浅薄だ。消費者同盟の調査によれば、驚くまでもないが、スポンサー提供の教材の八〇パーセント近くが、スポンサーの製品や観点に好意的だ。しかし、たとえ企業スポンサーが客観的で非の打ちどころのない品質の教育ツールを提供したとしても、教室の商業広告は有害な存在だ。なぜなら、学校の目的と相容れないからである。広告は、物をほしがり、欲望を満たすよう人を促す。教育は、欲望について批判的に考えたうえで、それを抑えたり強めたりするよう促す。広告の目的が消費者を惹きつけることであるのに対し、公立学校の目的は市民を育成することだ。[82]

子供の生活の大半が消費社会の基礎訓練にあてられている時代に、身の回りの世界について批判的に考えられる市民であるよう生徒に教えるのは、容易ではない。多くの子供が、ロゴ、商標、ブランドものの服で身を包み、歩く広告塔として通学している時代に、学校が消費主義の精神にどっぷり浸かった大衆文化から距離をとるのはいっそう難しいし、いっそう重要でもある。

だが、広告は距離を嫌う。広告は場所と場所の境界線をぼかし、あらゆる環境を商売の場にしてしまう。「校門で自社の収入の流れを見つけましょう！」。学校広告業者のマーケティング会議を宣伝するパンフレットでは、そう謳《うた》われている。「字を習っている一年生にも、初めての車を買おうとするティーンエイジャーにも、教室という伝統ある場所で、貴社とその製品を確実にご紹介します！(83)」

不況、固定資産税の上限設定、予算の削減、入学者数の増加などのあおりを受け、財政難に陥った学校は、マーケターが校門に詰めかければ入れるしかないと感じてしまう。だが、非があるのは学校よりも、むしろわれわれ市民だ。子供たちの教育に必要な公的資金を調達する代わりに、バーガーキングやマウンテンデューに子供たちの時間を売り、心を貸し出すことを選んでいるのである。

スカイボックス化

商業主義は触れるものすべてを破壊するわけではない。消火栓は、KFCのロゴをつけても水を出して火を消せる。地下鉄車両は、ハリウッド映画の広告で収縮包装されても、われわれを夕食に間に合うように帰宅させてくれる。子供たちは、トゥツィロールを数えることで算数が学べる。スポーツファンは、バンク・オブ・アメリカ・スタジアムでも、AT&Tパークでも、リンカーン・ファイナンシャル・フィールドでも、ホームチームを応援できる。たとえ、そうした競技場をホームと呼ぶチームに命名することが、ほとんどの人にとって不可能だとしても。

それでも、企業のロゴをつけることは、その物事の意味を変える。市場はその痕跡を残す。プロダクトプレイスメントは書物の高潔さを汚し、著者と読者の関係を蝕む。入れ墨の身体広告は、お金を受け取ってそれを体につける人を物として扱い、貶める。教室内のコマーシャルは学校の教育的目的を損ねる。

そうした判断に異論のあることは認める。書物、肉体、学校の意味と、それらの価値をどう決めるべきかをめぐっては、人によって意見が異なる。実際、市場が侵入してきた領域——家庭生活、友情、セックス、生殖、健康、教育、自然、芸術、市民性、スポーツ、死の可能性の扱い方——の多くについて、何が正しい規範なのか、意見が一致していない。だが、私が言いたいのはそこだ。市場や商業は触れた善の性質を変えてしまうことをひとたび理解すれば、われわれは、市場がふさわしい場所はどこで、ふさわしくない場所はどこかを問わざるをえない。そして、この問いに答えるには、善の意味と目的について、それらを支配すべき価値観についての熟議が欠かせない。

そのような熟議は、善き生をめぐって対立する考え方に触れざるをえない。それは、われわれがときに踏み込むのを恐れる領域だ。われわれは不一致を恐れるあまり、みずからの道徳的・精神的信念を公の場に持ち出すのをためらう。だが、こうした問いに尻込みしたからといって、答えが出ないまま問いが放置されるわけではない。市場がわれわれの代わりに答えを出すだけだ。それが、過去三〇年の教訓である。市場勝利主義の時代は、たまたま、公的言説全体が道徳と精神的実体を欠いた時期と重なった。市場をその持ち場にとどめておくための唯一の頼みの綱は、われわれが尊重する善と社会的慣行の意味について、公の場で率直に熟議することだ。

この善やあの善の意味を論じることに加えて問う必要があるのは、われわれはどんな種類の社会に生きたいかという、もっと大きな問いだ。命名権と自治体マーケティングが共通世界を私物化していくにつれ、その公共性は減じていく。特定の善に害をおよぼす以上に、商業主義は共通性を損なう。お金で買えるものが増えれば増えるほど、異なる職種や階層の人たちが互いに出会う機会は減っていく。野球の試合を観に行き、スカイボックスを見上げるとき、あるいはスカイボックスから見下ろすとき、それがわかる。かつて球場で見られた、階級が交じり合う経験の消滅は、見上げる人のみならず見下ろす人にとっても損失だ。

われわれの社会のいたるところで、同じようなことが起きてきた。格差が広がる時代に、あらゆるものを市場化するということは、懐の豊かな人とそうでない人がますますかけ離れた生活を送ることを意味する。われわれは別々の場所で暮らし、働き、買い物をし、遊ぶ。子供たちは別々の学校に通う。それはアメリカ人の生活のスカイボックス化と呼べるかもしれない。それは民主主義にとってよくないし、満足できる生き方でもない。

民主主義には完璧な平等が必要なわけではないが、市民が共通の生を分かち合うことが必要なのは間違いない。大事なのは、出自や社会的立場の異なる人たちが日常生活を送りながら出会い、ぶつかり合うことだ。なぜなら、それがたがいに折り合いをつけ、差異を受け入れることを学ぶ方法だし、共通善を尊ぶようになる方法だからだ。

つまり、結局のところ市場の問題は、実はほかの人々とともにどう生きることを望むかという問題なのだ。われわれが望むのは、何でも売り物にされる社会だろうか。それとも、市場では評価されずお金では買えない道徳的・市民的善というものがあるのだろうか。

謝辞

本書の起源はかなり古い。学部生だったときから、私は経済学の規範的含意に興味を抱きつづけてきた。一九八〇年にハーバード大学で教鞭をとりはじめた直後から、学部生と大学院生を対象に、市場と道徳の関係を扱うクラスを教えながらこのテーマを探究している。長年にわたり、ハーバード大学ロースクールの「倫理学、経済学、法律」というゼミを担当し、法学生と、政治理論、哲学、経済学、歴史学を学ぶ博士課程の学生を相手にしてきたのだ。このゼミは本書で取り上げたほとんどのテーマを扱っており、出席した多くの優秀な学生からたくさんのことを学んだ。

また、本書に関連するテーマをめぐる、ハーバード大学の同僚との共同講義からも恩恵を被《こうむ》った。二〇〇五年春には、「グローバリゼーションとその批判者」という学部の講義をラリー・サマーズとともに担当した。この講義では、グローバリゼーションに応用される自由市場原理の道徳的、政治的、経済的利点をめぐって活発な議論が次々に展開された。友人であるトマス・フリードマンにも何度か講義に参加してもらった。議論になると、彼はたいていラリーの側についた。二人に感謝するとともに、当時政治理論を学んでいた大学院生でいまやイェール大学ロースクールの新進気鋭の研究者となったデイヴィッド・グレウォルにもお礼を言いたい。グレウォルは私に経済思想史を手ほどきし、ラリーとトム相手の知的闘いに備える手助けをしてくれた。二〇〇八年春には、「倫理学、経済学、市場」という大学院の講義を、アマルティア・センとフィリップ・ヴァン・パリースとともに担当した。パリースは哲学者で、ルーヴァン・カトリック大学からハーバード大学にやってきていたのだ。私たちの政治的見解はさほど違わないにもかかわらず、市場に対する見方はかなり異なっている。彼らとの議論から学ぶところは大きかった。また、共同講義を持ったことはないが、リチャード・タックとは長年にわたり経済学や政治理論について議論を重ねてきた。彼との議論にはいつも啓発された。

正義について教えている学部の授業も、本書のテーマを探究する機会を与えてくれた。ハーバード大学で経済学入門の授業を担当しているN・グレゴリー・マンキューを何度か招き、市場の論理と道徳の論理をめぐる議論に加わってもらった。グレッグのおかげで、社会的、経済的、政治的な問いについて、経済学者と政治哲学者は異なる考え方をすることが、学生にも私にも明らかになった。この点について彼に感謝したい。経済学の論理を法律に応用するパイオニアである友人のリチャード・ポズナーには、「正義」の授業で市場の道徳的限界をめぐる議論に何度か加わってもらった。数年前にはリチャードからの招きで、彼とゲイリー・ベッカーがシカゴ大学で長年一緒にやっている合理的な選択に関するゼミに参加したこともあった。シカゴ大学は、あらゆることに経済学的アプローチをとろうという考え方の中心地だ。私にとって、市場的思考が人間行動のカギだと私より深く信じている人々の前で、自分の主張を試す思い出深い機会となった。

本書に結実した議論が初めて形になったのは、一九九八年のオックスフォード大学ブレイズノーズ・カレッジにおける人間の価値についてのタナー講義でのことだった。二〇〇〇年から二〇〇二年にかけて、ニューヨーク・カーネギー財団のカーネギー・スコラーズ・プログラムの奨学基金から、このプロジェクトの早い段階で、欠くことのできない支援をいただいた。ヴァータン・グレゴリアン、パトリシア・ローゼンフィールド、ヘザー・マッケイの忍耐、友情、変わらぬ支援に深く感謝したい。また、ハーバード大学ロースクールの夏期教員ワークショップにも恩義がある。刺激を与えてくれる同僚を相手に、このプロジェクトの妥当性を一部試すことができたからだ。二〇〇九年にイギリスのBBCラジオ4から招かれてリース講義を担当した際には、市場の道徳的限界をめぐる私の主張を一般聴取者にわかる言葉に言い換えることに挑戦した。講義全体のテーマは「新しい市民《シチズン》性《シップ》」だったが、四回のうち二回は市場と道徳の問題を取り上げた。この経験を大いなる喜びにしてくれたマーク・トンプソン、マーク・ダメイザー、モヒト・バカヤ、グウィネス・ウィリアムズ、スー・ローリー、スー・エリス、ジム・フランクにはとても感謝している。

本書は私がファラー・ストラウス&ジルーから出す二冊目の本だが、今回もまた、ジョナサン・ガラッシと彼の素晴らしいチームのお世話になった。そのメンバーには、ジェフ・セロイ、ケイティー・フリーマン、ライアン・チャップマン、デブラ・ヘルファンド、カレン・メーン、そして何と言っても、傑出した担当編集者のポール・エリーがいる。市場の圧力が出版ビジネスに長い影を落としている時代に、ファラー・ストラウス&ジルーのこうした面々は、書籍制作は商売ではなく使命だと考えている。私の著作権代理人であるエスター・ニューバーグも同じだ。彼ら全員にお礼を言いたい。

誰よりも感謝を捧げたいのは家族だ。食卓を囲んでいるときや、家族旅行の折りに、息子のアダムとアーロンは、私が投げかける市場に関する新たな倫理的ジレンマに対し、いつも明敏で道徳的によく考えられた答えを用意していた。私は二人を相手に、こうしたジレンマの真価を試したのだ。そして必ず、私たちは誰が正しいかをキクが教えてくれるものと期待する。愛を込めて、本書を彼女に捧げる。

訳者あとがき

先日、ある若者がこんなことを言っていた。

最近、テレビ番組で収入を公開する芸能人が増えているが、これには抵抗を覚える。テレビ局は視聴率が取れればそれでいいと思っているのかもしれないが、視聴者ののぞき趣味に迎合してプライバシーを売り物にするのは卑しい行為ではないだろうか。

なるほどその通りだろう。当の芸能人は激しい競争のなかでテレビへの出演機会を求め、なりふり構わずそうした行動を取っているのかもしれないが、これは芸能人としての本分に反することだ。本来であれば歌や演技といったみずからの芸で視聴者を楽しませるべきであり、プライバシーを公開して視聴者の興味を引いたところで、結局は自分を貶めるだけになってしまう。多くの人がそんな感想を持つのではないだろうか。

ところが、市場主義の立場からすると、芸能人のこうした行為には何の問題もないのである。なぜなら、この行為によって幸福になる人はいても不幸になる人はいないからだ。テレビ局（およびスポンサー）は一定の出演料を払って芸能人に収入を公開させることで視聴率を獲得する。それに満足していなければこの取引をしないはずだから、取引をしている以上テレビ局は得をしているはずだ。当の芸能人にしても、番組に出演しているからには得をしている。そうでなければ出演を断っているはずだ。さらには視聴者でさえ、番組を観て楽しんでいるのだから得をしている。楽しくなければ番組を観るはずがないからだ。つまり、この番組にかかわるすべての行為者が得をし、損をする人はいない。したがって、社会全体の幸福の量は増えている。だとすれば、どこに問題があるのだろうか。

なにやら筋が通っているようでいてやや乱暴な議論とも思えるが、やはり問題はいくつか指摘できそうだ。第一に、収入を公開する芸能人は、自由意志に基づいてその仕事を引き受けたのかどうか疑わしいという点が挙げられる。常識的に考えれば、好き好んでそんなことをする人はいない。彼らも、立場上やむなくそうしているのかもしれない。だとすれば、この取引はいわば強制されたものであり、公正ではない。これは問題ではないだろうか。

第二に、仮にその芸能人が完全に納得したうえでテレビに出演しており、強制と見られるような要素がまったくないとしても、自分を貶めているという面は否定できない。これが本書でサンデルが強調する、市場化にともなう腐敗という現象である。もう少し説明してみよう。

たとえば、「法と経済」運動の中心人物であるリチャード・ポズナー判事は、養子に出された赤ん坊の引き受け手を決めるのに市場を利用するよう提案したという。魅力的な赤ん坊にはそうでない赤ん坊より高値がつくことは認めるものの、現行の養子縁組制度とくらべれば、自由市場は赤ん坊の割り当てという仕事をうまくこなせるからだ。しかし、これでは赤ん坊を売買するようなものであり、多くの人が反対した。もっともな話だが、では、なぜ赤ん坊を売買してはいけないのだろうか。

サンデルによれば、赤ん坊とは本来愛情の対象として扱われるべきものなのに、市場に出すことによって単なる商品として、人間ではなくモノとして扱うことになるからだという。このように、市場化にともない、あるものを扱う際に本来従うべき規範よりも低級な規範（この場合は商品として扱うこと）に従うようになることが腐敗なのだ。先ほどの芸能人の例で言えば、収入は夫や妻に知らせるかぎりは家計の運営にかかわる大切な情報だが、テレビ番組の売り物にしたとたんに視聴者の好奇心の対象でしかなくなり、腐敗してしまうということだろう。サンデルはこれを、高級な規範が低級な規範によって「締め出される」と表現している。

したがって、市場化の波が社会の隅々まで押し寄せようとしている現代において、次のことが重要になる。何かを売買の対象とする際、そこでどんな規範が締め出されるかを見きわめ、その道徳的価値が失われても構わないかどうかを判断するのだ。たとえば養子の市場をつくることは、実用面でいかに効率がよかろうと、赤ん坊をモノ扱いすることで赤ん坊にまつわる道徳的規範を破壊してしまうから許されない。一方、たとえばお見合いの市場をつくることは、これも人間をモノ扱いする側面があるとはいえ、その程度は養子の市場よりは小さいし、そこでもたらされる利便性や効用を考えれば、認めてもいいという結論になるかもしれない。いずれにせよ、何かを商品化する場合には、それにともなって毀損される道徳的価値を評価しなければならない。

こうしてみると、市場化によって締め出される道徳的規範について熟慮し、人々のあいだで議論することの意義は、市場の力が増す現代社会においてこそいっそう高まっていると言える。社会の市場化を擁護する人々は、市場は道徳的価値から中立だと主張するが、それは間違いなのだ。そもそも、市場化は社会における幸福の量を増すのだから望ましいとする時点で、功利主義的な価値観を前提としているのは明らかだろう。道徳的価値からの中立は幻想だとするこの主張は、サンデルの著作に多く現れる重要なテーマでもある。

社会の市場化が進む現在、芸能人の収入の公開に疑問を投げかけた若者のように、これでいいのだろうかと違和感を抱くことは誰にでもあるはずだ。問題の解決には制度設計が大事だとか、インセンティブをどうつけるかがポイントだとか、さまざまな意見を耳にする。そのなかで、最終的には道徳について熟議することが決め手だとするサンデルの主張は、ややもすると時代遅れと捉えられかねない。だが、現実に起きている事件を次々に取り上げつつ、市場化による道徳の腐敗について丁寧に分析するサンデルの議論を読めば、そこに十分な裏付けがあることがわかるだろう。多くの読者が本書を楽しみ、サンデルの語るところに耳を傾けていただければ幸いである。

二〇一四年一〇月

原 注

序章　市場と道徳

1. Jennifer Steinhauer, "For $82 a Day, Booking a Cell in a 5-Star Jail," *New York Times*, April 29, 2007.
2. Daniel Machalaba, "Paying for VIP Treatment in a Traffic Jam: More Cities Give Drivers Access to Express Lanes—for a Fee," *Wall Street Journal*, June 21, 2007.
3. Sam Dolnick, "World Outsources Pregnancies to India," *USA Today*, December 31, 2007; Amelia Gentleman, "India Nurtures Business of Surrogate Motherhood," *New York Times,* March 10, 2008.
4. Eliot Brown, "Help Fund a Project, and Get a Green Card," *Wall Street Journal*, February 2, 2011; Sumathi Reddy, "Program Gives Investors Chance at Visa," *Wall Street Journal*, June 7, 2011.
5. Brendan Borrell, "Saving the Rhino Through Sacrifice," *Bloomberg Businessweek*, December 9, 2010.
6. Tom Murphy, "Patients Paying for Extra Time with Doctor: 'Concierge' Practices, Growing in Popularity, Raise Access Concerns," *Washington Post*, January 24, 2010; Paul Sullivan, "Putting Your Doctor, or a Whole Team of Them, on Retainer," *New York Times*, April 30, 2011.
7. 現在のユーロでの価格は www.pointcarbon.com に掲載されている。
8. Daniel Golden, "At Many Colleges, the Rich Kids Get Affirmative Action: Seeking Donors, Duke Courts 'Development Admits,'" *Wall Street Journal*, February 20, 2003.
9. Andrew Adam Newman, "The Body as Billboard: Your Ad Here," *New York Times*, February 18, 2009.
10. Carl Elliott, "Guinea-Pigging," *New Yorker*, January 7, 2008.
11. Matthew Quirk, "Private Military Contractors: A Buyer's Guide," *Atlantic*, September 2004, p. 39, quoting P. W. Singer; Mark Hemingway, "Warriors for Hire," *Weekly Standard*, December 18, 2006; Jeffrey Gettleman, Mark Massetti, and Eric Schmitt, "U.S. Relies on Contractors

in Somalia Conflict," *New York Times*, August 10, 2011.

12. Sarah O'Connor, "Packed Agenda Proves Boon for Army Standing in Line," *Financial Times*, October 13, 2009; Lisa Lerer, "Waiting for Good Dough," *Politico*, July 26, 2007; Tara Palmeri, "Homeless Stand in for Lobbyists on Capitol Hill," CNN, http://edition.cnn.com/2009/POLITICS/07/13/line.standers/.
13. Amanda Ripley, "Is Cash the Answer?" *Time*, April 19, 2010, pp. 44-45.
14. ある減量プログラムでは、参加者は16週間で14ポンド（約6.5キロ）体重を減らして平均378.49ドルを受け取った。以下を参照。Kevin G. Volpp, "Paying People to Lose Weight and Stop Smoking," *Issue Brief*, Leonard Davis Institute of Health Economics, University of Pennsylvania, vol. 14, February 2009; K. G. Volpp et al., "Financial Incentive-Based Approaches for Weight Loss," *JAMA* 300 (December 10, 2008): 2631-37.
15. Sophia Grene, "Securitising Life Policies Has Dangers," *Financial Times*, August 2, 2010; Mark Maremont and Leslie Scism, "Odds Skew Against Investors in Bets on Strangers' Lives," *Wall Street Journal*, December 21, 2010.
16. T. Christian Miller, "Contractors Outnumber Troops in Iraq," *Los Angeles Times*, July 4, 2007; James Glanz, "Contractors Outnumber U.S. Troops in Afghanistan," *New York Times*, September 2, 2009.
17. "Policing for Profit: Welcome to the New World of Private Security," *Economist*, April 19, 1997.
18. この点については、エリザベス・アンダーソンの *Value in Ethics and Economics* (Cambridge, MA: Harvard University Press, 1993) における啓発的な説明に感謝する。
19. Edmund L. Andrews, "Greenspan Concedes Error on Regulation," *New York Times*, October 24, 2008.
20. "What Went Wrong with Economics," *Economist*, July 16, 2009.
21. Frank Newport, "Americans Blame Government More Than Wall Street for Economy," Gallup Poll, October 19, 2011, www.gallup.com/poll/150191/Americans-Blame-Gov-Wall-Street-Economy.aspx.
22. William Douglas, "Occupy Wall Street Shares Roots with Tea Party Protesters—but Different Goals," *Miami Herald*, October 19, 2011; David S. Meyer, "What Occupy Wall Street Learned from the Tea Party,"

Washington Post, October 7, 2011; Dunstan Prial, "Occupy Wall Street, Tea Party Movements Both Born of Bank Bailouts," Fox Business, October 20, 2011, www.foxbusiness.com/markets/2011/10/19/occupy-wall-street-tea-party-born-bank-bailouts.

第1章　行列に割り込む

1. Christopher Caldwell, "First-Class Privilege," *New York Times Magazine*, May 11, 2008, pp. 9-10.
2. ユナイテッド航空のプレミアラインについては以下に説明がある。https://store.united.com/traveloptions/control/category?category_id=UM_PMRLINE&navSource=Travel+Options+Main+Menu&linkTitle=UM_PMRLINE; David Millward, "Luton Airport Charges to Jump Security Queue," *Telegraph*, March 26, 2009, www.london-luton.co.uk/en/prioritylane.
3. Caldwell, "First-Class Privilege."
4. Ramin Setoodeh, "Step Right Up! Amusement-Park Visitors Pay Premium to Avoid Long Lines," *Wall Street Journal*, July 12, 2004, p. B1; Chris Mohney, "Changing Lines: Paying to Skip the Queues at Theme Parks," Slate, July 3, 2002; Steve Rushin, "The Waiting Game," *Time*, September 10, 2007, p. 88; Harry Wallop, " £350 to Queue Jump at a Theme Park," *Telegraph*, February 13, 2011. Quote is from Mohney, "Changing Lines."
5. Setoodeh, "Step Right Up!"; Mohney, "Changing Lines"; www.universalstudioshollywood.com/ticket_front_of_line.html.
6. www.esbnyc.com/observatory_visitors_tips.asp; https://ticketing.esbnyc.com/Webstore/Content.aspx?Kind=LandingPage.
7. www.hbo.com/curb-your-enthusiasm/episodes/index.html#1/curb-your-enthusiasm/episodes/4/36-the-car-pool-lane/synopsis.html.
8. Timothy Egan, "Paying on the Highway to Get Out of First Gear," *New York Times*, April 28, 2005, p. A1; Larry Copeland, "Solo in the Car-pool Lane?" *USA Today*, May 9, 2005, p. 3A; Daniel Machalaba, "Paying for VIP Treatment in a Traffic Jam," *Wall Street Journal*, June 21, 2007, p. 1; Larry Lane, " 'HOT' Lanes Wide Open to Solo Drivers—For a Price," *Seattle Post-Intelligencer*, April 3, 2008, p. A1; Michael Cabanatuan, "Bay Area's

First Express Lane to Open on I-680," *San Francisco Chronicle*, September 13, 2010.

9. Joe Dziemianowicz, "Shakedown in the Park: Putting a Price on Free Shakespeare Tickets Sparks an Ugly Drama," *Daily News*, June 9, 2010, p. 39.
10. Ibid.; Glenn Blain, "Attorney General Andrew Cuomo Cracks Down on Scalping of Shakespeare in the Park Tickets," *Daily News*, June 11, 2010; "Still Acting Like Attorney General, Cuomo Goes After Shakespeare Scalpers," *Wall Street Journal*, June 11, 2010.
11. Brian Montopoli, "The Queue Crew," *Legal Affairs*, January/February 2004; Libby Copeland, "The Line Starts Here," *Washington Post*, March 2, 2005; Lisa Lerer, "Waiting for Good Dough," *Politico*, July 26, 2007; Tara Palmeri, "Homeless Stand in for Lobbyists on Capitol Hill," CNN, http://edition.cnn.com/2009/POLITICS/07/13/line.standers.
12. Sam Hananel, "Lawmaker Wants to Ban Hill Line Standers," *Washington Post*, October 17, 2007; Mike Mills, "It Pays to Wait: On the Hill, Entrepreneurs Take Profitable Queue from Lobbyists," *Washington Post*, May 24, 1995; "Hustling Congress," *Washington Post*, May 29, 1995. Senator McCaskill quoted in Sarah O'Connor, "Packed Agenda Proves Boon for Army Standing in Line," *Financial Times*, October 13, 2009.
13. Robyn Hagan Cain, "Need a Seat at Supreme Court Oral Arguments? Hire a Line Stander," FindLaw, September 2, 2011, http://blogs.findlaw.com/supreme_court/2011/09/need-a-seat-at-supreme-court-oral-arguments-hire-a-line-stander.html; www.qmsdc.com/linestanding.html.
14. www.linestanding.com. Statement by Mark Gross at http://qmsdc.com/Response%20to%20S-2177.htm.
15. Gomes quoted in Palmeri, "Homeless Stand in for Lobbyists on Capitol Hill."
16. Ibid.
17. David Pierson, "In China, Shift to Privatized Healthcare Brings Long Lines and Frustration," *Los Angeles Times*, February 11, 2010; Evan Osnos, "In China, Health Care Is Scalpers, Lines, Debt," *Chicago Tribune*, September 28, 2005; "China Focus: Private Hospitals Shoulder Hopes of Revamping China's Ailing Medical System," Xinhua News Agency, March

11, 2010, www.istockanalyst.com/article/viewiStockNews/articleid/3938009.

18. Yang Wanli, "Scalpers Sell Appointments for 3,000 Yuan," *China Daily*, December 24, 2009, www.chinadaily.com.cn/bizchina/2009-12/24/content_9224785.htm; Pierson, "In China, Shift to Privatized Healthcare Brings Long Lines and Frustration."
19. Osnos, "In China, Health Care Is Scalpers, Lines, Debt."
20. Murphy, "Patients Paying for Extra Time with Doctor"; Abigail Zuger, "For a Retainer, Lavish Care by 'Boutique Doctors,'" *New York Times*, October 30, 2005.
21. Paul Sullivan, "Putting Your Doctor, or a Whole Team of Them, on Retainer," *New York Times*, April 30, 2011, p. 6; Kevin Sack, "Despite Recession, Personalized Health Care Remains in Demand," *New York Times*, May 11, 2009.
22. Sack, "Despite Recession, Personalized Health Care Remains in Demand."
23. www.md2.com/md2-vip-medical.php.
24. www.md2.com/md2-vip-medical.php?qsx=21.
25. Samantha Marshall, "Concierge Medicine," *Town & Country*, January 2011.
26. Sullivan, "Putting Your Doctor, or a Whole Team of Them, on Retainer"; Drew Lindsay, "I Want to Talk to My Doctor," *Washingtonian*, February 2010, pp. 27-33.
27. Zuger, "For a Retainer, Lavish Care by 'Boutique Doctors.'"
28. Lindsay, "I Want to Talk to My Doctor"; Murphy, "Patients Paying for Extra Time with Doctor"; Zuger, "For a Retainer, Lavish Care by 'Boutique Doctors'"; Sack, "Despite Recession, Personalized Health Care Remains in Demand."
29. 最近の調査で、マサチューセッツ州では大多数の家庭医や内科医は新規の患者を受け付けていないことがわかった。Robert Pear, "U.S. Plans Stealth Survey on Access to Doctors," *New York Times*, June 26, 2011 を参照のこと。
30. N. Gregory Mankiw, *Principles of Microeconomics*, 5th ed. (Mason, OH: South-Western Cengage Learning, 2009), pp. 147, 149, 151.

31. N. Gregory Mankiw, *Principles of Microeconomics*, 1st ed. (Mason, OH: South-Western Cengage Learning, 1998), p. 148.
32. Blain, "Attorney General Cuomo Cracks Down on Scalping of Shakespeare in the Park Tickets."
33. 以下に引用された経済学者のリチャード・H・セイラーの言葉。John Tierney, "Tickets? Supply Meets Demand on Sidewalk," *New York Times*, December 26, 1992.
34. Marjie Lundstrom, "Scalpers Flipping Yosemite Reservations," *Sacramento Bee*, April 18, 2011.
35. "Scalpers Strike Yosemite Park: Is Nothing Sacred?" editorial, *Sacramento Bee*, April 19, 2011.
36. Suzanne Sataline, "In First U.S. Visit, Pope Benedict Has Mass Appeal: Catholic Church Tries to Deter Ticket Scalping," *Wall Street Journal*, April 16, 2008.
37. John Seabrook, "The Price of the Ticket," *New Yorker*, August 10, 2009. 400万ドルという数字は以下の文献に依拠した。Marie Connolly and Alan B. Krueger, "Rockonomics: The Economics of Popular Music," March 2005, working paper, www.krueger.princeton.edu/working_papers.html.
38. Seabrook, "The Price of the Ticket."
39. Andrew Bibby, "Big Spenders Jump the Queue," *Mail on Sunday* (London), March 13, 2006; Steve Huettel, "Delta Thinks of Charging More for American Voice on the Phone," *St. Petersburg Times*, July 28, 2004; Gersh Kuntzman, "Delta Nixes Special Fee for Tickets," *New York Post*, July 29, 2004.

第2章 インセンティブ

1. Michelle Cottle, "Say Yes to CRACK," *New Republic*, August 23, 1999; William Lee Adams, "Why Drug Addicts Are Getting Sterilized for Cash," *Time*, April 17, 2010. http://projectprevention.org/statistics によれば、不妊手術を受けたり長期の避妊措置をとったりして〈予防プロジェクト〉から支払いを受けた薬物中毒者とアルコール依存症患者（男女とも）の数は3,848人だ。
2. Pam Belluck, "Cash for Sterilization Plan Draws Addicts and Critics,"

New York Times, July 24, 1999; Adams, "Why Drug Addicts Are Getting Sterilized for Cash"; Cottle, "Say Yes to CRACK."

3. Adams, "Why Drug Addicts Are Getting Sterilized for Cash"; Jon Swaine, "Drug Addict Sterilized for Cash," *Telegraph*, October 19, 2010; Jane Beresford, "Should Drug Addicts Be Paid to Get Sterilized?" *BBC News Magazine*, February 8, 2010, http://news.bbc.co.uk/2/hi/uk_news/magazine/8500285.stm.
4. Deborah Orr, "Project Prevention Puts the Price of a Vasectomy—and for Forfeiting a Future—at £200," *Guardian*, October 21, 2010; Andrew M. Brown, "Paying Drug Addicts to be Sterilised Is Utterly Wrong," *Telegraph*, October 19, 2010; Michael Seamark, "The American Woman Who Wants to 'Bribe' UK Heroin Users with £200 to Have Vasectomies," *Daily Mail*, October 22, 2010; Anso Thom, "HIV Sterilisation Shock: Health Ministry Slams Contraception Idea," *Daily News* (South Africa), April 13, 2011; "Outrage over 'Cash for Contraception' Offer to HIV Positive Women," *Africa News*, May 12, 2011.
5. Adams, "Why Drug Addicts Are Getting Sterilized for Cash."
6. Gary S. Becker, *The Economic Approach to Human Behavior* (Chicago: University of Chicago Press, 1976), pp. 3-4.
7. Ibid., pp. 5-8.
8. Ibid., pp. 7-8.
9. Ibid., p. 10. 強調は原文のまま。
10. Ibid., pp. 12-13.
11. Amanda Ripley, "Should Kids Be Bribed to Do Well in School?" *Time*, April 19, 2010.
12. フライヤーの研究結果は上記の記事に要約されている。完全な研究結果については以下を参照。Roland G. Fryer, Jr., "Financial Incentives and Student Achievement: Evidence from Randomized Trials," *Quarterly Journal of Economics* 126 (November 2011): 1755-98, www.economics.harvard.edu/faculty/fryer/papers_fryer.
13. Fryer, "Financial Incentives and Student Achievement"; Jennifer Medina, "Next Question: Can Students Be Paid to Excel?" *New York Times*, March 5, 2008.
14. Fryer, "Financial Incentives and Student Achievement"; Bill Turque,

"D.C. Students Respond to Cash Awards, Harvard Study Shows," *Washington Post*, April 10, 2010.

15. Fryer, "Financial Incentives and Student Achievement."
16. Ibid.
17. Ibid.
18. Michael S. Holstead, Terry E. Spradlin, Margaret E. McGillivray, and Nathan Burroughs, "The Impact of Advanced Placement Incentive Programs," Indiana University, Center for Evaluation & Education Policy, Education Policy Brief, vol. 8, Winter 2010; Scott J. Cech, "Tying Cash Awards to AP-Exam Scores Seen as Paying Off," *Education Week*, January 16, 2008; C. Kirabo Jackson, "A Little Now for a Lot Later: A Look at a Texas Advanced Placement Incentive Program," *Journal of Human Resources* 45 (2010), http://works.bepress.com/c_kirabo_jackson/1/.
19. "Should the Best Teachers Get More Than an Apple?" *Governing Magazine*, August 2009; National Incentive-Pay Initiatives, National Center on Performance Incentives, Vanderbilt University, www.performanceincentives.org/news/detail.aspx?pageaction=ViewSinglePublic&LinkID=46&ModuleID=28&NEWSPID=1; Matthew G. Springer et al., "Teacher Pay for Performance," National Center on Performance Incentives, September 21, 2010, www.performanceincentives.org/news/detail.aspx?pageaction=ViewSinglePublic&LinkID=561&ModuleID=48&NEWSPID=1; Nick Anderson, "Study Undercuts Teacher Bonuses," *Washington Post*, September 22, 2010.
20. Sam Dillon, "Incentives for Advanced Work Let Pupils and Teachers Cash In," *New York Times*, October 3, 2011.
21. Jackson, "A Little Now for a Lot Later."
22. Ibid.
23. Pam Belluck, "For Forgetful, Cash Helps the Medicine Go Down," *New York Times*, June 13, 2010.
24. Ibid.; Theresa Marteau, Richard Ashcroft, and Adam Oliver, "Using Financial Incentives to Achieve Healthy Behavior," *British Medical Journal* 338 (April 25, 2009): 983-85; Libby Brooks, "A Nudge Too Far," *Guardian*, October 15, 2009; Michelle Roberts, "Psychiatric Jabs for Cash Tested," BBC News, October 6, 2010; Daniel Martin, "HMV Voucher Bribe for

Teenage Girls to Have Cervical Jabs," *Daily Mail* (London), October 26, 2010.

25. Jordan Lite, "Money over Matter: Can Cash Incentives Keep People Healthy?" *Scientific American*, March 21, 2011; Kevin G. Volpp et al., "A Randomized, Controlled Trial of Financial Incentives for Smoking Cessation," *NEJM* 360 (February 12, 2009); Brendan Borrell, "The Fairness of Health Insurance Incentives," *Los Angeles Times*, January 3, 2011; Robert Langreth, "Healthy Bribes," *Forbes*, August 24, 2009; Julian Mincer, "Get Healthy or Else... ," *Wall Street Journal*, May 16, 2010.
26. www.nbc.com/the-biggst-loser.
27. K. G. Volpp et al., "Financial Incentive—Based Approaches for Weight Loss," *JAMA* 300 (December 10, 2008): 2631-37; Liz Hollis, "A Pound for a Pound," *Prospect*, August 2010.
28. Victoria Fletcher, "Disgust over NHS Bribes to Lose Weight and Cut Smoking," *Express* (London), September 27, 2010; Sarah-Kate Templeton, "Anger Over NHS Plan to Give Addicts iPods," *Sunday Times* (London), July 22, 2007; Tom Sutcliffe, "Should I Be Bribed to Stay Healthy?" *Independent* (London), September 28, 2010; "MP Raps NHS Diet-for-Cash Scheme," BBC News, January 15, 2009; Miriam Stoppard, "Why We Should Never Pay for People to Be Healthy!" *Mirror* (London), October 11, 2010.
29. Harald Schmidt, Kristin Voigt, and Daniel Wikler, "Carrots, Sticks, and Health Care Reform—Problems with Wellness Incentives," *NEJM* 362 (January 14, 2010); Harald Schmidt, "Wellness Incentives Are Key but May Unfairly Shift Healthcare Costs to Employees," *Los Angeles Times*, January 3, 2011; Julie Kosterlitz, "Better Get Fit—Or Else!" *National Journal*, September 26, 2009; Rebecca Vesely, "Wellness Incentives Under Fire," *Modern Healthcare*, November 16, 2009.
30. 他の異論との関連での贈収賄の異論に関する議論については以下を参照。Richard E. Ashcroft, "Personal Financial Incentives in Health Promotion: Where Do They Fit in an Ethic of Autonomy?" *Health Expectations* 14 (June 2011): 191-200.
31. V. Paul-Ebhohimhen and A. Avenell, "Systematic Review of the Use of Financial Incentives in Treatments for Obesity and Overweight," *Obesity*

Reviews 9 (July 2008): 355-67; Lite, "Money over Matter"; Volpp, "A Randomized, Controlled Trial of Financial Incentives for Smoking Cessation"; Marteau, "Using Financial Incentives to Achieve Healthy Behaviour."

32. Gary S. Becker, "Why Not Let Immigrants Pay for Speedy Entry," in Gary S. Becker and Guity Nashat Becker, eds., *The Economics of Life* (New York: McGraw Hill, 1997), pp. 58-60, originally appeared in *BusinessWeek*, March 2, 1987; Gary S. Becker, "Sell the Right to Immigrate," Becker-Posner Blog, February 21, 2005, www.becker-posner-blog.com/2005/02/sell-the-right-to-immigrate-becker.html.
33. Julian L. Simon, "Auction the Right to Be an Immigrant," *New York Times*, January 28, 1986.
34. Sumathi Reddy and Joseph de Avila, "Program Gives Investors Chance at Visa," *Wall Street Journal*, June 7, 2011; Eliot Brown, "Help Fund a Project, and Get a Green Card," *Wall Street Journal*, February 2, 2011; Nick Timiraos, "Foreigners' Sweetener: Buy House, Get a Visa," *Wall Street Journal*, October 20, 2011.
35. Becker, "Sell the Right to Immigrate."
36. Peter H. Schuck, "Share the Refugees," *New York Times*, August 13, 1994; Peter H. Schuck, "Refugee Burden-Sharing: A Modest Proposal," *Yale Journal of International Law* 22 (1997): 243-97.
37. Uri Gneezy and Aldo Rustichini, "A Fine Is a Price," *Journal of Legal Studies* 29 (January 2000): 1-17.
38. Peter Ford, "Egalitarian Finland Most Competitive, Too," *Christian Science Monitor*, October 26, 2005; "Finn's Speed Fine Is a Bit Rich," BBC News, February 10, 2004, http://news.bbc.co.uk/2/hi/business/3472785.stm; "Nokia Boss Gets Record Speeding Fine," BBC News, January 14, 2002, http://news.bbc.co.uk/2/hi/europe/1759791.stm.
39. Sandra Chereb, "Pedal-to-Metal Will Fill Nevada Budget Woes?" Associated Press State & Local Wire, September 4, 2010; Rex Roy, "Pay to Speed in Nevada," AOL original, October 2, 2010, http://autos.aol.com/article/pay-to-speed-nevada/.
40. Henry Chu, "Paris Metro's Cheaters Say Solidarity Is the Ticket," *Los Angeles Times*, June 22, 2010.

41. Malcolm Moore, "China's One-Child Policy Undermined by the Rich," *Telegraph* (London), June 15, 2009; Michael Bristow, "Grey Areas in China's One-Child Policy," BBC News, September 21, 2007, http://news.bbc.co.uk/2/hi/asia-pacific/7002201.stm; Clifford Coonan, "China Eases Rules on One Child Policy," *Independent* (London), April 1, 2011; Zhang Ming'ai, "Heavy Fines for Violators of One-Child Policy," china.org.cn, September 18, 2007, www.china.org.cn/english/government/224913.htm.
42. "Beijing to Fine Celebrities Who Break 'One Child' Rule," Xinhua news agency, January 20, 2008, http://english.sina.com/china/1/2008/0120/142656.html; Melinda Liu, "China's One Child Left Behind," *Newsweek*, January 19, 2008; Moore, "China's One-Child Policy Undermined by the Rich."
43. Kenneth E. Boulding, *The Meaning of the Twentieth Century* (New York: Harper, 1964), pp. 135-36.
44. David de la Croix and Axel Gosseries, "Procreation, Migration and Tradable Quotas," CORE Discussion Paper No. 2006/98, November 2006, available at SSRN, http://ssrn.com/abstract=970294.
45. Michael J. Sandel, "It's Immoral to Buy the Right to Pollute," *New York Times*, December 15, 1997.
46. Letters to the editor by Sanford E. Gaines, Michael Leifman, Eric S. Maskin, Steven Shavell, Robert N. Stavins, "Emissions Trading Will Lead to Less Pollution," *New York Times*, December 17, 1997. 投書数本と元の記事は以下の本に再録されている。Robert N. Stavins, ed., *Economics of the Environment: Selected Readings*, 5th ed. (New York: Norton, 2005), pp. 355-58. 以下も参照。Mark Sagoff, "Controlling Global Climate: The Debate over Pollution Trading," *Report from the Institute for Philosophy & Public Policy* 19, no. 1 (Winter 1999).
47. 一言弁解させてもらいたい。元の記事では、二酸化炭素放出は本質的に好ましくないとは言っていないのだが、「汚染権を買うのは不道徳だ」（見出しは私ではなく編集者がつけた）というセンセーショナルな見出しのせいで、そのような解釈を促してしまった面はあるだろう。たくさんの読者がそう受け取ったということで、私がなぜ反対なのかをはっきりさせておこうと思った次第だ。この点について一緒に議論してくれたピーター・カヴァノとジョシュア・コーエンに感謝する。この問題について私のゼミで啓発的な論文を書いたハーバード大学ロースクール

の元学生であるジェフリー・M・スコペックにも感謝したい。

48. Paul Krugman, "Green Economics," *New York Times Magazine*, April 11, 2010.

49. 以下を参照。Richard B. Stewart, "Controlling Environmental Risks Through Economic Incentives," *Columbia Journal of Environmental Law* 13 (1988): 153-69; Bruce A. Ackerman and Richard B. Stewart, "Reforming Environmental Law," *Stanford Law Review* 37 (1985); Bruce A. Ackerman and Richard B. Stewart, "Reforming Environmental Law: The Democratic Case for Market Incentives," *Columbia Journal of Environmental Law* 13 (1988): 171-99; Lisa Heinzerling, "Selling Pollution, Forcing Democracy," *Stanford Environmental Law Journal* 14 (1995): 300-44. 全体像を把握したい場合には以下を参照。Stavins, *Economics of the Environment*.

50. John M. Broder, "From a Theory to a Consensus on Emissions," *New York Times*, May 17, 2009; Krugman, "Green Economics."

51. Broder, "From a Theory to a Consensus on Emissions." キャップ・アンド・トレード方式の硫黄排出の批判的評価については、以下を参照。James Hansen, "Cap and Fade," *New York Times*, December 7, 2009.

52. 以下を参照。BP "target neutral" website, www.bp.com/sectionbodycopy.do?categoryId=9080&contentId=7058126; £20 yearly estimate is at www.bp.com/sectiongenericarticle.do?category Id=9032616&contentId=7038962; for British Airways carbon offset projects, see www.britishairways.com/travel/csr-projects/public/en_gb.

53. ハーバード大学ロースクールで私のゼミにいたジェフリー・M・スコペックが、カーボンオフセットのこうした批評を以下の論文でうまくかみ砕いて説明している。"Note: Uncommon Goods: On Environmental Virtues and Voluntary Carbon Offsets," *Harvard Law Review* 123, no. 8 (June 2010): 2065-87.

54. 思慮深い経済学者によるカーボンオフセット支持論は以下で読める。Robert M. Frank, "Carbon Offsets: A Small Price to Pay for Efficiency," *New York Times*, May 31, 2009.

55. Brendan Borrell, "Saving the Rhino Through Sacrifice," *Bloomberg Businessweek*, December 9, 2010.

56. Ibid.

57. C. J. Chivers, "A Big Game," *New York Times Magazine*, August 25, 2002.
58. Ibid.
59. Paul A. Samuelson, *Economics: An Introductory Analysis*, 4th ed. (New York: McGraw-Hill, 1958), pp. 6-7.（『経済学――入門的分析』、P・A・サムエルソン著、都留重人訳、岩波書店、1971年）
60. N. Gregory Mankiw, *Principles of Economics*, 3rd ed. (Mason, OH: Thomson South-Western, 2004), p. 4.（『マンキュー入門経済学』、N・グレゴリー・マンキュー著、足立英人ほか訳、東洋経済新報社、2008年）
61. Steven D. Levitt and Stephen J. Dubner, *Freakonomics: A Rogue Economist Explores the Hidden Side of Everything*, revised and expanded ed. (New York: William Morrow, 2006), p. 16.（『ヤバい経済学――悪ガキ教授が世の裏側を探検する』増補改訂版、スティーヴン・D・レヴィット、スティーヴン・J・ダブナー著、望月衛訳、東洋経済新報社、2007年）
62. インセンティブの概念とその歴史の啓発的な著述については以下を参照。Ruth W. Grant, "Ethics and Incentives: A Political Approach," *American Political Science Review* 100 (February 2006): 29-39.
63. Google Books Ngram Viewer, http://ngrams.googlelabs.com/graph?content=incentivize&year _start=1990&year_end=2008&corpus=0&smoothing=3. Accessed September 9, 2011.
64. Levitt and Dubner, *Freakonomics*, p. 16.（『ヤバい経済学』前掲書）
65. Ibid., p. 17.
66. Google Books Ngram Viewer, http://ngrams.googlelabs.com/graph?content= incentivize&year_start=1990&year_end=2008&008corpus=0&smoothing=3. 2011年9月9日にアクセス。
67. レクシスネクシスの大学向け情報検索サービスで、主要各紙における「奨励する (incentivize, incentivise)」の登場頻度の変化を10年ごとに調査。2011年9月9日にアクセス。
68. カリフォルニア大学サンタバーバラ校アメリカ大統領プロジェクトの大統領公文書アーカイヴからデータを収集した。www.presidency.ucsb.edu/ws/index.php#1TLVOyrZt.
69. Prime minister's speech at the World Economic Forum, Davos, January 28, 2011,www.number10.gov.uk/news/prime-ministers-speech-at-the-

world-economic-forum/; Cameron quoted following London riots in John F. Burns and Alan Cowell, "After Riots, British Leaders Offer Divergent Proposals," *New York Times*, August 16, 2011.

70. Levitt and Dubner, *Freakonomics*, pp. 190, 46, 11.（『ヤバい経済学』前掲書）

71. Mankiw, *Principles of Economics*, 3rd ed., p. 148.（『マンキュー入門経済学』前掲書）

72. 功利主義に対するこの反論をより掘り下げた記述については以下を参照。Michael J. Sandel, *Justice: What's the Right Thing to Do?* (New York: Farrar, Straus and Giroux, 2009), pp. 41-48, 52-56.（『これからの「正義」の話をしよう――いまを生き延びるための哲学』、マイケル・サンデル著、鬼澤忍訳、ハヤカワ・ノンフィクション文庫、2011年）

第3章　いかにして市場は道徳を締め出すか

1. Daniel E. Slotnik, "Too Few Friends? A Web Site Lets You Buy Some (and They're Hot)," *New York Times*, February 26, 2007.

2. Heathcliff Rothman, "I'd Really Like to Thank My Pal at the Auction House," *New York Times*, February 12, 2006.

3. Richard A. Posner, "The Regulation of the Market in Adoptions," *Boston University Law Review* 67 (1987): 59-72; Elizabeth M. Landes and Richard A. Posner, "The Economics of the Baby Shortage," *Journal of Legal Studies* 7 (1978): 323-48.

4. Elisabeth Rosenthal. "For a Fee, This Chinese Firm Will Beg Pardon for Anyone," *New York Times*, January 3, 2001.

5. Rachel Emma Silverman, "Here's to My Friends, the Happy Couple, a Speech I Bought: Best Men of Few Words Get Them on the Internet to Toast Bride and Groom," *Wall Street Journal*, June 19, 2002; Eilene Zimmerman, "A Toast from Your Heart, Written by Someone Else," *Christian Science Monitor*, May 31, 2002.

6. www.theperfecttoast.com; www.instantweddingtoasts.com.

7. Joel Waldfogel, "The Deadweight Loss of Christmas," *American Economic Review* 83, no. 5 (December 1993): 1328-36; Joel Waldfogel, *Scroogenomics: Why You Shouldn't Buy Presents for the Holidays* (Princeton: Princeton University Press, 2009), p. 14.（『プレゼントの経済

学——なぜ、あげた額よりもらう額は少なく感じるのか?』、ジョエル・ウォルドフォーゲル著、矢羽野薫訳、プレジデント社、2009年)

8. Waldfogel, *Scroogenomics*, pp. 15-16.(『プレゼントの経済学』前掲書)
9. Joel Waldfogel, "You Shouldn't Have: The Economic Argument for Never Giving Another Gift," Slate, December 8, 2009, www.slate.com/articles/business/the_dismal_science/2009/12/you_shouldnt_have.html.
10. Mankiw, *Principles of Economics*, 3rd ed., p. 483.(『マンキュー入門経済学』前掲書)
11. Alex Tabarrok, "Giving to My Wild Self," December 21, 2006, http://marginalrevolution.com/marginalrevolution/2006/12/giving_to_my_wi.html.
12. Waldfogel, *Scroogenomics*, p. 48.(『プレゼントの経済学』前掲書)
13. Ibid., pp. 48-50, 55.
14. Stephen J. Dubner and Steven D. Levitt, "The Gift-Card Economy," *New York Times*, January 7, 2007.
15. Waldfogel, *Scroogenomics*, pp. 55-56.(『プレゼントの経済学』前掲書)
16. Jennifer Steinhauer, "Harried Shoppers Turned to Gift Certificates," *New York Times*, January 4, 1997; Jennifer Pate Offenberg, "Markets: Gift Cards," *Journal of Economic Perspectives* 21, no. 2 (Spring 2007): 227-38; Yian Q. Mui, "Gift-Card Sales Rise After Falling for Two Years," *Washington Post*, December 27, 2010; 2010 National Retail Federation Holiday Consumer Spending Report, cited in "Gift Cards: Opportunities and Issues for Retailers," Grant Thornton LLP, 2011, p. 2, www.grantthornton.com/portal/site/gtcom/menuitem.91c078ed5c0ef4ca80cd8710033841ca/?vgnextoid=a047bfc210VgnVCM1000003a8314RCRD&vgnextfmt=default.
17. Judith Martin quoted in Tracie Rozhon, "The Weary Holiday Shopper Is Giving Plastic This Season," *New York Times*, December 9, 2002; Liz Pulliam Weston, "Gift Cards Are Not Gifts," MSN Money, http://articles.moneycentral.msn.com/SavingandDebt/FindDealsOnline/GiftCardsAreNotGifts.aspx.
18. "Secondary Gift Card Economy Sees Significant Growth in 2010," Marketwire, January 20, 2011, www.marketwire.com/press-release/secondary-gift-card-economy-sees-significant-growth-in-2010-1383451.htm; card values listed are prices offered on Plastic Jungle website on October 21, 2011, www.plasticjungle/com.

19. Offenberg, "Markets: Gift Cards," p. 237.
20. Sabra Chartrand, "How to Send an Unwanted Present on Its Merry Way, Online and Untouched," *New York Times*, December 8, 2003; Wesley Morris, "Regifter's Delight: New Software Promises to Solve a Holiday Dilemma," *Boston Globe*, December 28, 2003.
21. 以下を参照。Daniel Golden, *The Price of Admission* (New York: Crown, 2006); Richard D. Kahlenberg, ed., *Affirmative Action for the Rich* (New York: Century Foundation Press, 2010).
22. 以下を参照。comments by Yale president Rick Levin, in Kathrin Lassila, "Why Yale Favors Its Own," *Yale Alumni Magazine*, November/December 2004, www.yalealumnimagazine.com/issues/2004_11/q_a/html; and comments by Princeton president Shirley Tilghman, in John Hechinger, "The Tiger Roars: Under Tilghman, Princeton Adds Students, Battles Suits, Takes on the Eating Clubs," *Wall Street Journal*, July 17, 2006.
23. 1998年、オックスフォード大学ブレイズノーズ・カレッジにおけるタナー講義で、商品化に反対する二つの理由を話した。この章では、その修正版を提示している。 以下を参照。Michael J. Sandel, "What Money Can't Buy," in Grethe B. Peterson, ed., *The Tanner Lectures on Human Values*, vol. 21 (Salt Lake City: University of Utah Press, 2000), pp. 87-122.
24. Bruno S. Frey, Felix Oberholzer-Gee, Reiner Eichenberger, "The Old Lady Visits Your Backyard: A Tale of Morals and Markets," *Journal of Political Economy* 104, no. 6 (December 1996): 1297-1313; Bruno S. Frey and Felix Oberholzer-Gee, "The Cost of Price Incentives: An Empirical Analysis of Motivation Crowding-Out," *American Economic Review* 87, no. 4 (September 1997): 746-55. 以下も参照のこと。Bruno S. Frey, *Not Just for the Money: An Economic Theory of Personal Motivation* (Cheltenham, UK: Edward Elgar Publishing, 1997), pp. 67-78.
25. Frey, Oberholzer-Gee, and Eichenberger, "The Old Lady Visits Your Backyard," pp. 1300, 1307; Frey and Oberholzer-Gee, "The Cost of Price Incentives," p. 750. 提示された金額は、施設が閉鎖されるまでのあいだ1年あたり2,175～8,700ドルだった。回答者の平均世帯収入は月に4,565ドルだった。Howard Kunreuther and Doug Easterling, "The Role

of Compensation in Siting Hazardous Facilities," *Journal of Policy Analysis and Management* 15, no. 4 (Autumn 1996): 606-608.

26. Frey, Oberholzer-Gee, and Eichenberger, "The Old Lady Visits Your Backyard," p. 1306.
27. Frey and Oberholzer-Gee, "The Cost of Price Incentives," p. 753.
28. Kunreuther and Easterling, "The Role of Compensation in Siting Hazardous Facilities," pp. 615-19; Frey, Oberholzer-Gee, and Eichenberger, "The Old Lady Visits Your Backyard," p. 1301. 金銭的補償を支持する主張については以下を参照。Michael O'Hare, " 'Not on *My* Block You Don't': Facility Siting and the Strategic Importance of Compensation," *Public Policy* 25, no. 4 (Fall 1977): 407-58.
29. Carol Mansfield, George L. Van Houtven, and Joel Huber, "Compensating for Public Harms: Why Public Goods Are Preferred to Money," *Land Economics* 78, no. 3 (August 2002): 368-89.
30. Uri Gneezy and Aldo Rustichini, "Pay Enough or Don't Pay at All," *Quarterly Journal of Economics* (August 2000): 798-99.
31. Ibid., pp. 799-803.
32. Ibid., pp. 802-807.
33. Uri Gneezy and Aldo Rustichini, "A Fine Is a Price," *Journal of Legal Studies* 29, no. 1 (January 2000): 1-17.
34. Fred Hirsch, *The Social Limits to Growth* (Cambridge, MA: Harvard University Press, 1976), pp. 87, 93, 92.（『成長の社会的限界』、フレッド・ハーシュ著、都留重人訳、日本経済新聞社、1980年）
35. Dan Ariely, *Predictably Irrational*, rev. ed. (New York: Harper, 2010), pp. 75-102（『予想どおりに不合理──行動経済学が明かす「あなたがそれを選ぶわけ」』ダン・アリエリー著、熊谷淳子訳、ハヤカワ・ノンフィクション文庫、2013年）; James Heyman and Dan Ariely, "Effort for Payment," *Psychological Science* 15, no. 11 (2004): 787-93.
36. 本質的なモチベーションを非本質的な褒美で報いることの効果に関する128件の研究の概要と分析については、以下を参照。Edward L. Deci, Richard Koestner, and Richard M. Ryan, "A Meta-Analytic Review of Experiments Examining the Effects of Extrinsic Rewards on Intrinsic Motivation," *Psychological Bulletin* 125, no. 6 (1999): 627-68.
37. Bruno S. Frey and Reto Jegen, "Motivation Crowding Theory," *Journal*

of Economic Surveys 15, no. 5 (2001): 590. 以下も参照。Maarten C. W. Janssen and Ewa Mendys-Kamphorst, "The Price of a Price: On the Crowding Out and In of Social Norms," *Journal of Economic Behavior & Organization* 55 (2004): 377-95.

38. Richard M. Titmuss, *The Gift Relationship: From Human Blood to Social Policy* (New York: Pantheon, 1971), pp. 231-32.
39. Ibid., pp. 134-35, 277.
40. Ibid., pp. 223-24, 177.
41. Ibid., p. 224.
42. Ibid., pp. 255, 270-74, 277.
43. Kenneth J. Arrow, "Gifts and Exchanges," *Philosophy & Public Affairs* 1, no. 4 (Summer 1972): 343-62. アローへの深い洞察をたたえた反論については以下を参照。Peter Singer, "Altruism and Commerce: A Defense of Titmuss Against Arrow," *Philosophy & Public Affairs* 2 (Spring 1973): 312-20.
44. Arrow, "Gifts and Exchanges," pp. 349-50.
45. Ibid., p. 351.
46. Ibid., pp. 354-55.
47. Sir Dennis H. Robertson, "What Does the Economist Economize?" Columbia University, May 1954, reprinted in Dennis H. Robertson, *Economic Commentaries* (Westport, CT: Greenwood Press, 1978 [1956]), p. 148.
48. Ibid.
49. Ibid., p. 154.
50. Aristotle, *Nicomachean Ethics*, translated by David Ross (New York: Oxford University Press, 1925), Book II, chapter 1 [1103a1103b]. (『ニコマコス倫理学』、アリストテレス著、朴一功訳、京都大学学術出版会、2002年ほか)
51. Jean-Jacques Rousseau, *The Social Contract*, trans. G.D.H. Cole, rev. ed. (New York: Knopf, 1993 [1762]), Book III, chap. 15, pp. 239-40. (「社会契約論」〔『人間不平等起原論・社会契約論』所収〕、ルソー著、小林善彦・井上幸治訳、中央公論新社、2005年ほか)
52. Lawrence H. Summers, "Economics and Moral Questions," Morning Prayers, Memorial Church, September 15, 2003, reprinted in *Harvard*

Magazine, November-December 2003, www.harvard.edu/president/speeches/summers_2003/prayer.php.

第4章　生と死を扱う市場

1. Associated Press, "Woman Sues over Store's Insurance Policy," December 7, 2002; Sarah Schweitzer, "A Matter of Policy: Suit Hits Wal-Mart Role as Worker Life Insurance Beneficiary," *Boston Globe*, December 10, 2002.
2. Associated Press, "Woman Sues over Store's Insurance Policy."
3. Schweitzer, "A Matter of Policy."
4. Ibid.
5. Ellen E. Schultz and Theo Francis, "Valued Employees: Worker Dies, Firm Profits—Why?" *Wall Street Journal*, April 19, 2002.
6. Ibid.; Theo Francis and Ellen E. Schultz, "Why Secret Insurance on Employees Pays Off," *Wall Street Journal*, April 25, 2002.
7. Ellen E. Schultz and Theo Francis, "Why Are Workers in the Dark?" *Wall Street Journal*, April 24, 2002.
8. Theo Francis and Ellen E. Schultz, "Big Banks Quietly Pile Up 'Janitors Insurance,'" *Wall Street Journal*, May 2, 2002; Ellen E. Schultz and Theo Francis, "Death Benefit: How Corporations Built Finance Tool Out of Life Insurance," *Wall Street Journal*, December 30, 2002.
9. Schultz and Francis, "Valued Employees"; Schultz and Francis, "Death Benefit."
10. Schultz and Francis, "Death Benefit"; Ellen E. Schultz, "Banks Use Life Insurance to Fund Bonuses," *Wall Street Journal*, May 20, 2009.
11. Ellen E. Schultz and Theo Francis, "How Life Insurance Morphed Into a Corporate Finance Tool," *Wall Street Journal*, December 30, 2002.
12. Ibid.
13. Schultz and Francis, "Valued Employees."
14. 会社所有型生命保険の税控除は、損失利益として1年あたり19億ドルもの負担を納税者に強いている。以下を参照。Theo Francis, "Workers' Lives: Best Tax Break?" *Wall Street Journal*, February 19, 2003.
15. この章では、私の以下の記事に依拠した。"You Bet Your Life," *New Republic*, September 7, 1998.

16. William Scott Page quoted in Helen Huntley, "Turning Profit, Helping the Dying," *St. Petersburg Times*, January 25, 1998.
17. David W. Dunlap, "AIDS Drugs Alter an Industry's Math: Recalculating Death-Benefit Deals," *New York Times*, July 30, 1996; Marcia Vickers, "For 'Death Futures,' the Playing Field Is Slippery," *New York Times*, April 27, 1997.
18. Stephen Rae, "AIDS: Still Waiting," *New York Times Magazine*, July 19, 1998.
19. William Kelley quoted in "Special Bulletin: Many Viatical Settlements Exempt from Federal Tax," Viatical Association of America, October 1997, cited in Sandel, "You Bet Your Life."
20. Molly Ivins, "Chisum Sees Profit in AIDS Deaths," *Austin American-Statesman*, March 16, 1994. 以下も参照。 Leigh Hop, "AIDS Sufferers Swap Insurance for Ready Cash," *Houston Post*, April 1, 1994.
21. Charles LeDuff, "Body Collector in Detroit Answers When Death Calls," *New York Times*, September 18, 2006.
22. John Powers, "End Game," *Boston Globe*, July 8, 1998; Mark Gollom, "Web 'Death Pools' Make a Killing," *Ottawa Citizen*, February 15, 1998; Marianne Costantinou, "Ghoul Pools Bet on Who Goes Next," *San Francisco Examiner*, February 22, 1998.
23. Victor Li, "Celebrity Death Pools Make a Killing," Columbia News Service, February 26, 2010, http://columbianewsservice.com/2010/02/celebrity-death-pools-make-a-killing/; http://stiffs.com/blog/rules/.
24. Laura Pedersen-Pietersen, "The Ghoul Pool: Morbid, Tasteless, and Popular," *New York Times*, June 7, 1998; Bill Ward, "Dead Pools: Dead Reckoning," *Minneapolis Star Tribune*, January 3, 2009. Updated celebrity lists are posted at http://stiffs.com/stats and www.ghulpool.us/?page_id=571. Gollom, "Web 'Death Pools' Make a Killing"; Costantinou, "Ghoul Pools Bet on Who Goes Next."
25. Pedersen-Pietersen, "The Ghoul Pool."
26. www.deathbeeper.com/; Bakst quoted in Ward, "Dead Pools: Dead Reckoning."
27. Geoffrey Clark, *Betting on Lives: The Culture of Life Insurance in England, 1695-1775* (Manchester: Manchester University Press, 1999),

pp. 3-10; Roy Kreitner, *Calculating Promises: The Emergence of Modern American Contract Doctrine* (Stanford: Stanford University Press, 2007), pp. 97-104; Lorraine J. Daston, "The Domestication of Risk: Mathematical Probability and Insurance 1650-1830," in Lorenz Kruger, Lorraine J. Daston, and Michael Heidelberger, eds., *The Probabilistic Revolution*, vol. 1 (Cambridge, MA: MIT Press, 1987), pp. 237-60.（『確率革命——社会認識と確率』、L・クリューガー、L・ダーストン、M・ハイデルベルガー編著、近昭夫ほか訳、梓出版社、1991年）

28. Clark, *Betting on Lives*, pp. 3-10; Kreitner, *Calculating Promises*, pp. 97-104; Daston, "The Domestication of Risk"; Viviana A. Rotman Zelizer, *Morals & Markets: The Development of Life Insurance in the United States* (New York: Columbia University Press, 1979), pp. 38 (quoting French jurist Emerignon), 33.（『モラルとマーケット——生命保険と死の文化』、V・A・R・ゼライザー著、田村祐一郎訳、千倉書房、1994年）
29. Clark, *Betting on Lives*, pp. 8-10, 13-27.
30. Kreitner, *Calculating Promises*, pp. 126-29.
31. Clark, *Betting on Lives*, pp. 44-53.
32. Ibid., p. 50; Zelizer, *Morals & Markets*, p. 69（『モラルとマーケット』前掲書）は John Francis, *Annals, Anecdotes, and Legends* (1853), p. 144 からの引用。
33. Life Assurance Act of 1774, chap. 48 14 Geo 3, www.legislation.gov.uk/apgb/Geo3/14/48/introduction; Clark, *Betting on Lives*, pp. 9, 22, 34-35, 52-53.
34. Zelizer, *Morals & Markets*, pp. 30, 43.（『モラルとマーケット』前掲書）全体像を把握した場合は以下のページを参照。pp. 91-112, 119-47.
35. Ibid., p. 62.
36. Ibid., p. 108.
37. Ibid., p. 124.
38. Ibid., pp. 146-47.
39. Ibid., pp. 71-72; Kreitner, *Calculating Promises*, pp. 131-46.
40. *Grigsby v. Russell*, 222 U.S. 149 (1911), p. 154. 以下を参照。Kreitner, *Calculating Promises*, pp. 140-42.
41. *Grigsby v. Russell*, pp. 155-56.
42. Carl Hulse, "Pentagon Prepares a Futures Market on Terror Attacks,"

New York Times, July 29, 2003; Carl Hulse, "Swiftly, Plan for Terrorism Futures Market Slips into Dustbin of Ideas," *New York Times*, July 29, 2003.

43. Ken Guggenheim, "Senators Say Pentagon Plan Would Allow Betting on Terrorism, Assassination," Associated Press, July 28, 2003; Josh Meyer, "Trading on the Future of Terror: A Market System Would Help Pentagon Predict Turmoil," *Los Angeles Times*, July 29, 2003.
44. Bradley Graham and Vernon Loeb, "Pentagon Drops Bid for Futures Market," *Washington Post*, July 30, 2003; Hulse, "Swiftly, Plan for Terrorism Futures Market Slips into Dustbin of Ideas."
45. Guggenheim, "Senators Say Pentagon Plan Would Allow Betting on Terrorism, Assassination";Meyer, "Trading on the Future of Terror"; Robert Schlesinger, "Plan Halted for a Futures Market on Terror," *Boston Globe*, July 30, 2003; Graham and Loeb, "Pentagon Drops Bid for Futures Market."
46. Hulse, "Pentagon Prepares a Futures Market on Terror Attacks."
47. Hal R. Varian, "A Market in Terrorism Indicators Was a Good Idea; It Just Got Bad Publicity," *New York Times*, July 31, 2003; Justin Wolfers and Eric Zitzewitz, "The Furor over 'Terrorism Futures,'" *Washington Post*, July 31, 2003.
48. Michael Schrage and Sam Savage, "If This Is Harebrained, Bet on the Hare," *Washington Post*, August 3, 2003; Noam Scheiber, "Futures Markets in Everything," *New York Times Magazine*, December 14, 2003, p. 117; Floyd Norris, "Betting on Terror: What Markets Can Reveal," *New York Times*, August 3, 2003; Mark Leibovich, "George Tenet's 'Slam-Dunk' into the History Books," *Washington Post*, June 4, 2004.
49. Schrage and Savage, "If This Is Harebrained." 以下も参照。Kenneth Arrow et al., "The Promise of Prediction Markets," *Science* 320 (May 16, 2008): 877-78; Justin Wolfers and Eric Zitzewitz, "Prediction Markets," *Journal of Economic Perspectives* 18 (Spring 2004): 107-26; Reuven Brenner, "A Safe Bet," *Wall Street Journal*, August 3, 2003.
50. 予測市場の限界については以下を参照。Joseph E. Stiglitz, "Terrorism: There's No Futures in It," *Los Angeles Times*, July 31, 2003. 予測市場の支持論については以下を参照。Adam Meirowitz and Joshua A. Tucker, "Learning from

Terrorism Markets," *Perspectives on Politics* 2 (June 2004), and James Surowiecki, "Damn the Slam PAM Plan!" Slate, July 30, 2003, www.slate.com/articles/news_and_politics/hey_wait_a_minute/2003/07/damn_the_slam_pam_plan.html. 全体像については、以下を参照。Wolfers and Zitzewitz, "Prediction Markets."

51. ジョージ・メイソン大学の経済学者、ロビン・D・ハンソンの引用は以下で読める。David Glenn, "Defending the 'Terrorism Futures' Market," *Chronicle of Higher Education*, August 15, 2003.
52. Liam Pleven and Rachel Emma Silverman, "Cashing In: An Insurance Man Builds a Lively Business in Death," *Wall Street Journal*, November 26, 2007.
53. Ibid.; www.coventry.com/about-coventry/index,asp.
54. www.coventry.com/life-settlement-overview/secondary-market.asp.
55. 以下を参照。Susan Lorde Martin, "Betting on the Lives of Strangers: Life Settlements, STOLI, and Securitization," *University of Pennsylvania Journal of Business Law* 13 (Fall 2010): 190. この文献に引用されている米国保険協会発行の生命保険会社ファクトブック（2009年12月8日発行)、69ページによると、2008年に失効した生命保険契約の割合は38パーセントだった。
56. Mark Maremont and Leslie Scism, "Odds Skew Against Investors in Bets on Strangers' Lives," *Wall Street Journal*, December 21, 2010.
57. Ibid.; Mark Maremont, "Texas Sues Life Partners," *Wall Street Journal*, July 30, 2011.
58. Maria Woehr, "'Death Bonds' Look for New Life," The Street, June 1, 2011, www.thestreet.com/story/11135581/1/death-bonds-look-for-new-life.html.
59. Charles Duhigg, "Late in Life, Finding a Bonanza in Life Insurance," *New York Times*, December 17, 2006.
60. Ibid.
61. Ibid.
62. Leslie Scism, "Insurers Sued Over Death Bets," *Wall Street Journal*, January 2, 2011; Leslie Scism, "Insurers, Investors Fight Over Death Bets," *Wall Street Journal*, July 9, 2011.
63. Pleven and Silverman, "Cashing In."
64. Ibid. 生命保険機関投資家協会のウェブサイトから引用した。www.

lifemarketsassociation.org/.
65. Martin, "Betting on the Lives of Strangers," pp. 200-06.
66. 2008年8月28日に行なわれたフロリダ州保険規制局情報聴聞会におけるライフセトルメント協会常任理事ダグ・ヘッドの証言。www.floir.com/siteDocuments/LifeInsSettlementAssoc.pdf.
67. Jenny Anderson, "Wall Street Pursues Profit in Bundles of Life Insurance," *New York Times*, September 6, 2009.
68. Ibid.
69. Ibid.
70. Leslie Scism, "AIG Tries to Sell Death-Bet Securities," *Wall Street Journal*, April 22, 2011.

第5章 命名権

1. キルブルーの1969年の年俸は野球年鑑に拠った。
www.baseball-almanac.com/players/player.php?p=killeha01.
2. Tyler Kepner, "Twins Give Mauer 8-Year Extension for $184 Million," *New York Times*, March 21, 2010; http://espn.go.com/espn/thelife/salary/index?athleteID=5018022.
3. 2012年のミネソタ・ツインズのチケット代については以下を参照。
http://minnesota.twins.mlb.com/min/ticketing/seasonticket_prices.jsp; 2012年のニューヨーク・ヤンキースのチケット代については以下を参照。 http://newyork.yankees.mlb.com/nyy/ballpark/seating_pricing.jsp.
4. Rita Reif, "The Boys of Summer Play Ball Forever, for Collectors," *New York Times*, February 17, 1991.
5. Michael Madden, "They Deal in Greed," *Boston Globe*, April 26, 1986; Dan Shaughnessy, "A Card-Carrying Hater of These Types of Shows," *Boston Globe*, March 17, 1997; Steven Marantz, *'The Write Stuff Isn't Cheap,'Boston Globe*, February 12, 1989.
6. E. M. Swift, "Back Off!" *Sports Illustrated*, August 13, 1990.
7. Sabra Chartrand, "When the Pen Is Truly Mighty," *New York Times*, July 14, 1995; Shaughnessy, "A Card-Carrying Hater of These Types of Shows."
8. Fred Kaplan, "A Grand-Slam Bid for McGwire Ball," *Boston Globe*, January 13, 1999; Ira Berkow, "From 'Eight Men Out' to EBay: Shoeless

Joe's Bat," *New York Times*, July 25, 2001.
9. Daniel Kadlec, "Dropping the Ball," *Time*, February 8, 1999.
10. Rick Reilly, "What Price History?" *Sports Illustrated*, July 12, 1999; Kadlec, "Dropping the Ball."
11. Joe Garofoli, "Trial Over Bonds Ball Says It All—About Us," *San Francisco Chronicle*, November 18, 2002; Dean E. Murphy, "Solomonic Decree in Dispute Over Bonds Ball," *New York Times*, December 19, 2002; Ira Berkow, "73d Home Run Ball Sells for $450,000," *New York Times*, June 26, 2003.
12. John Branch, "Baseball Fights Fakery With an Army of Authenticators," *New York Times*, April 21, 2009.
13. Paul Sullivan, "From Honus to Derek, Memorabilia Is More Than Signed Bats," *New York Times*, July 15, 2011; Richard Sandomir, "Jeter's Milestone Hit Is Producing a Run on Merchandise," *New York Times*, July 13, 2011; Richard Sandomir, "After 3,000, Even Dirt Will Sell," *New York Times*, June 21, 2011.
14. www.peterose.com.
15. Alan Goldenbach, "Internet's Tangled Web of Sports Memorabilia," *Washington Post*, May 18, 2002; Dwight Chapin, "Bizarre Offers Have Limited Appeal," *San Francisco Chronicle*, May 22, 2002.
16. Richard Sandomir, "At (Your Name Here) Arena, Money Talks," *New York Times*, 2004; David Biderman, "The Stadium-Naming Game," *Wall Street Journal*, February 3, 2010.
17. Sandomir, "At (Your Name Here) Arena, Money Talks" ; Rick Horrow and Karla Swatek, "Quirkiest Stadium Naming Rights Deals: What's in a Name?" *Bloomberg Businessweek*, September 10, 2010, http://images.businessweek.com/ss/09/10/1027_quirkiest_stadium_naming_rights_deals/1.htm; Evan Buxbaum, "Mets and the Citi: $400 Million for Stadium-Naming Rights Irks Some," CNN, April 13, 2009, http://articles.cnn.com/2009-04-13/us/mets.ballpark_1_citi-field-mets-home-stadium-naming?_s=PM:US.
18. Chris Woodyard, "Mercedes-Benz Buys Naming Rights to New Orleans' Superdome," *USA Today*, October 3, 2011; Brian Finkel, "MetLife Stadium's $400 Million Deal," *Bloomberg Businessweek*, August 22, 2011,

http://images.businessweek.com/slideshows/20110822/nfl-stadiums-with-the-most-expensive-naming-rights/.

19. Sandomir, "At (Your Name Here) Arena, Money Talks" では、スポーツマーケティング担当役員のディーン・ボンハムによる命名権取引の総件数と契約金額が引用されている。
20. Bruce Lowitt, "A Stadium by Any Other Name?" *St. Petersburg Times*, August 31, 1996; Alan Schwarz, "Ideas and Trends: Going, Going, Yawn: Why Baseball Is Homer Happy," *New York Times*, October 10, 1999.
21. "New York Life Adds Seven Teams to the Scoreboard of Major League Baseball Sponsorship Geared to 'Safe' Calls," New York Life press release, May 19, 2011, www.newyorklife.com/nyl/v/index.jsp?vgnextoid=c4fbd4d392e10310VgnVCM100000ac841cacRCRD.
22. Scott Boeck, "Bryce Harper's Minor League At-Bats Sponsored by Miss Utility," *USA Today*, March 16, 2011; Emma Span, "Ad Nauseum," Baseball Prospectus, March 29, 2011, www.baseballprospectus.com/article.php?articleid=13372.
23. Darren Rovell, "Baseball Scales Back Movie Promotion," ESPN.com, May 7, 2004, http://sports.espn.go.com/espn/sportsbusiness/news/story?id=1796765.
24. ここから数段落の内容については以下の文献に依拠した。Michael J. Sandel, "Spoiled Sports," *New Republic*, May 25, 1998.
25. Tom Kenworthy, "Denver Sports Fans Fight to Save Stadium's Name," *USA Today*, October 27, 2000; Cindy Brovsky, "We'll Call It Mile High," *Denver Post*, August 8, 2001; David Kesmodel, "Invesco Ready to Reap Benefits: Along with P.R., Firm Gets Access to Broncos," *Rocky Mountain News*, August 14, 2001; Michael Janofsky, "Denver Newspapers Spar Over Stadium's Name," *New York Times*, August 23, 2001.
26. Jonathan S. Cohn, "Divided the Stands: How Skyboxes Brought Snob Appeal to Sports," *Washington Monthly*, December 1991; Frank Deford, "Seasons of Discontent," *Newsweek*, December 29, 1997; Robert Bryce, "Separation Anxiety," *Austin Chronicle*, October 4, 1996.
27. Richard Schmalbeck and Jay Soled, "Throw Out Skybox Tax Subsidies," *New York Times*, April 5, 2010; Russell Adams, "So Long to the Suite Life," *Wall Street Journal*, February 17, 2007.

28. Robert Bryce, "College Skyboxes Curb Elbow-to-Elbow Democracy," *New York Times*, September 23, 1996; Joe Nocera, "Skybox U.," *New York Times*, October 28, 2007; Daniel Golden, "Tax Breaks for Skyboxes," *Wall Street Journal*, December 27, 2006.
29. John U. Bacon, "Building—and Building on—Michigan Stadium," *Michigan Today*, September 8, 2010, http://michigantoday.umich.edu/story.php?id=7865; Nocera, "Skybox U."
30. www.savethebighouse.com/index.html.
31. "Michigan Stadium Suite and Seats Sell Slowly, Steadily in Sagging Economy," Associated Press, February 12, 2010, www.annarbor.com/sports/um-football/michigan-stadium-suite-and-seats-sell-slowly-steadily-in-sagging-economy/.
32. Adam Sternbergh, "Billy Beane of 'Moneyball' Has Given Up on His Own Hollywood Ending," *New York Times Magazine*, September 21, 2011.
33. Ibid.; Allen Barra, "The 'Moneyball' Myth," *Wall Street Journal*, September 22, 2011.
34. President Lawrence H. Summers, "Fourth Annual Marshall J. Seidman Lecture on Health Policy," Boston, April 27, 2004, www.harvard.edu/president/speeches/summers_2004/seidman.php.
35. Jahn K. Hakes and Raymond D. Sauer, "An Economic Evaluation of the Moneyball Hypothesis," *Journal of Economic Perspectives* 20 (Summer 2006): 173-85; Tyler Cowen and Kevin Grier, "The Economics of *Moneyball*," Grantland website, December 7, 2011, www.grantland.com/story/_/id/7328539/the-economics-moneyball.
36. Cowen and Grier, "The Economics of *Moneyball*."
37. Richard Tomkins, "Advertising Takes Off," *Financial Times*, July 20, 2000; Carol Marie Cropper, "Fruit to Walls to Floor, Ads Are on the March," *New York Times*, February 26, 1998; David S. Joachim, "For CBS's Fall Lineup, Check Inside Your Refrigerator," *New York Times*, July 17, 2006.
38. Steven Wilmsen, "Ads Galore Now Playing at a Screen Near You," *Boston Globe*, March 28, 2000; John Holusha, "Internet News Screens: A New Haven for Elevator Eyes," *New York Times*, June 14, 2000; Caroline E. Mayer, "Ads Infinitum: Restrooms, ATMs, Even Fruit Become Sites for

Commercial Messages," *Washington Post*, February 5, 2000.

39. Lisa Sanders, "More Marketers Have to Go to the Bathroom," *Advertising Age*, September 20, 2004; "Restroom Advertising Companies Host Annual Conference in Vegas," press release, October 19, 2011, http://indooradvertising.org/pressroom.shtml.

40. David D. Kirkpatrick, "Words From Our Sponsor: A Jeweler Commissions a Novel," *New York Times*, September 3, 2001; Martin Arnold, "Placed Products, and Their Cost," *New York Times*, September 13, 2001.

41. Kirkpatrick, "Words From Our Sponsor"; Arnold, "Placed Products, and Their Cost."

42. プロダクトプレイスメントが入る電子書籍の最近の例は以下に掲載されている。Erica Orden, "This Book Brought to You by...," *Wall Street Journal*, April 26, 2011; Stu Woo, "Cheaper Kindle in Works, But It Comes With Ads," *Wall Street Journal*, April 12, 2011. 2012年1月、キンドル・タッチは「特価提供品案内つき」が99ドル、「特価提供品案内なし」が139ドルだった。www.amazon.com/gp/product/B005890G8Y/ref=famstripe_kt.

43. Eric Pfanner, "At 30,000 Feet, Finding a Captive Audience for Advertising," *New York Times*, August 27, 2007; Gary Stoller, "Ads Add Up for Airlines, but Some Fliers Say It's Too Much," *USA Today*, October 19, 2011.

44. Andrew Adam Newman, "Your Ad Here on My S.U.V., and You'll Pay?" *New York Times*, August 27, 2007; www.myfreecar.com/.

45. Allison Linn, "A Colorful Way to Avoid Foreclosure," MSNBC, April 7, 2001, http://lifeinc/today/msnbc/msn.com/_news/2011/04/07/6420648-a-colorful-way-to-avoid-foreclosure; Seth Fiegerman, "The New Product Placement," The Street, May 28, 2011, www.thestreet.com/story/11136217/1/the-new-product-placement.html?cm_ven=GOOGLEN. 同社はその後ゴーダイアリングに社名変更した。www.godialing.com/paintmyhouse.php.

46. Steve Rubenstein, "$5.8 Million Tattoo: Sanchez Family Counts the Cost of Lunch Offer," *San Francisco Chronicle*, April 14, 1999.

47. Erin White, "In-Your-Face Marketing: Ad Agency Rents Foreheads," *Wall Street Journal*, February 11, 2003.

48. Andrew Adam Newman, "The Body as Billboard: Your Ad Here," *New York Times*, February 18, 2009.
49. Aaron Falk, "Mom Sells Face Space for Tattoo Advertisement," *Deseret Morning News*, June 30, 2005.
50. News release from Ralph Nader's Commercial Alert: "Nader Starts Group to Oppose the Excesses of Marketing, Advertising and Commercialism," September 8, 1998, www.commercialalert.org/issues/culture/ad-creep/nader-starts-group-to-oppose-the-excesses-of-marketing-advertising-and-commercialism; Micah M. White, "Toxic Culture: A Unified Theory of Mental Pollution," *Adbusters* #96, June 20, 2011, www.adbusters.org/magazine/96/unified-theory-mental-pollution.html; shopper quoted in Cropper, "Fruit to Walls to Floor, Ads Are on the March"; advertising executive quoted in Skip Wollenberg, "Ads Turn Up in Beach Sand, Cash Machines, Bathrooms," Associated Press, May 25, 1999. 全体像を把握するには以下を参照。*Adbusters* magazine, www.adbusters.org/magazine; Kalle Lasn, *Culture Jam: The Uncooling of America* (New York: Morrow, 1999)（『さよなら、消費社会――カルチャー・ジャマーの挑戦』、カレ・ラースン著、加藤あきら訳、大月書店、2006年）; Naomi Klein, *No Logo: Taking Aim at the Brand Bullies* (New York: Picador, 2000).（『ブランドなんか、いらない』新版、ナオミ・クライン著、松島聖子訳、大月書店、2009年）
51. Walter Lippmann, *Drift and Mastery: An Attempt to Diagnose the Current Unrest* (New York: Mitchell Kennerley, 1914), p. 68.
52. 納屋の説明と目を引く納屋の写真は以下の本に掲載されている。William G. Simmonds, *Advertising Barns: Vanishing American Landmarks* (St. Paul, MN: MBI Publishing, 2004).
53. Janet Kornblum, "A Brand-New Name for Daddy's Little eBaby," *USA Today*, July 26, 2001; Don Oldenburg, "Ringing Up Baby: Companies Yawned at Child Naming Rights, but Was It an Idea Ahead of Its Time?" *Washington Post*, September 11, 2001.
54. Joe Sharkey, "Beach-Blanket Babel," *New York Times*, July 5, 1998; Wollenberg, "Ads Turn Up in Beach Sand, Cash Machines, Bathrooms."
55. David Parrish, "Orange County Beaches Might Be Ad Vehicle for Chevy," *Orange County Register*, July 16, 1998; Shelby Grad, "This Beach

Is Being Brought to You by...," *Los Angeles Times*, July 22, 1998; Harry Hurt III, "Parks Brought to You by...," *U.S. News & World Report*, August 11, 1997; Melanie Wells, "Advertisers Link Up with Cities," *USA Today*, May 28, 1997.

56. Verne G. Kopytoff, "Now, Brought to You by Coke (or Pepsi): Your City Hall," *New York Times*, November 29, 1999; Matt Schwartz, "Proposed Ad Deals Draw Critics," *Houston Chronicle*, January 26, 2002.

57. Terry Lefton, "Made in New York: A Nike Swoosh on the Great Lawn?"*Brandweek*, December 8, 2003; Gregory Solman, "Awarding Keys to the Newly Sponsored City: Private/Public Partnerships Have Come a Long Way," *Adweek*, September 22, 2003.

58. Carey Goldberg, "Bid to Sell Naming Rights Runs Off Track in Boston," *New York Times*, March 9, 2001; Michael M. Grynbaum, "M.T.A. Sells Naming Rights to Subway Station," *New York Times*, June 24, 2009; Robert Klara, "Cities for Sale," *Brandweek*, March 9, 2009.

59. Paul Nussbaum, "SEPTA Approves Changing Name of Pattison Station to AT&T," *Philadelphia Inquirer*, June 25, 2010.

60. Cynthia Roy, "Mass. Eyes Revenue in Park Names," *Boston Globe*, May 6, 2003; "On Wal-Mart Pond?" editorial, *Boston Globe*, May 15, 2003.

61. Ianthe Jeanne Dugan, "A Whole New Name Game," *Wall Street Journal*, December 6, 2010; Jennifer Rooney, "Government Solutions Group Helps Cash-Strapped State Parks Hook Up with Corporate Sponsor Dollars," *Advertising Age*, February 14, 2011; "Billboards and Parks Don't Mix," editorial, *Los Angeles Times*, December 3, 2011.

62. Fred Grimm, "New Florida State Motto: 'This Space Available,'" *Miami Herald*, October 1, 2011; Rooney, "Government Solutions Group Helps Cash-Strapped State Parks Hook Up with Corporate Sponsor Dollars."

63. Daniel B. Wood, "Your Ad Here: Cop Cars as the Next Billboards," *Christian Science Monitor*, October 3, 2002; Larry Copeland, "Cities Consider Ads on Police Cars," *USA Today*, October 30, 2002; Jeff Holtz, "To Serve and Persuade," *New York Times*, February 9, 2003.

64. Holtz, "To Serve and Persuade"; "Reject Police-Car Advertising," editorial, *Charleston (South Carolina) Post and Courier*, November 29, 2002; "A Creepy Commercialism," editorial, *Hartford Courant*, January 28,

2003.

65. "Reject Police-Car Advertising"; "A Creepy Commercialism"; "A Badge, a Gun—and a Great Deal on Vinyl Siding," editorial, *Roanoke (Virginia) Times & World News*, November 29, 2002; "To Protect and to Sell," editorial, *Toledo Blade*, November 6, 2002; Leonard Pitts Jr., "Don't Let Cop Cars Become Billboards," *Baltimore Sun*, November 10, 2002.
66. Holtz, "To Serve and Persuade"; Wood, "Your Ad Here."
67. Helen Nowicka, "A Police Car Is on Its Way," *Independent* (London), September 8, 1996; Stewart Tendler, "Police Look to Private Firms for Sponsorship Cash," *Times* (London), January 6, 1997.
68. Kathleen Burge, "Ad Watch: Police Sponsors Put Littleton Cruiser on the Road," *Boston Globe*, February 14, 2006; Ben Dobbin, "Some Police Agencies Sold on Sponsorship Deals," *Boston Globe*, December 26, 2011.
69. Anthony Schoettle, "City's Sponsorship Plan Takes Wing with KFC," *Indianapolis Business Journal*, January 11, 2010.
70. Matthew Spina, "Advertising Company Putting Ads in County Jail," *Buffalo News*, March 27, 2011.
71. Ibid.
72. Michael J. Sandel, "Ad Nauseum," *New Republic*, September 1, 1997; Russ Baker, "Stealth TV," *American Prospect* 12 (February 12, 2001); William H. Honan, "Scholars Attack Public School TV Program," *New York Times*, January 22, 1997; "Captive Kids: A Report on Commercial Pressures on Kids at School," Consumers Union, 1997, www.consumersunion.org/other/captivekids/c1vcnn_chart.htm; Simon Dumenco, "Controversial Ad-Supported In-School News Network Might Be an Idea Whose Time Has Come and Gone," *Advertising Age*, July 16, 2007.
73. Quoted in Baker, "Stealth TV."
74. Jenny Anderson, "The Best School $75 Million Can Buy," *New York Times*, July 8, 2011; Dumenco, "Controversial Ad-Supported In-School News Network Might Be an Idea Whose Time Has Come and Gone"; Mya Frazier, "Channel One: New Owner, Old Issues," *Advertising Age*, November 26, 2007; "The End of the Line for Channel One News?" news release, Campaign for a Commercial-Free Childhood, August 30, 2011,

www.commondreams.org/newswire/2011/08/30-0.
75. Deborah Stead, "Corporate Classrooms and Commercialism," *New York Times*, January 5, 1997; Kate Zernike, "Let's Make a Deal: Businesses Seek Classroom Access," *Boston Globe*, February 2, 1997; Sandel, "Ad Nauseum"; "Captive Kids," www.consumersunion.org/other/captivekids/evaluations.htm; Alex Molnar, *Giving Kids the Business: The Commercialization of American Schools* (Boulder, CO: Westview Press, 1996).
76. Tamar Lewin, "Coal Curriculum Called Unfit for 4th Graders," *New York Times*, May 11, 2011; Kevin Sieff, "Energy Industry Shapes Lessons in Public Schools," *Washington Post*, June 2, 2011; Tamar Lewin, "Children's Publisher Backing Off Its Corporate Ties," *New York Times*, July 31, 2011.
77. David Shenk, "The Pedagogy of Pasta Sauce," *Harper's*, September 1995; Stead, "Corporate Classrooms and Commercialism"; Sandel, "Ad Nauseum"; Molnar, *Giving Kids the Business*.
78. Juliet Schor, *Born to Buy: The Commercialized Child and the New Consumer Culture* (New York: Scribner, 2004), p. 21（『子どもを狙え！――キッズ・マーケットの危険な罠』、ジュリエット・B・ショア著、中谷和男訳、アスペクト、2005年）; Bruce Horovitz, "Six Strategies Marketers Use to Get Kids to Want Stuff *Bad*," *USA Today*, November 22, 2006, quoting James McNeal.
79. Bill Pennington, "Reading, Writing and Corporate Sponsorships," *New York Times*, October 18, 2004; Tamar Lewin, "In Public Schools, the Name Game as a Donor Lure," *New York Times*, January 26, 2006; Judy Keen, "Wisconsin Schools Find Corporate Sponsors," *USA Today*, July 28, 2006.
80. "District to Place Ad on Report Cards," KUSA-TV, Colorado, November 13, 2011, http://origin.9news.com/article/229521/222/District-to-place-ad-on-report-cards; Stuart Elliott, "Straight A's, With a Burger as a Prize," *New York Times*, December 6, 2007; Stuart Elliott, "McDonald's Ending Promotion on Jackets of Children's Report Cards," *New York Times*, January 18, 2008.
81. Catherine Rampell, "On School Buses, Ad Space for Rent," *New York Times*, April 15, 2011; Sandel, "Ad Nauseum"; Christina Hoag, "Schools Seek Extra Cash Through Campus Ads," Associated Press, September 19, 2010; Dan Hardy, "To Balance Budgets, Schools Allow Ads," *Philadelphia*

Inquirer, October 16, 2011.

82. "Captive Kids," www.consumersunion.org/other/captivekids/evaluations.htm. ここと次の二つの段落の内容については以下に依拠した。Sandel, "Ad Nauseum."

83. 4th Annual Kid Power Marketing Conference brochure, quoted in Zernike, "Let's Make a Deal."

本書は、二〇一二年五月に早川書房より単行本として
刊行された作品を文庫化したものです。

訳者略歴　1963年生まれ　成城大学経済学部経営学科卒，埼玉大学大学院文化科学研究科修士課程修了　翻訳家　訳書『これからの「正義」の話をしよう』サンデル，『国家はなぜ衰退するのか』アセモグル&ロビンソン（以上早川書房刊）他多数

HM=Hayakawa Mystery
SF=Science Fiction
JA=Japanese Author
NV=Novel
NF=Nonfiction
FT=Fantasy

それをお金《かね》で買《か》いますか
市場主義の限界

〈NF419〉

二〇一四年十一月十五日　発行
二〇二五年　五　月十五日　十一刷
（定価はカバーに表示してあります）

著　者　マイケル・サンデル
訳　者　鬼《おに》澤《ざわ》　忍《しのぶ》
発行者　早川　浩
発行所　株式会社　早川書房

郵便番号　一〇一 - 〇〇四六
東京都千代田区神田多町二ノ二
電話　〇三 - 三二五二 - 三一一一
振替　〇〇一六〇 - 三 - 四七七九九
https://www.hayakawa-online.co.jp

乱丁・落丁本は小社制作部宛お送り下さい。
送料小社負担にてお取りかえいたします。

印刷・中央精版印刷株式会社　製本・株式会社明光社
Printed and bound in Japan
ISBN978-4-15-050419-9 C0110

本書は活字が大きく読みやすい〈トールサイズ〉です。